U0463321

教育部哲学社会科学研究重大课题攻关项目：
推动智库建设健康发展研究（17JZD009）

江苏省社科基金后期资助项目：
社会科学标准评价与回应性评价方法研究（19HQ047）

南大智库文丛

李刚 主编

智库与教育评价大师课：

基于标准的评价与回应式评价

〔美〕罗伯特·E.斯塔克 著

李刚 王传奇 甘琳 等 译

拜争刚 校译

Robert E. Stake

Standards-Based

&

Responsive Evaluation

南京大学出版社

综合评价学的诞生

——译者序

人类社会的进步取决于学习的意愿、方式和效率。评价是一种古老而自发的学习方式。孔子曾提倡一日三省,反省、反思、反求诸己都是从自我出发的评价路径,是中国评价思想的源头。如果说孔子提倡的是个体自身的反思,那么司马迁提出的"究天人之际,通古今之变"历史哲学则是一种集体行动逻辑的评价路径,他希望通过对历史的研究,获得社会演变的规律。和浩渺宇宙相比,人的确是沧海一粟,命运沉浮由不得自身,充满了随机和偶然。但是人是会思维的芦苇,他的尊严就体现在思维能力上。无论个体层次还是集体层次,人都希望通过对历史经验和历史教训的总结,发现和掌握一些规律性的东西,从而获得某种确定性,在自然和社会变迁中拥有作为人的自信和尊严,实现从自然王国到自由王国的跃迁。

从现代评价的思想、框架、流程和方法看,所谓历史研究完全可以看成是对历史事件、过往制度、社会实践的评价活动。作为史学大国,中国有深厚的历史记录与研究的传统,《资治通鉴》则是历史评价的旷世杰作。熟读《资治通鉴》的毛泽东是历史评价的大师。1965 年,毛泽东与程思远谈话时说:"我是靠总结经验吃饭的,以前我们人民解放军打仗,在每个战役后,总来一次总结经验,发扬优点,克服缺点,然后轻装上阵,乘胜前进,从胜利走向胜利,终于建立了中华人民共和国。"正因为是"靠总结经验吃饭",他才写出了《中国革命战争的战略问题》《论持久战》《新民主主义论》《论十大关系》等重要著作。总结是一种历史研究,也是最常见的一种评价方式。各种形式各种层次各种类型的"总结",是中国共产党治国理政的主要方式。

评价作为现代社会广泛使用的治理和管理手段存在于各行各业,但是只有一部分行业在开展评价实践的同时积累了较为丰富的评价理论、方法、技术知识体系,形

成了评价的专业体系。评价如果从学科领域来分大致可分为经济评价、教育评价、公
共管理评价、战略与安全评价、学术评价等。如果从评价对象，也就是评价客体来分
大致可分为项目评价、活动评价、机构评价、工程评价、资产评价、人力资源评价、信息
评价、数据评价等；如果从评价的主体性质来分，大致可分为政府评价、国际组织评
价、社会评价等。第三方评价是一种特殊的社会评价，指的是评价主体委托的和评价
客体没有利益冲突的专业机构开展的评价。目前，安全评价、战略评价、风险评价、绩
效评价、学校评价、学科评价、机构评价、HR 评价、项目评价、资产评价、价值评价、学
术评价等主题积累了比较丰富的领域性评价知识系统。

　　西方系统的社会项目评价最早出现在教育和公共健康领域。第一次世界大战之
前，最具代表性的就是扫盲、职业培训以及为降低死亡率和流行病发病率所实施的公
共健康项目。20 世纪 30 年代，各学科的社会科学家开始致力于用严格的研究方法
评价社会项目。比如，列文（Lewin）开展的行为研究，西部电器实验发现的"霍桑效
应"，都是这个时期著名的评价研究。二战时期，斯托福及其同事开发了用于监测士
兵士气的方法、评估人格的策略。二战后，为了满足城市发展、职业培训、预防疾病的
需要，联邦政府和基金会等社会组织投入大量资金资助此类项目，为了测量项目效
果，项目评价变得非常流行。美国和欧洲都广泛采用评价方法。这个时期，抽样调
查、高级统计方法和公共项目管理知识的进步也使得大规模、多维度的评价活动能够
顺利实施。20 世纪 60 年代，评价成为一个快速成长的专业领域。最迟到 20 世纪 70
年代，评价研究已经成为社会科学的一个重要学术领域。

　　一个领域的专业化程度体现在学术体系、话语体系和学科体系的发育和建设水
平上。具体而言，就看专业知识体系的完备性、学术组织的号召性和活跃性、学术期
刊的权威性、学科的建制性。

　　严肃的专业期刊是专业成熟的一个重要标志。1976 年，《评价研究》（Evaluation
Review）创刊，逐渐成为评价行业的旗舰杂志，现在这个行业的期刊已经超过 10 种。
专业组织的出现说明这个专业的同行规模已经较大，交流活动也日趋频繁，需要成立

专业组织开展行业治理。1986 年,美国的"评价网络"和"评价研究协会"合并成立了"美国评价学会"(The American Evaluation Association ，AEA)。美国评价学会(AEA)是一个国际性的专业评价工作者协会,致力于项目评价、人员评价、技术评价等多种评价形式的应用和探索。AEA 的使命是改进评价实践和方法,促进评价成为一种职业,并支持评价对产生关于有效人类行为的理论和知识的贡献。AEA 有大约7 300 个会员,分布在美国所有 50 个州以及 80 多个国家。AEA 的会刊是每年四期的《美国评价学报》。AEA 还编辑出版了只面向会员的《评价动态》,提供这一领域的最新进展。

现在全球评价方面的专业学会和协会也有近 10 个。除了 AEA,还有美国政策分析与管理协会(APPAM)、美国教育研究协会(AERA)、加拿大评价协会(CEA)、澳大利亚评价学会(AES)、欧洲评价学会(EES)、英国评价学会(UKES)、德国评价学会(GES)和意大利评价学会(IES)等。

评价专业的专家们经常遭遇"评价是一门科学吗?"这样的疑问。要回答这个问题,最彻底的解决方案是在著名大学里设立完整的评价学研究和人才培养建制。但是一个学科的学术积累达不到一定的深度和广度,没有生机勃勃的行业实践形成现实的人才需求,是不可能在大学里设立研究生和博士生专业的。一个被现代社会承认、有影响力的应用性社会科学领域,一般积累了相当的知识体系、形成了范式性的学术经典。1972 年,Weiss 出版了第一本评价学教材《评价研究:项目效益评估方法》(*Evaluation Research：Methods of Assessing Program Effectiveness*)。这方面堪称经典的是已经出到第七版的 *Evaluation：A Systematic Approach*。该书由美国评价学专家彼得·罗希(Peter H. Rossi)、马克·利普西(Mark W. Lipsey)和霍华德·弗里曼(Howard E. Freeman)合著。另外一本堪称经典的综合性评价学杰出专著就是本次出版的 *Standards-Based and Responsive Evaluation*(《基于标准的评价与回应式评价》,为了让更多的人了解本书,出版社建议译者改为现在这个书名,这也是完全可以理解的,就本书作者的学术和业界地位而言,称其为大师并不过分)。本书作者罗伯特·斯塔克(Robert Stake)1958 年获得普林斯顿大学的心理计量学博士学位,1963 年入职伊利诺伊大学,从事评价工作,1975 年任"教育研究与课程评价中心"(CIRCE)的主任,在教育评价领域有长达 45 年的教学、研究和行业实践经验。1988 年,他获得了美国评价协会颁发的拉扎斯菲尔德奖(Lazarsfeld Award),这是美国评价理论领域的最高奖项。

罗伯特·斯塔克在评价理论方面的原创性贡献就是提出了"回应式评价"的理论与方法。这个理论完全颠覆了评价就是话语权的概念,这是对传统的定量、指标化和结构化评价理论与方法的一次革命。这是着眼于解释和理解评价对象,超越评价主客体两分法的更具人文关怀、更加个性化、更具建设性的评价理论。"回应式评价"对于机构内部的各种活动和项目的评价无疑更具价值。因为机构要发展,内部评价是必要的手段,但是按照传统的量化的绩效导向的评价办法,只是区分了绩效的高低,对于绩效背后的原因并不清楚,也无法针对不同对象提出不同的改进意见。国内很多单位举办评价评奖活动的后果就是制造了一大堆矛盾,起不到激励作用,一个原因就在于评价理论与方法的落后。"回应式评价"可以给我们提供完全不同的思路,把评价理解为信息与交流、叙事与对话、解释与理解、建议与改进的过程。2013 年笔者到威斯康星大学麦迪逊校区的图书馆信息学院(现在该院已经改名为信息学院并入该校计算机科学学院)进修信息科学、图书馆学和档案学。在选修评价学课程时,教授上课用的教材就是罗伯特·斯塔克写的这本 *Standards-Based and Responsive Evaluation*。教授上课时强调任何项目,特别是博物馆、图书馆、档案馆和艺术馆等公共文化机构针对用户开展的活动,在项目设计时就要包含效果评价,评价是此类项目质量测量的主要办法。因此,评价理论与方法就是图书馆学、信息学研究生需要掌握的基本知识。

这几年我们课题组开展智库评价的研究与实践,一直感到理论准备的不足,我们国内几种主流的智库评价方法(包括我们的 MRPAI)基本都是受到传统评价理论影响比较大,对于回应式评价理论了解很少。因此,我们决心把这本经典教科书翻译出来，不仅供智库界参考，也期望为教育学、社会学、公共管理等学科的研究生培养提供一本重要的教科书。

翻译这本书我们吃够了"苦头"，不仅是因为译者们知识准备不足，还因为这是一本理论性较强的专著，虽然作者已经尽量写得生动诙谐，可是有些地方我们理解起来仍然深感难度不小。初稿翻译出来后，王传奇博士恰好在伊利诺伊大学访学，他带着书稿到书稿的诞生地请教作者本人，澄清了一些问题。我还是不放心，又邀请评价学专家南京理工大学拜争刚教授把关，校译了全书，然后再三修改，历时三年，才把译稿提交给出版社。

我相信本书仍存在许多不准确之处，望读者批评指正。

李刚

2020 年 10 月 13 日

各章节译者

译者	翻译部分
甘琳	序言、第一章、最后的话
丁怡	第二章
王琪	第三章
杨淳	第四章、第十章
郭逸凡	第五章
蒋子涵	第六章、第九章
徐滢路	第八章
马雪雯	第七章
甘琳、丁怡、王琪、马雪雯、徐滢路	索引

目　录

序 言

写给学生

大家好！我是罗伯特·斯塔克。本书与我多年从事的工作有着千丝万缕的联系，它与教育和社会专业研究生的正式评价方法课程有关。这个话题的发展虽历经了千辛万苦，但依然具有参考价值。

我诚挚地邀请你阅读本书并享受它即将带给你的乐趣。同时，你也将面临这本书带给你的困惑。有时我们不知道如何完成我们必须要做的工作。我们在面对这些事情时会感到不知所措，常常认识不到我们采取行动的背后含义，比如我们在教育孩子时，在照顾家中老人时，在重新整改工作团队或审视自身时。其实，想做好以上任何一件事都不容易，想做好并成功证明给其他人看就更加困难。

生命是复杂的，我们的行为使其更加复杂。目前，人类已经成了沟通方面的专家。当手机铃声响起时，我听见电话那头妻子的声音："你还在地下室吗？"但同时，人类也成了沟通失误的高手。比如，人们对"再怎么强调质量也不为过"这句话已经形成了两种截然不同的解读。

在瓦茨拉夫·哈维尔（Vaclav Havel）成为捷克斯洛伐克总统前，他曾是一名作家。图 1 的具象诗就是他的代表作之一。在阅读这首诗的题目之前，你会注意到 A 与 J 之间的联系有多么复杂，在它们两者之间建立联系是如此困难，因此哈维尔在 1971 年将这首诗命名为《隔阂》（Estrangement）。当我第一次读到这首诗时，我认为只要从 A 出发，循着某一条线路一定可以到达 J。于是，我用 A 代表评价入口，用 J 代表评价结果。但从 A 到达 J 是超乎想象的难以连接，从项目的开端到项目结果是一段漫长的过程。因此，我不想将这一个过程称为"隔阂"，我认为它叫"坚持"。

虽然将这幅具象诗印在（原著）封面也能充分表达本书的思想，但我另外还找到了两个更优选择，因此一直犹豫不定。我也曾想过封面是一只盛有半杯水的玻璃杯（也许是一只捷克雕花水晶玻璃杯），光谱通过这只玻璃杯从不同斜面折射出不同的光线。我们的眼睛只让我们看到玻璃杯是黑是白，但是，通过玻璃的折射我们可以看到光的不同颜色；另一方面，我也曾想在封面展现蝴蝶破蛹而出的画面，这一画面多姿多彩，且更具有活力的迸发之感。那究竟哪一幅画面能更好地比喻现实的特质呢？

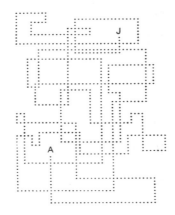

图1　瓦茨拉夫·哈维尔（Vaclav Havel）的《隔阂》（*Estrangement*）
来源：瓦茨拉夫·哈维尔《模数》（*Modulo*），引用已获准许。

本书所要传达的重要信息之一就是"价值无处不在"。也许我们不能看到事物所具有的全部价值，但我们通常会看到其中的一部分。所以当我们面对一件事物时，价值判断通常与我们对事物的感知相混合。但是涉及这一主题的部分评价教材认为，人们通过对事物产生第一印象并从中获得的价值信息并不可信，因此我们需要清除这些内容才能保证公正客观地描述事物的价值。我们确实需要公正客观地描述事物，但我们也需要保留对事物的早期印象，以便对事物进行改进、延伸、挑战和润饰。无论人类的价值取向带有怎样的偏见，这些价值取向的背后都具有深刻而复杂的含义，而我们无法从事物表面获知这些含义，所以我们必须借助经验的力量。

　　1992 年 2 月 4 日,哈维尔在瑞士举办的达沃斯经济论坛上发言:"我们需要花
更多精力去理解而不是解释。"作为评价者,我们应该先从理解那些与我们手头上
正在进行的评价工作密切相关的受众开始。我们的工作是帮助他们加深对评价对
象的理解。正如芬兰哲学家乔治·亨利克·冯莱特(George Henrik von Wright)　　xi
(1971)指出的,解释事物是将日常事物阐释为抽象理论,这是科学研究的目标。但
"对评价对象的理解"却源于知识与社会经验的融合。阶段性的个人经历帮助人们
养成批判性的思考结构,这一批判性结构必然会使个人生活中所经历的一切具有
不同的意义。我们对生活中发生的所有故事的理解都与个人所拥有的知识有关,
这些知识告诉我们事物的好与坏。有时,我们会对事物的好与坏产生误解。因为
社会活动非常复杂,没有一种知识不带有个人经验色彩,无论是明智还是愚蠢,它
们都会影响人们对事物的评价。评价者的任务就是对这些"知识"进行梳理并加以
区分。

　　本书使用了教育与社会服务专业中正式评价所采用的方法。作为一本入门级的
教科书,本书面向的读者是一些已经取得学士学位的学生(通常是毕业生),尤其是已
经在相关评价项目中获得实践经验的人。我期望教育学、通信、休闲研究、社会工作、
人体运动学、心理学、社会学、人类学以及其他学科的学生在学习本课程后将有所
收获。

　　本书的主旨是介绍两种项目评价方法:以测量为导向的方法(a measurements-
oriented way)和以经验为导向的方法(an experience-oriented way)。每种方法以不
同方式丰富了调查内容。尽管这两种方式的结合并不顺畅,甚至会出现相互矛盾的
情况,但它们对评价项目质量而言都十分重要。两种方法的区别远不止在测量方法
和经验积累两方面,定量与定性分析的区别也不止于这两方面。我将"标准"与"指
标"作为测量方法的关键词,将"评价者回应"与"释义"作为另一种方法的关键词。因
为我并不想说明专业评价者开展工作有多么复杂和抽象,相反地,我坚持认为对这些
工作的描述越简单越好。

　　为了让本书不过于严肃，我在撰写时尽量使用了通俗易懂且稍带诙谐的语言，希望这没有冒犯到你。有时你可能会产生困惑，为什么我在书中要用如此多的比喻呢？因为在我看来，作为一个具备实践经验的评价人员，我曾经历过一个我自己都无法完全理解的阶段，甚至完全不确定选择的道路方向是否正确。所以，在评价工作中，我们需要做出很多选择。

　　我是罗伯特·斯塔克，作为伊利诺伊大学"教育研究与课程评价中心"（简称CIRCE）的荣休教授，我长期从事教育方案评价研究工作。在长达 45 年的教学生涯中，我为我的学生们在教育使命担当中的表现，尤其是在研究校园、政府机构与全球学校的学生评价与课程分析工作中的表现感到骄傲。

　　1963 年我来到伊利诺伊大学，并担任伊利诺伊州测试项目的副主任一职。在托马斯·黑斯廷斯（Thomas Hastings）和李·克龙巴赫（Lee Cronbach）的带领下，我开始参与协助 CIRCE 成立的工作。1975 年我成为 CIRCE 主任，CIRCE 能设计出兼具创新性与伦理性的评价方法，并在教育学研究领域受到广泛认可。CIRCE 的工作人员与世界上出色的实践工作者、理论专家展开了广泛合作。

　　我的大部分评价工作在美国完成，还有一小部分在英国、瑞典和巴西完成。我带领完成的评价研究主要在美国的小学和中学开展，研究主题包括资优教育与模范艺术教育、教学敏感性到性别平等的发展、失聪教学以及备选教师教育，还有环境教育、退伍军人福利管理局员工培训、城市社会服务以及青年人运动等。我一直关注"回应式评价"的发展，并不断对其进行研究。该调查方式的研究重点放在特定项目环境中教育者、赞助者以及学生所面临的问题上。除了利用传统测试、调查以及态度测量收集到的心理测试数据外，在本书中我还运用了民族学研究、个案研究和调查性报道等方式。我曾为我的评价方法具有阐述性、自然主义性、回应式以及个性、定性的特征感到骄傲，我也为自己在定量工具、标准、评分流程以及其他标准形式方面取得的突破感到自豪。

　　至于专业性活动，就不得不提到我在美国教育研究协会（AERA）所承担的工作，尤其是课程与研究方法两方面。美国教育研究协会由两个组织构成:评价研究学会(Evaluation Research Society)和评价网络(Evaluation Network),我有幸参与了促成后者加入前者的组织工作。故事要从内布拉斯加州说起:1958年我在普林斯顿大学获得心理计量学博士学位,并完成了我的博士论文《学习曲线的参数与能力》(*Learning Curve Parameters and Aptitudes*)的出版;1988年,我获得了美国评价协会颁发的拉扎斯菲尔德奖(Lazarsfeld Award);1994年,乌普沙拉大学授予我荣誉博士学位。

在20世纪70年代后期、80年代到90年代,我计划写一本关于"回应式评价"(responsive evaluation)的书。一直以来,我都在倡议大家更多地使用定性方法。但我知道如果当定性方法与定量方法被同等广泛应用时,我也许会更多地推崇定量方法。因此,等到我写这本书时,我最常说的便是:"这两种方法你都得用。"

同时,本书也吸收了许多其他专家的思想精髓。李·克龙巴赫(1980)将他收集的思想称为"95个论题"(95 theses)。迈克尔·斯克里文(Michael Scriven)(1993)将他的收藏称为"难得的经验"(Hard-won Lessons)。至此我还没想好本书的别名。我想尽可能多地在书中展示这些思想,因此我借用了伽利略(Galileo)所使用的一种方法。你或许知道伽利略有时会用虚构对话的形式来发表他的理论。1999年达瓦·索贝尔(Dava Sobel)出版了《伽利略之女》(*Galileo's Daughter*)一书,天文学家的伟大想法由费利波·萨尔维亚蒂(Filippo Salviati)说出,而他的反对者则是乔瓦弗朗西斯科·萨格雷多(Giovanfranceso Sagredo)。在本书每一章节的最后部分,我都会利用讲一个小故事(或者说一段对话)的方式来提出我的思想,对话双方是要求严格的老板萨格雷多先生和面对这位老板的评价者菲利斯。

本书想传达的思想远超出读者目之所及。我在网站 https://uk.sagepub.com/en-gb/asi/standards-based-and-responsive-evaluation/book225388 上传了本书的电子附录,以供读者参照本书内容进行查阅。附录中的详细条目是对书中内容、概念的详尽补充。

希望本书可以带给你一些新的思考，也希望你读本书时能有机会说"这个我知道"。其实你已经知道了很多你需要了解的内容。

致　谢

感谢一直走在评价领域前沿的伯纳丁（Bernadine）先生，他为本书的顺利出版提供了重要帮助。感谢德霍·拉劳顿（C. Dehorah Laughton），他向我提出了许多明智的建议并在编辑工作上提供了重要帮助。感谢丽塔·戴维斯（Rita Davis），她不仅是我的知己，而且是我的得力助手，也许也是最熟悉本书所有内容的人。感谢我的学生和同事，是他们激励我并以我从未预料的方式将我的思想广泛地运用……

感谢本书的修订人员：查理斯·赛科斯凯（Charles Secolsky），凯瑟琳·瑞恩（Katherine Ryan），戴维·巴拉克（David Balk）和他俄克拉荷马州的学生们，谢乐尔·高恩（Sheryl Gowen）和她格鲁吉亚州的学生们，伊莎贝儿·拉萨维奇（Izabel Savickiene），布琳达·杰加泰森（Brinda Jegatheesan），戈登·霍克（Gordon Hoke），亨利·布朗（Henry Braun），礼欧拉·布雷斯勒（Liora Bresler），艾西尔·图菲基（Aysel Tufeki），克里所·莫祖鲁（Chryso Mouzourou）和佩佩·阿古斯吉（Pepe Arostegui）……感谢本书的插画师厄尼·奥尔森（Ernie Olson）……

感谢本书涉及的评价学家谱上所有分支的贡献者，读者们可以从马文·阿尔金（Marvin Alkin）即将出版的书中了解到分支的源流。感谢我的领导们：鲁珀特·埃文斯（Rupert Evans）、麦克·阿特金（Mike Atkin）、汤姆·黑斯廷斯（Tom Hastings）和丽赞妮·斯特法诺（Lizanne Destefano），是他们帮助伊利诺伊大学教学研究与课程评价中心的成员养成了思考、评价和写作的好习惯。

写给老师

我相信一些老师会认为本书很适合用作教学,因为它提供了大量有关项目评价的核心知识,但这些核心知识都需要进一步的解释和延伸,恰好本书为老师们提出了教授这门课程的重点所在。老师们既可以教授本书内容,也可以选择其中部分内容作为自己所教授课程的补充。本书还提供了许多值得讨论的地方,这样可以帮助老师们(包括我在内)建立起案例与释义的联系。

一些老师会认为本书并没有多少乐趣可言,因为在概念定义与实践方面,它并没有提供一个明确且保证正确的方向去引导。当学生们进入项目评价实践时,老师们将需要处理许多问题,这些问题可能产生于学生或老师们自身的选择。对绝大多数学生来说,他们将从本书中获得乐趣并间接学习到一些实践经验,但这并不等同于拥有实际操作经验。如果学生们对此感兴趣并渴望了解更多,就需要多加练习并亲身参与。本书的十章内容在一遍遍地强调评价新手与专家一样,都要在实践中做出许多选择。评价是具有情境性的,换言之,评价方法的应用不可能放之四海而皆准。

一些老师可能会将本书作为讲授实验方法、参与式评价或者文学阅读等课本的补充内容。虽然本书的内容立足于专业领域,但学生们可以将其作为参考书用于其他方面的学习中。对于一些拥有实践经验的专家来说,本书也可以运用于研讨会或者短期课程等场合,使参加者更加了解回应式评价。

我相信大家都认为让学生们熟悉真正的评价研究十分重要。关于这一点,我在书中用许多短小的案例进行了补充,内容较多的部分则放在了网页附录(Web appendix)中,包括丹尼尔·斯塔弗尔比姆(Daniel Stufflebeam)对胡安娜(Ke Aka Ho'ona)的评价报告全文。这份报告针对的是夏威夷低收入家庭自助购房与社区发展项目(self-help housing and community development project)。另一份报告来自

xiv

CIRCE 的国家青年体育项目（National Youth Sports Program），在 www. ed. uiuc. edu. /CIRCE/NYSP/Index 上可以查找到。如果你想查询其他评价报告，在这个资源丰富的网站上也许都能查找到。它将帮助学生们做出决定、解决问题、完成任务。

谈到写作或者教学，我会想到一些国际学生，这里面既有我的学生，也有你的学生。我发现无论这些学生来自哪个国家，他们之间的差异都十分显著。每个人可能都或多或少地知道地区文化研究知识，但这些知识不足以直接用于教授国际学生（Smith，2002）。也许一些实践经验在教授本国学生的过程中十分受用，但对于教授外国学生而言，实践经验发挥的作用十分有限。但我认为这不能成为阻碍其他适合外国学生的实践发展的理由。无论我们做评价报告还是写论文，我们都不仅仅需要评价工作经验，也需要了解并认真对待评价报告和论文的标准、方法选择和注意事项。本书将会对这些内容进行重点介绍。当我们在做评价项目报告，或者撰写论文时，我们需要评价工作经验，但同时我们也需要强调其中的标准、选择和风险，这些在本书中都会作为重点进行介绍。

即使各国之间文化差异较大，评价者在关注结果与保护项目两方面都普遍承受着压力。这一点在全世界任何一项评价实践中都很常见。回到现行任务以及就业问题上，学生们需要学会适应压力。在面对压力时，评价者也需要承担起责任，擦亮双眼去辨别好坏，学会从"鸡蛋里面挑骨头"。有时只需要评价者多做一点，而有时评价者却需要付出很多。由于学生们个性不一，他们未来将面临的情境也会千差万别。许多人会进入稳定的生活状态，他们希望生活安稳，但往往生活会发生变化；而另一些人将会走进跌宕起伏的人生，他们需要为此做好预防以及应对措施。面对不确定的未来，我希望每个人都有能力应对。

基于标准的评价与回应式评价

出版本书的目的之一是为了满足评价者的需求。他们希望把不能混为一谈的两种思维方式和两种研究范式相结合。通常我们将这两种范式称之为定性与定量。而我想将其称之为"回应式"/"解释性"和"基于标准"/"指标性"（criterial）。名字太多了吗？也许吧！但两种方式之间的差别确实不胜枚举，因此，我们常常以割裂的方式看待二者。但詹妮弗·格林（Jennifer Greene）、伊翁娜·林肯（Yvonna Lincoln）、桑德拉·马西森（Sandra Mathison）、唐娜·梅滕斯（Donna Mertens）和凯瑟琳·瑞恩（Kathryn Ryan）在 1998 年进行的研究表明，定性与定量可以相互结合。你在附录中可以查找到，在丹尼尔·斯塔弗尔比姆完成的一个项目中，定性与定量被非常好地结合使用。但是考虑到项目完成的质量，评价者想要深度结合并使用这两种方式是相当困难的。

我将其中一种基于变量描述性分析的思维方式称之为"指标性"，而将另一种基于实时实地以及人的实际操作而得出的实践性个人认知的思维方式称为"解释性"。个人描述很可能会提到标准，但受众通过描述可获得替代性体验，从而了解其价值。分析性陈述通常谈到个人经验，但受众可以通过衡量相关标准，来了解其优点。两种思维方式可能会相互并列，就如同图 2

图 2　年轻的女人与年老的妇人

给我们带来的视觉假象一样，我们一次只能看见其中一种形态。

评价学在很大程度上依赖于"量"，指标性思维被认为是"基于标准"的研究方法。它不仅仅强调描述与判断的标准，还暗示了特征标准要明确。比如运用生产力

（productivity）、效率（effectiveness）和成本效益比（the ratio of cost and benefit）等词汇来形容事物的特征与缺点。

从头到尾，基于解释性思维方式的评价研究与评价活动发生的时间顺序、感知理解以及个人陈述相对应。我将这种研究称之为"回应式评价"，因为许多具有重要意义的组织构成、成果以及良好环境都是情景式的，它能反映出评价对象所在位置并对其作出回应。回应式评价研究强调社会问题、文化价值和个人所遭遇的困境。

两种思维方式的差异不在于研究问题或研究方法的不同，而在于思维模式的不同。人们是追求测量标准化的结果，还是关注内心的真实想法？这些都可以通过思维模式呈现。答案也许是这两者共同作用的结果。如果能将两种思维方式很好地应用在工作中，而不是简单地将两者合并为一种模式，这将大大激活我们的大脑去进行深度思考。

在本书的前几章中，我将为读者们娓娓道来以上两种概念。老师们需要帮助学生去理解其中最为重要的概念，激发学生们对两种概念的好奇并产生疑问。我希望学生能够学习并掌握这两种思维模式。当然，这两种概念并不是我凭空想象出来的，哲学家们和富有经验的评价者们已经对此讨论多年，本书就他们的讨论结果和我的理解进行阐释。本书关于定量心理计量学研究内容的主要来源之一是冯莱特（von Wright）的《阐释与理解》（*Explanation and Understanding*）。但无论是年轻的评价者还是富有经验的评价者都没有关注到冯莱特所提及的世界观差异问题。你也许在《美国评价杂志》（*American Journal of Evaluation*）中读到过两位顶尖的理论学家——马克·利普西（Mark Lipsey）和托马斯·施万特（Thomas Schwandt）在 2000 年的一场有趣的辩论。对于读者们来说，双方的观点都具有说服力，且双方都对自己的观点坚定不移。两位专家所提出的案例也都合情合理且说服力极强。接下来我将插入第一个论点，它将帮助你理解和区分指标性与解释性思维。我希望在本课程的学习结束后，会有学生能清楚地掌握两种思维方式。

元分析与评价实践中的学习曲线[①]

马克·利普西(Mark W. Lipsey)

进步远不仅仅是改变,而是取决于坚持。忘记过去的人一定会重蹈覆辙。

乔治·桑塔亚纳

每一个社会项目都是独一无二的吗？答案是肯定的,这就如同每一个人因性格的多面性而变得独一无二一样。与此同时,项目间的家族相似性使人们对其进行的分类变得简单,分类的依据是项目所处理的社会问题类型、所使用的干预方法和所处的社会与政治环境。因此,我们可以将社会项目看作是带有明确主题的变体,只是偶尔有一些明显的创新之处,以至于评价者无法对其进行归类。当评价者、社会服务人员以及政策制定者谈论到家庭保护项目(family preservation programs)、家庭暴力受害者服务(services for domestic violence victims)、禁烟运动(anti-smoking campaigns)、注射器针头交换项目(needle exchange programs)、门诊病人心理治疗(outpatient psychotherapy)、小学小班制(reduced class size in elementary schools)以及许多其他项目类型时会显得十分从容,因为他们对这些项目的实际意义已经了然于心。

从项目间的家族相似性可以看出,在评价某一特定类型项目与告知决策者工作情况时,评价者必须考虑议题中的普遍问题。因为这有助于评价者了解更多已经完成的类似的评价研究。在此基础上,评价者可以判断这种类型的项目在改善目标问题方面是否普遍有效,客户群体、项目流程和干预模式中的哪些变化对

xvii

---

① 摘自 *American Journal of Evaluation*,21(2)2000,207-212。马克·利普西是范德堡大学公共政策专业教授。该内容的引用已获得爱思唯尔公司(Elsevier)版权。

成功最为关键，可能出现哪些预期和非预期的结果，等等。当评价者在设计非常具有独特性和创新性项目的评价方案时，最为相似的项目情境能提供重要参考。

以上评价者进行的观察虽然是相当直接和普遍的，但它们仍具有重要价值。因为专业领域的评价对评价研究中积累的系统知识并不重视，对设计评价和告知决策者的知识也不重视。评价计划和评价报告很少或根本不会提及从其他类似项目的评价中学到的任何东西，这一点也不罕见。

目前我还没有完全清楚为什么评价人员经常对一个项目进行重新评价。也许是出于任务紧迫性的考虑，评价者无暇去收集具有相似目标的评价项目中有价值的信息；也许是因为许多具有丰富实践经验的评价者认为，项目之间的特性比共性更加重要，导致其他项目所共有的普遍性很少被关注。不论是什么原因，评价者通常会依靠自身经验和评价项目的重要特征去进行判断，而不是仔细研究前人所完成的相似项目。

即使评价学的系统性知识发展缓慢，应用也十分有限，但我认为在项目设计、评价以及在与政策决策者沟通过程中，它作为评价领域的一部分将发挥重要作用。这种系统性知识可以通过多种形式呈现——定量（比如元分析），定性，以及多种问题和不同信息源的混合模式。在后文中，我将论述系统性知识在评价学领域所产生的重要作用，并对我和我同事所完成的项目进行元分析。

我们能学到什么

分类学（Taxonomy）与术语学（Terminology）。通过家族相似性，我们能大体上识别各种项目方案，但是很难对其进行定义、标记并在研究领域内进行组织。但从评价学系统性视角出发，我们可以根据主要维度对不同项目进行分类，并对其相似性与差异性进行归类。就像社会项目中的元素周期表一样，分类学可以被广泛应用于不同领域。比如，一个好的分类系统可以帮助正在进行特定评价项目的评价者从过去已完成的研究项目中组织信息框架，并锁定最具价值的相关案例。

在过去十年间，我和同事将元分析研究方法运用于青少年犯罪项目。元分析可以清晰地展现极具价值的项目分类组织维度。在分析了中心数据库中五百多个不同的干预性研究小组之后，我们发现项目之间的差异可能是概念本身具有差异，或者与犯罪行为影响有关。

例如，结构型、表现型或者技术建构干预（skill-building intervention）的项目影响往往要比洞察力导向法（insight-oriented approach）［比如心理咨询、小组治疗和社会工作（Lipsey，1995）］所带来的影响更加强烈。同时，我们也发现在为监禁中的惯犯、缓刑犯以及参加社区服务的人员所提供的项目中，项目的人员构成、组织结构和环境背景都存在差异。

另一个关键变量与项目属性有关。项目可能是机构或社区常规性提供的持 xix
续"实践"项目，也可能是为达到某些研究目的和/或由研究人员管理的"示范"项目（Lipsey，1999）。总体而言，我们所完成的描述性分析，以及从几百个评价项目中所确认的关键特征数据统计结果，对评价项目的正常运转起到了重要作用。由于传统标记分类仅关注问题处理方法，比如，代币制、职业培训、社会个案工作、辅导、家庭咨询等，所以基于关键特征的项目分类比传统方式更具有实际的分类意义。

关键因素（Critical factors）。项目除了具有一般性特征之外，还具有其独特性。正是项目独特性决定了其所属种类。通常，我们会对项目运作进行干预，只有在干预范围内我们才能发现项目之间的差异，以及项目独特性发挥的作用。在这些问题都弄清楚之后，评价者才会运用项目关键因素所需要的相关知识来给予它们特别关注，并解释项目成功或失败的原因。

例如，我们所进行的一个元分析项目揭示了荒野挑战对于改善青少年犯罪状况的有效作用。这项活动能发挥作用的关键，一是青少年体力活动的强度，二是伴随着个人或团体咨询的介入，治疗效果是否增强（Wilson & Lipsey，2000）。另一项研究青少年惯犯恢复治疗的元分析研究意外发现，项目成员也是研究的关键因素（Lipsey & Wilson，1998）。当治疗工作由心理健康部门人员而不是青少年犯罪部门人员来承担时，治疗效果会更加明显。从事此类评价活动的评价者最好能提前了解项目的重要潜在特征，并从过去的评价项目中获得一些启发。

类推性与稳定性（**Generalizability and robustness**）。评价一个特定项目的困难之一是，评价者对开展相关项目的可行性方案与可能处于的特殊情境知之甚少。比如，某一特定干预行为作用于一部分客户群体时可能会产生积极影响，但是将其推广至当前评价者所面对的不同群体时，效果将难以确定。同样地，服务中行为的改变可能是有效的，但不能证明另一种行为的改变也将行之有效，尤其是将它们应用于不同项目场景时，每种行为的效果将难以确定。

但是，对评价研究的系统性概括可以为评价者了解不同项目的类推性或稳定性特征奠定基础。当评价人员发现在一系列不断变化的项目实施过程、目标受众等方面，某种干预会对项目结果产生积极作用时，他们有信心认为这种积极干预影响也会发生在其他类似项目中。

从对犯罪干预的元分析研究中我们发现，通过对接受不同治疗方式的青少年进行跟踪调查，重新犯罪率在他们之间产生的差异并不明显，并且年龄、性别以及样本所具有的种族特征与项目所产生的效果毫无关系（Lipsey，1992）。这并不意味着此类项目的评价者应该对研究对象受到干预而产生的不同反应视而不见。当评价者从上百个先前研究中了解到这种模式时，即使在资源有限的情况下，他也有一定的把握去设计评价，期望不会受到评价对象大规模人口特征互动的影响。

预期效果（**What effects to expect**）。在某些项目领域的评价研究中，评价者

通常需要了解一系列范围广泛的结果变量。其中某些变量可能会体现出项目
效果，而另一些则不会。若想要对此了解清楚，评价者将有把握确定哪些效果
能够保证评价质量，并从一开始就将其置于评价设计当中。同时，评价者还可
以从先前的研究中了解到实施不同措施将产生的不同作用以及作用的重要程
度。如此一来，评价者可以设计出细致的评价方案，灵敏地捕捉不同措施带来
的影响。

　　举个例子，我们在对青少年犯罪进行元分析时发现，后续犯罪行为的效应值
（effect sizes）比几乎所有其他因素主导产生结果的效应值小，比如心理因素（态
度、自尊）、人际关系（同事关系或家庭关系）、上课出勤率、学业表现以及职业素
养（Lipsey，1995）。对这样一个项目的评价者来说，有两点必须注意：第一，当确
定重新犯罪率的产生效果对评价项目十分重要时，评价者必须注意评价设计是
否能敏锐察觉效应值较小的统计结果（因为统计结果的效应值大小并不能代表
其实际重要性）；第二，如果评价者仅仅检查犯罪率，可能会忽视由其他因素主导
而产生的重大影响。

xxii

　　方法与步骤选择（Choice of method and procedure）。评价研究的系统累积有
助于我们理解评价者使用方法的优点和缺点。通过评价研究数据库，我们将拥
有足够方法论的信息，来对观察到的干预效果与评价者对得出这些观察结果的
各种评价设计、结果测量和数据收集程序之间的关系进行实证检验。

　　通过对与评价方法、评价过程相关的可观察干预效果进行元分析，我们获得
了一项重大且发人深省的研究成果。这些成果和项目干预密切相关，包括治疗
类型、剂量、实施质量、接受者特性等（Wilson，1995）。换言之，评价者基于既定
结果变量评价得出的项目效果，在很大程度上会被评价者选择的评价方法和项
目实际干预效果所影响。因此，评价者必须非常谨慎地对待这些选择，并尽可能
多地利用现有关于评价方法的知识来设计评价流程。

我们在对评价方法作用进行多次元分析之后发现，如果评价者能掌握好它，这将对评价效果产生重要影响。但研究表明，在多数情况下，评价者广泛运用的评价设计存在统计缺陷，这类评价设计将无法发现重要效果（Lipsey，2000）。因此，我必须郑重提示，统计重要性不足以作为判定能否察觉评价效果的基础，它同样也不能作为评价其他判定标准是否具有相对优越性的基础。我们从其他元分析项目中发现，评价者选择评价结果的测量方式和时间点，与选择对照组实验结果或确定处理条件同样重要（Lipsey，1992）。同样地，对事前评价研究进行元分析能帮助评价者掌握在不同应用条件下，哪些评价设计（比如，非随机分配，前处理）所带来的影响会产生偏向性（Lipsey & Wilson，1993）。事实上，学习事前评价所积累的综合知识可以教会我们如何通过评价方法本身来为传递此类综合知识所做的努力正言。

结 论

元分析和其他评价研究的系统合成为评价项目实践的不断改善提供了重要信息来源。评价者通过学习元分析发现项目评价的模式和关系，再次进行项目评价时，就可以更准确地把握项目特点、主要结果和研究方法，并选择将更多精力花费在这些方面。以上方法作为评价学研究的新内容，补充并完善了原先积累的综合知识。作为评价学领域的知识资源，这些内容将不断丰富和细化，相应地，它们在实践中可能做出的贡献也将更具有价值。

目前，评价学领域明显缺乏综合知识与评价实践的有效结合。如前文所述，评价者在制定评价计划时很少仔细查阅事前评价工作的细节。因此，评价研究的元分析在许多地方性项目中未被采用，评价者只有在分析全球信息时才会使用该方法，比如平均效应量（mean effect sizes）仅仅被应用于计划或释义评价项目的工作中。

虽然元分析正在飞速发展和细分,但它已经开始愈加聚焦于项目综合知识的运用,这也主导着评价者的兴趣。现在时机已经成熟,我们应该鼓励评价者运用元分析产出成果,在评价学领域更广泛地使用元分析产品。①

参考文献

Lipsey, M. W. (1992). Juvenile delinquency treatment: A meta-analytic inquiry into the variability of effects. In T. D. Cook, H. Cooper, D. S. Cordray, H. Hartmann, L. V. Hedges, R. J. Light, T. A. Louis, & F. Mosteller (Eds.), *Meta-analysis for explanation: A casebook* (pp. 83 - 127). New York: Russell Sage Foundation.

Lipsey, M. W. (1995). What do we learn from 400 research studies on the effectiveness of treatment with juvenile delinquents? In J. McGuire (Ed.), *What works? Reducing reoffending* (pp. 63 - 78). New York: John Wiley.

Lipsey, M. W. (1999). Can rehabilitative programs reduce the recidivism of juvenile offenders? An inquiry into the effectiveness of practical programs. *Virginia Journal of Social Policy and the Law*, 6(3), 101 - 129.

Lipsey, M. W. (2000). Statistical conclusion validity for intervention research: A significant(p<.05) problem. In L. Bickman(Ed.), *Validity and social experimentation: Donald Campbell's legacy*, Vol. I (pp. 101 - 120). Thousand Oaks, CA: Sage.

xxiii

---

① 宾夕法尼亚大学近期开展的"坎贝尔合作组织"(Campbell Collaboration)在社会干预综合研究方面的进展不仅有趣且值得关注。该组织以科克伦协作组织(Cochrane Collaboration)的成功为参考模式。过去十年,该组织在医学与健康研究领域内形成了不计其数的具有重要价值的研究综合内容。

Lipsey, M. W., & Wilson, D. B. (1993). The efficacy of psychological, educational, and behavioral treatment: Confirmation from meta-analysis. *American Psychologist*, 48(12), 1181 – 1209.

Lipsey, M. W., & Wilson, D. B. (1998). Effective intervention for serious juvenile offenders: A synthesis of research. In R. Loeber & D. P. Farrington(Eds.), *Serious and violent juvenile offenders : Risk factors and successful interventions*. Thousand Oaks, CA: Sage.

Wilson, D. B. (1995). The role of method in treatment effect estimates: Evidence from psychological, behavioral, and educational treatment intervention meta-analyses. Doctoral dissertation, Claremont Graduate School, Claremont, California.

Wilson, S. J., & Lipsey, M. W. (2000). Wilderness challenge programs for delinquent youth: A meta-analysis of outcome evaluations. *Evaluation and Program Planning*, 23, 1 – 12.

元分析:黄金三镖客(The Good, the Bad, and the Ugly)[①]

托马斯·施万特(Thomas A. Schwandt)

利普西教授(Lipsey)就元分析的使用提出了一项重要议题,这一议题将为不同社会干预的功效和对干预进行评价研究的设计提供重要信息。接下来我们讨论的重点将放在基于元分析的理论和技术性阐述,而非对利普西教授所发表论

[①] 这一针对马克·利普西的回应发表在 *American Journal of Evaluation*,21(2)2000,pp. 213 - 219。托马斯·施万特就职于伊利诺伊大学香槟分校。

xxiv

文的回应。通过对元分析这种方法进行仔细审查，包括元分析的假设前提、所接受的"给定条件"及其意义，我希望告诉大家一些好消息、坏消息和运用本方法可能带来的非议。

元分析、聚类评价（cluster evaluation）、整合性研究回顾（integrative research reviews）、福柯考古学（Foucault's archaeology）和谱系学（genealogy）等方法给了我们从整体上谈论人类经历的机会。在日常生活中，从整体上思考和讨论人类经历是十分必要的。如果我们对事物不能想象或侃侃而谈，比如玫瑰、车胎、面包、疼痛、成功、害怕、健康、家庭、暴力等等，那我们在与他人沟通时很有可能出现困难，并有可能无法记住每天生活中发生的事情，尤其是一些典型事件。好消息是我们可以利用元分析这样的方法形成综合知识，而这种知识正如同利普西教授所说，能够帮助我们对各种社会现象侃侃而谈，并不会对交谈内容的含义产生过多混淆。因此，我们可以谈论彼此的家庭，尽管家庭的概念对我们每个人来说都不尽相同——家庭的真实含义在不同场景中有可能以不同方式呈现。

但使用元分析的潜在坏处是，使用者可能会忘记社会现象背后的意义从而产生混淆。这种错误一旦产生，可能会引起更多的错误。这种错误通常是因为人们忘记了——（a）某些现实情况并没有相应的习语可以表述；（b）元分析是特殊习语（或是方法论语言）的一部分，它指引着社会现实如何被构想、理解、描述和展现（Gubrium & Holstein，1997）。习语从整体出发，以非意向性的方式去描述构成社会生活带有意向的现象（比如，成为家庭的一分子、结婚、加入组织、治疗、教学、参加活动、谈判、评价等）。请仔细思考我接下来所引用的来自费伊（Fay）（1996）的案例。

假如我们这样来描述一件事："故事发生在1997年5月3日，长期使用海洛因和其他危险性药品的玛丽·史密斯（Mary Smith）报名了一项为期十六周的西奈山康复训练项目。在这十六周的时间里，她全程参与并最终戒除毒瘾。"以这种方式解释这件事，我们需要理解"报名""参与""戒除"背后的含义。因此，这既需要我们掌握参与者的意图，同时也需要理解"报名""参与""戒除"行为本身的真实意义。但是同一件事以非意向性方式阐释，就会变成"一个瘾君子完成了康复训练项目"。如果这样表述，整件事就只需要大致解释关于吸毒和康复训练项目的大致信息即可。第一种解释是带有习语性质的，它反映出人们对事件特殊性、具体性和唯一性长期持有兴趣。

第二种解释是遵循法理的方式。这种方式对待所有不同的事件都一样，比如从某一类事件所共有的特征出发进行解释。因此，对于重复性模式，这种解释只能说明概况。

这里有两点需要特别注意：首先，不要求使用某一特定习语对社会现实进行描述。我们所有人基本上都承认且认同，人类行为从本质上来说是带有明显意图的（比如，与自然现象所具有的非意向性表现相比），并且这种意图具有公开性和多样性。但是我们可以选择去描述、展现和释义社会行为，将其作为意向性现象［比如可以通过诠释人类学（interpretive anthropology）、民俗方法学（ethnomethodology）、符号互动学（symbolic interactionism）等方式］。或者，我们可以选择以概括性、非意向性的方式描述社会行为，就像元分析的解释一样。但是，当我们混淆了社会现象的"描述"与"展现"时，有关元分析的"坏"消息就产生了，因为人们认为这种非意向性方式能够准确描述社会现象。描述人类行为以避免其意图性、语言浸透性、争议性、历史性特征的可能性，不等同于假设人类行为将被必然安排在诸如"社会元素的周期表"之类的事物中。这是一种具体化的错误，我们不能认为描述型或陈述型语言能表示某种物质或具体现实。

为了更好地阐明这一论点，假设我们将元分析理解为产生综合知识的方法，如上所述，元分析的使用者将意识到，若将该方法的应用错误地理解为世界的本来面目，随之而来的就会是各种具体的评价问题。因此我们就必须强调以下问题:我们在评价中运用这一知识来做什么?它在哪种框架下适用?这类知识对我们所从事的评价活动究竟意味着什么?

我相信一个引起非议的事态继续发展下去会具有潜在的巨大风险。当你审视元分析方法与评价技术之间的关系时,这种潜在危险性将会十分明显。评价是一项致力于通过方法获得客观知识来管理全球社会的活动。(请注意,接下来我所阐述的内容并没有在利普西教授的论文中提及。)

xxvi

当然,评价技术视角绝不仅只与元分析方法相联系。在现代社会中,不论是所谓的定量评价、定性评价、参与式评价,还是混合方法评价,基本上所有形式的评价实践都是从技术角度出发进行自我建构或人为建构的。

从欧洲战前至今,在很长一段时间内,历史上著名的思想家柏格森(Bergson)、胡塞尔(Husserl)、尼采(Nietzsche)和海德格尔(Heidegger),以及当代著名思想家伽达默尔(Gadamer)、阿伦特(Arendt)、阿多诺(Adorno)、哈贝马斯(Habermas)、泰勒(Taylor)、鲍曼(Bauman)都秉持着同一种观点,他们普遍对人类事务研究领域所使用的现代技术和主流方法持有批判态度。他们认为,社会中出现严重错误的原因是人们错误地认为通过客观知识就可以对人类行为进行技术性掌控。

只要大致浏览一下评价在社会中所承担的角色以及要实现的大致目标,人们就能了解评价活动完全是现代化进程的一种展现。因为评价是一项赋予事物、事件、工艺流程和个人价值的技术。该活动的开展基于以下条件:首先,评价信息有助于各种不同类型的社会实践合理化,从而改善社会。比如,社会政策的形成,教育项目、社会服务、医疗和心理治疗、项目管理的完善,等等。其次,客户、管理者或经营者之间存在产生和传递信息的最佳方式,这种最佳方式可以帮助他们建立有序的社会。

现代主义者开展评价项目的目标有三:第一是驯服这不羁的社会;第二是使我们的思维更加明确;第三是有规律地清晰辨别哪些事应该做而哪些事不应该

做，从而改善社会生活。正如我们现在所设想的一样，评价活动和人们为之努力的管理活动、经营活动、医疗服务、教育活动一样，它们的管理方法中都存在着某些错误观念，而其中的方法正越来越多地定义和限制我们对世界的整体理解（Schwandt，1998）。

这种想对生活进行严格控制、管理的观念和态度在下一个案例中能够清晰展现：作为人类，我们会给自己一些设定，或者发现自己处于某一设定中。我们通过这些设定来塑造自身所处的环境以及与周遭其他人之间的关系。

关于自我设定的历史由来已久，尤其是从十七世纪现代科学兴起之后，我们渐渐走进一种看似"主观"的状态，但我们所面对的世界却是客观存在且受控的，并且人类生活中的物质逐渐变成了所掌控的客观世界的一部分。我们的生活被卷进一系列设定当中，比如所有的想法、实践、制造、生产和创造，所有的一切都伴随着设定或者控制框架本身而产生。

这一框架会定义了我们的理想高度和对成功的理解。在这一框架下，我们的态度、思维模式和对待问题的方式都逐渐平缓且不可避免地被同化了（Dunne，1993，p. 366）。

评价实践作为现代化技术项目，从一开始就遵循着合理的设想，这种设想认为评价活动是一种来自不同背景和环境的普通大众所进行的政治道德活动，他们对此了解且愿意付诸实践。在诸如教室、管理办公室、社会服务机构等环境中，活动者的评价知识与他们所进行的日常行为、和他人的联系沟通以及工作完成方式等都紧密相连。

然而，评价实践假定，发生在我们日常生活中的高度偶然性评价和判断方法可以且应纳入科学管理范畴。换言之，知识体系应与一系列可行方法、规则相结合，用以替代或减少日常实践者偶然的、不可靠的评价认识和判断，从而保证了其高绩效。

元分析是服务于该目标的众多技术手段之一。现代主义者开展项目评价的目标是将教学、管理、提供医疗服务、提供社会保障服务等实践中的隐含合理性转变为技术合理性,进一步解决人类社会中的突发事件,突破限制人类社会发展的条件(Dunne,1993)。

在评价实践中,哈贝马斯[Habermas,1974(1971)]和其他专家将具有重要影响力的"知识构建兴趣"(knowledge-constituitive interest)看作是技术认知兴趣,这一兴趣根植于理性行为理念,以管控自然世界和人类社会为导向。技术兴趣、理性行为理念和高效的方法驱动知识本身不存在"邪恶"的一面。问题在于这种兴趣以及与该兴趣相关的知识概念逐渐开始塑造现代社会人类生活的方方面面。

xxviii

对此,伽达默尔[Gadamer,1992(1965)]如此阐述:"可以毫不夸张地说,我们应该将工业革命现代化更多地归功于技术和经济产品的合理运用,而不是自然科学的进步。在我看来,赋予整个时代特征的不是我们对大自然实现了惊人的控制,而是我们引导了社会生活科学方法的发展……思想的科学潮流在整个社会中暗流涌动,渗透至社会生活实践的方方面面:科学市场研究、科学战事、科学外交、对年轻一代的科学抚养以及对人的科学领导。各个领域对科学的应用都提升了专家在经济和社会中的权威地位。因此,维护世界的有序性这一问题变得极为重要(p. 165)。"

但这并不意味着,仅凭专家在评价和管理等领域拥有的咨询知识就足以改变整个世界。这种想法的危险性在于错误地认为我们可以将这种知识的概念运用到人们生活的具体场景中,或认为它们在实际操作中具备普遍的合理性[Gadamer,1992(1965),p. 171]。

我们越是相信将适合道德-政治人类互动(即实践)的知识和理性转化为一种技术知识-目的理性是可能和可取的,我们就越需要从对自己和作为社会公民的责任方面去反思和批评我们的做法。这种实践的变形——将其独特的知识和合理性置于技术框架内——借助于现代评价技术、电子通信技术和行政协调实践等发展。例如，教育实践合理化的重点是衡量学生成绩和其他"产出"指标，提供保健服务的衡量指标是成本效益和效率指标。

以上所有都不代表利普西教授的那种由元分析技术产生的知识是没有价值的。当需要对现实情况进行评价时，社会中再完美的评价技术也无法保证选择是明智的，因为每天的具体情况都在发生变化，所运用的知识需要通过不同方式的实践来获得。

作为现代专业化实践，评价是一项科学事业，属于特殊专业的技术领域。这是一项必须与制造、生产相联系的活动，这项活动的目标是为了提出并完成一项产品或成果。我们将这些内容称之为评价特征、评价价值，或者某些人物、政策、项目的重要性等等。产品/报告（此处指的是评价者的评价结果报告）与它的生产者之间是可分离的；活动所需要（或管理着）的知识与知识使用者也是可分离的。换言之，人们在这项活动中可以自行决定是否参与：从星期一到星期五，评价专家会展示他所学的评价知识并得出评价结果。到了周末，评价者不参与评价实践时，这些知识就会被搁置一旁。

生产活动模式与一种名为"技艺知识"（techne）的实践知识联系紧密。这一知识由研究专用领域的专家创建，以理解暗藏在物体生产、事物状态下的内容为原则。比如理解房屋、书桌、一次顺利的旅行、一种健康的状态或者一项评价的内容。这一知识在方法驱动框架中得到了很好的运用：这种实践知识的材料和工具（包括方法）是制造商用来实现最终产品/结果的手段。并且世间之事本身就是一种在活动末尾得到的终端产品。因此，作为生产性活动，评价是在一种客观的、非个性化的方法（不论是定量、定性，还是将两者混合使用）控制下进行。

评价专业实践是一种专业性生产活动。但我们没有将评价作为一个实践维度来理解。实践是人类活动的一种形式,与社会成员的生活行为有关。与实践关系最紧密的知识是实践智慧(phronesis)。实践智慧不是个人可以自行支配的技术能力或认知能力,而是与一类人或正在成为这类人的群体有关。这类知识能够将过好生活的这部分群体划分出来,一旦人们获得并运用了此类知识,他们的后人也会沿袭使用。这类知识常常具有不同的名称,比如慎重的卓越(deliberative excellence),实践的智慧(practical wisdom)或者实践的理性(practical reason),而与认知功效有关的内容被称为理解、判断和释义。

xxx

作为日常生活的一部分(在我们与孩童、同事、配偶、朋友等其他人交往时),以及作为我们所属或承担责任相关的一部分(比如,我们担任老师、医疗服务行业人员、社会工作者、公关经理等职位时所负有的责任),我们进行的这类评价决策属于政治道德行为。它属于一种人际交流活动,其所形成的产品不会是单一成果。因此,实现活动目标要在活动过程中进行,而不是在活动收尾阶段。

在我与女儿的对话中,我评价了她找我借钱买车的理由。该评价是为了做出更加明智的判断。我最终做出的决定塑造了我的女儿,并且展现了我所承担的父亲角色。

我和学生一同回顾了她最近提交给我的一篇课程论文。我对这篇论文进行了评价,而这一评价的目的是帮助学生完善并加强她的观点,并在文章结构方面提供一些指正。我所做出的评价决定将自己塑造成为了某种特定类型的教师。实际上,评价结果塑造了我们自己以及我们所遇见的其他人。

服务提供方的经理与团队负责帮助客户解决问题,当他们一起对解决方案的有效性进行评价时,同样的现象也会出现。这些评价活动的"结果"不是决定哪些"项目组成部分"在"发挥作用",或如何改变"客户人口统计",或如何处理"对治疗的不同反应"。相反地,评价结果必须以一种与顾客互动的方式呈现,服务提供方要设想顾客的需要,将他们进行分类,并牢牢抓住核心问题"我们是否在做对的事情，我们能把它做好吗？"

通过所谓正确的技术知识并不能消除、减少或者更有助于管理评价中的意外事件、特殊情境、内在开放性和不确定性。因为评价并不是一个可以通过应用更好的技术来合理化的决策过程。它是一种需要政治道德判断的人类活动、社会互动。同时，它需要各种知识概要——概念知识，不同实践情境（比如医疗服务和教育）间的概念关系，技术知识交流，实践领域中已被验证成功的战略案例知识，能够预测和规避陷阱与困境的相关零散知识，实现目标知识以及形成、改变和颠覆目标的知识，等等（Dunne，1993）。当需要在任意场景中随时运用这些知识进行评价时，评价者的理解必须基于正确的目标、以正确的方式、对正确的人、在正确的环境与时机中进行，而不仅仅是从方法运用以及评价技术理念中获得。

现代主义的评价观将评价活动与他人评价互动的认识和行为脱离，支持而不是发展了实践者的这种智慧。因此，与元分析（以及所有寻求方法驱动的实践"问题"解决方案）相关的真正令人反感的举动是，它假定了评价是一种管理人类事务的技术，并相信当我们找到能够提出并运用评价知识的正确方法时，实践会更加明确、更具备合理性。（当然，阻止这一令人反感行为发生的有效方法无法从对近代社会怀有新浪漫主义、不切实际的幻想中获得。现代主义者通过技术让实践黯然失色，既不会被所谓的第三范式或混合方法所阻碍，也不会因后现代评价方法的出现而停滞不前，后现代评价方法成了美学和文字游戏，否认了日常生活的具体现实，将选择的偶然性和具体情境提升为一种激进的、普遍的透视主义。）

常识是我们思考自身行为的重要方式。当然，我们应该对此进行元分析和其他形式的综合评价（例如，聚类评价、文献综述等）。但是，我们不应该错误地认为，更好的技术或工艺知识（更好的方法、规则或程序）将全部完成评价实践中的解释性挑战，从而产生一门关于人类行为的科学。

我们必须学会对我们自己和我们所处的环境负责。因为评价活动既不存在于我们自身之外，也不存在于与我们的生活方式相分离的对象（例如项目、治疗、干预、课题及其组成部分）和有效行动之中。有关特质、价值和行为重要性的评价决定与自我塑造有关，同时也能体现出我们对他人的责任。我们必须帮助实践者，让他们将自己看作是评价实践中的学习者和研究者，而不是由外部专家辅助评价的消费者。

xxxii

参考文献

Dunne，J. （1993）. *Back to the rough ground :"Phronesis" and "techne" in modern philosophy and in Aristotle*. Notre Dame，IN：University of Notre Dame press.

Fay，B. （1996）. *Contemporary philosophy of social science*. Oxford：Blackwell.

Gadamer，H.-G. （1992）. Notes on planning for the future. In D. Misgeld & G. Nicholson（Eds.）, and L. Schmidt & M. Reuss（Trans.）,*Hans-Georg Gadamer on education，poetry，and history :Applied hermeneutics* （pp. 165 – 180）. Albany，NY：SUNY Press（Originally appeared in *Daedalus，Journal of the American Academy of Science*，95，572 – 589[1965]）.

Gubrium，J. F.，& Holstein，J. A. （1997）. *The new language of qualitative method*. Oxford：Blackwell.

Habermas，J. （1974）. *Theory and practice*（abridged version of *Theorie und praxis*，4th ed. Frankfurt am Main：Suhrkamp Verlag，1971）. J. Viertel （Trans.）. London：Heinemann.

Schwandt，T. A. （1988）. The interpretive review of educational matters：Is there any other kind? *Review of Educational Research*，68(4)，405 – 408.

　　有关下一回合的讨论已在《美国评价杂志》（期号 21，序号 2）中刊登。双方从自身的价值观出发继续进行辩论。利普西再一次阐述了基于标准的评价，并将其与社会科学和现有的定量研究更加紧密地结合在一起。施万特希望从指标性思维出发，进一步将基于实践的经验作为评价基础。

　　本书将不会对他们的辩论进行分析，因为它超出了本书所关注的范畴。两位学者所说的事实确实存在，但新入行的评价者只需要对这两方面知识的语言和实践进行了解。两种方法的语言、思考模式和方法仍然是相互分离的。每个新晋评价者都要不可避免地运用这两种方式，并且会更多地使用其中某一种。指标性与解释性的特质存在于我们每个人的天性中。本书希望能够帮助学生提升对此两种方式运用的能力。

　　我希望老师们在使用本书进行教学时也能乐在其中。我也希望老师们将通过这次教学为学生带来一种形成性经历而非总结性经历。

第一章　指标性评价和解释性评价

　　将蔬菜、植物的高产种子播撒在土壤中会孕育出果实,不同种类的果树也都会开花结果。上帝将此视为和谐。神说,地里长出的青草和蔬菜各从其类,能结果实的树也各从其类,果子都包着核,所有一切都自然而然地发生了。神说,这样就很好。

　　　　　　　　　　　　　　　　　　　　　　　　　　——《创世纪》1. 12

　　耶和华告诫人类:"你可以选择去食用果园里任一果实,但是树上结有善与恶的果实你千万不要食用,一旦有一天你吞食了善恶之果,等待着你的或许就是死亡。"

　　　　　　　　　　　　　　　　　　　　　　　　——《创世纪》2. 16 - 17

　　伴随着人类历史的发展,评价学由来已久,在未来会有更大的发展。毫无疑问,上帝深知善恶之分,但他却没有告诉人类如何区分它们。当上帝看见新鲜的蔬菜时,他心里也许已有关于蔬菜质量的评价标准,但他并没有将标准写在《圣经》中。

　　上帝认为亚当不应该知道善恶之分,却给了他知道的机会。在夏娃和毒蛇的帮助下,他吃下了禁果。这是一个流传千古的故事。我们每个人天生就是评价者,但不是每个人都能成为一名好的评价专家。尽管我们对善恶的概念早已了解,但这不能保证我们总是会走向善的一方。

　　"评价"一词代表着正式且经过精心设计的流程,本书希望帮助读者们从学术性与组织性出发,了解正式评价而不是非正式评价。但是正式评价通常也有非正式性、直觉性、随机性和自助性的特征。所以我们有必要去思考正式与非正式评价之间的联系。

　　也许有人认为，非正式评价与正式评价相比，它更具有优势。人类作为在地球上存活的物种，是适者生存的结果，至少比其他被淘汰的物种更适合地球环境。也许人类的存活有运气成分，但生存意味着必须在演化过程中做出选择，选择即属于评价问题。在 1950 年之前，正式评价少之又少，法院、医院、神职人员委员会及其他正式评价都是现代发明。因此，我们会认为是非正式评价而不是正式评价推动着我们走向更远。

　　为了证明正式评价优于非正式评价，我们首先要对正式评价的优势有所了解。你在阅读本书时一定会产生这样的疑问：正式评价可以帮助我们了解什么是事物的优势吗？

　　即便有时我们说服自己非正式评价要比正式评价更好，但事实上，世界上的大多数人会认为正式评价更加可信，因为它能提供更加可信赖的高质量数据。仔细思考正式评价和非正式评价各自的优势是一种非常好的思考模式。但当人们考虑到项目评价的需求时，正式评价也许会起到更重要的作用。本书所述的大部分内容是正式评价，但我们也对非正式评价进行了一定的思考。

　　通常，正式与非正式评价都很重要，但对于评价中所运用的战略性思考而言，两者便成了区分指标性评价与解释性评价（criterial and interpretive evaluation）的关键。指标性评价采用数字和规模样本量来确定和代表事物的性质。它是一种以标准为基础，更具客观性、分析性特点的定量方法。而解释性评价利用人们的语言描述和人们对事物优缺点的间接体验等主观经验，对质量做出决断和表示。这是一种定性方法，内容虽然松散但更加全面。比如青少年将篮球场上的大灌篮比喻为"完美成绩"，就是一种指标性评价；当他们说某人像"迈克尔·乔丹"时，就是一种解释性评价。在第三章介绍基于标准的评价时，我们将更加深入地理解指标性评价的意义、流程和特征。在之后介绍回应式评价的章节中，我们将更加深入地了解解释性评价的意义、流程和特质。这会帮助大家发现,解释性评价与回应式评价之间既联系紧密又存在差异。

对定性评价无处不在的需求

一直以来,我们都在有意或无意地寻找事物的优点和缺陷。当这些优缺点十分琐碎时,我们会选择忽略它们,而这往往会在日后给我们带来麻烦。比如,我们忽略了竞争对手更强大的技术,或者我们自己的工作安排缺乏逻辑性等问题。但我们通常对事物发展中千百种可能出错的方式很敏感。正是凭借这一点,我们才能存活下来。每个人都具有自我修正的机制,依靠运转良好的感官系统、解码系统和回顾机制去评价输入和输出的信息。其中许多信息非常复杂,并且大部分信息由非正式评价主导。

我们赖以生存的世界充满了责任、契约、任务和监督,这些活动对正式评价有着大量需求。在我们的生活中,技术发展使得监测越发精准,等级被层层划分,计费开始用代码表示。有时一项政策、决策或问题的解决都需要正式的审核流程。这一流程有时可能只需要短短几分钟的简单回顾,有时也可能会持续好几年。虽然非正式评价在原始社会和现代社会中都发挥着重要作用,但正式评价是现代社会的重要构成,尤其是对于合作化、组织化的生活。因此,我们必须对评价对象(evaluand)进行界定。

我一定要用"评价对象"一词不是因为它有多好,而是因为没有它,讨论评价学就会很奇怪。评价的测量对象就是"评价对象"。如果我们要对培训项目进行评价,那项目就是评价对象;如果我们要评价洗发水,那么洗发水就是评价对象;如果我们为了招聘而对求职候选人进行评价,那么候选人则成为评价对象。(在下面的漫画中,存在三个评价对象,你看出来了吗?)当我们讨论自身时,我们自己就成了评价对象。

《清晨镜像》（*Morning Scene*）

厄内斯特·奥尔森，引用已获作者允许。

> **评价**（evaluation）：将某物的特征和表现与至少一种标准相比较而形成的结果。

　　我们会像字典一样对本书中的一些词进行解释。该词条中的标准意味着评判事物的好坏以及好的程度。为此，人们必须设立标准。人们对事物质量的考量是设立标准的唯一来源。有时，标准由评价者来设定。通常情况下，不同的人会设置不同的标准。有时让评价者使用同一标准是行之有效的办法，但有时评价者在实践过程中必须使用多重标准。

　　在评价培训项目时，我们必须审视培训流程、培训者的表现以及培训过程中和活动结束后学员的表现。对此，我们必须单独设立标准对各方各面进行比较。如果所有人都对标准表示赞同，那么评价工作将变得十分简单。但我们往往发现，即使是同一个人在不同条件下也不会连续使用某一标准。所以标准的设立是一项极其困难的工作。

　　当第一次尝试对评价进行理论化阐述时，[1]我建议评价者应该去收集数据，从而建立人们头脑中与评价对象相关的标准。但是我发现这些信息几乎不能从权威渠道

---

　　① 我在 1967 年发表了一篇名为《教育评价全貌》的论文。我在文中提出项目评价会使用许多不同的数据。有部分人将其称之为"全貌模式"（countenance model），但这一模式并不是为评价所用。我所提到的各类型评价可参见第五章的图 5.1。

获得。同时,当我询问工作人员或利益相关者①有关标准的问题时,也很少能获得有用的反馈信息。如果我请你为评价一本优质教科书设立标准,你会说些什么呢? 你可能会提出你所认为的一些指标,包括一本书的可读性、信息量、内容更新、参考书目的实用性等。但是这些都是指标(criteria),还不足以构成标准(standards)。识别我们所采用的评价指标往往比标记不同等级质量的标准要容易得多。

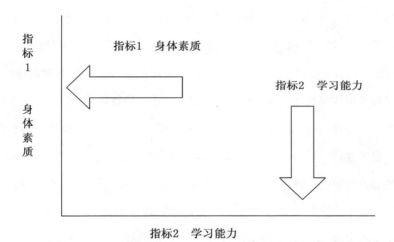

图 1.1　指标的标准

　　每个人对"指标"和"标准"这两个词的使用方式不同,大部分评价者使用"指标"来表示重要的叙词或属性,使用"标准"来表示做出某一特定判断所需的属性量。比如,高度和顽固性都是个人属性。学生所具备的属性可以用学习能力进行评价,例如,用一项满分 28 分的学习能力测试作为学生能否获得某一学位的标准。有一部分善用图形表示结果的评价者可能会用"线"来代表"指标",并用线上的"点"或"一段距离"来表示"标准"。比如,在图 1.1 中有两条线(或者说是两个刻度尺),他们各自代表两个指标——身体素质和学习能力。假设这两个指标是作为进入安全管理员培训项目的门槛,那每一指标的最低标准则是箭头所指的位置。

────────────────

　　① 利益相关者是指对项目进行了投资或者能够从项目中获益的群体,包括赞助商、工作人员、受益者,还有可能是交税者。

让我们花几分钟时间来思考一下"quality"的概念。"quality"一词通常使用在两方面，一是指事物的性质、特征，比如音乐喜剧的特征，内尔·诺丁斯的"关心"教育模式（Nelle's teaching）的特征。对这些特征进行的表述与其说是评价，不如说是描述。为了描述音乐的特征，我们会使用这些叙词"歌词优美""声音雄浑""低级庸俗""普通平凡"；为了描述教学特征，我们会使用"创新性""普遍性""以学生为中心""缺乏关注点"等叙词。约翰·杜威（John Dewey）（1939）曾说："私心与同理心在性质上是相对立的。"这里使用"性质"一词是为了说明某物的本质或内容，而不是它的好坏。

"quality"的另一个含义与品质有关。比如音乐品质体现了演奏者的精湛水平，培训结果的质量体现其优点和缺点。在评价工作中我们经常会被这种意识支配。我们寻找项目的品质，即是寻找它的特征和价值。但是寻找的过程和结果却充满了不确定性。有关性质、特征和卓越的定义很难明确和统一。① 我们通过语言和指标来设定标准的方法通常比较简单，相对而言，我们的个人经历要复杂得多。当我们说某个学生的写作水平一般时，我们是从许多方面进行衡量的，比如文章的内在统一性、文章是否紧扣主题、是否存在语法错误、是否具有创新性、书写是否工整、所涉及的时间点是否正确、语言文字是否运用得当、工作安排是否得当，甚至于是否提前考虑了一些我们未曾想过的因素，但我们每次衡量的标准可能不会完全一致。指标性思维十分重要，而解释性思维同样重要。

作为一名评价者，我认为评价没必要像追求品质那样做到高度明确。有些评价者却为此花费了大量精力。我担心的是只用一个或几个指标就想熟练了解项目各个方面的这种想法难以实现。一些评价者更愿意利用他们手中的资源，以一个或几个最佳指标为准绳进行测量。我们将对本章节之前提及的所有评价策略进行探讨，将指标与标准化评价相结合，将解释与回应式评价相结合，不会单独讨论其中某一方面

---

① 罗伯特·佩尔西（Robert Persig）（1974）撰写的《禅与摩托车修理技术》（*Zen and the Art of Motorcycle Maintenance*）探讨了在定义性质时，遇到的哲学问题和现实问题。他将骑摩托车旅行这一经历的品质与摩托车发出了猫一般叫声的这种校准品质相对比。

的内容。

　　评价者之间存在的另一分歧是关于事物性质的"认识论"问题。当你在品尝哈密瓜时会考虑它的品质，会将瓜作为评价对象并评判其好坏，或者你吃瓜时的感受会成为你判定瓜的品质的重要方面。那么对于品质的定义究竟是来自瓜本身还是源于吃瓜的体验呢？对于"吃瓜的体验"，我们要注意考虑吃瓜的主体是谁。当谈及我们应该给予评价对象多少关注度时，评价者之间可能会产生分歧。当你在思考评价对象的品质时，你也许会考虑到它具有的特性，也会参考其他人与评价对象之间的互动。

　　你不必完全同意我的观点，但我希望将人类经历作为探究"品质"起源的基础。若缺少人类经历，"品质"的概念也将失去意义。"品质"在人类经历的基础上形成。多年以来，人们认为的积极经历是舒适、满足并充满欢乐的；而消极经历让人感到不适、生气和害怕。我们很快意识到人们对于高质量的教学和哈密瓜的定义根深蒂固，我想不论是过去还是现在，人们的想法都未曾改变。现在我们或许已经对正式或非正式标准、习惯或习俗进行了改进，可以将其用于对哈密瓜、教学等事物进行等级划分，但是品质所代表的意义仍然深深植根于它所唤起的情感经历中。一块手表能够代表高质量的部分原因是它非常准时，内部器械构造精良，另一部分原因是顾客穿戴手表时产生的满意度，并且在他们的认知当中，他们所穿戴的手表质量一定优于其他手表。当评价者开始着手进行评价时，我们所探讨的品质是建立在人类认识事物的经历这一基础之上的。

7

标准

　　一个女孩说她不会跟比她矮的男孩出去。那么她的目标是想成为两人之中较矮的那一个。她所谈论的指标是身高，她将自己的身高五尺七作为标准。

　　当我们在形容一个男孩如何优秀，一本书如何优质，或在形容其他东西有多好时，我们必须要有一个"标准"。一本书究竟要具备怎样的可读性才能让读者满意？它需要有多新颖？有没有一本书可以使所有读者都对其赞不绝口？这些问题都难以回答。在测度这些性质特征时，我们没必要意见一致。问题的答案应该由课本方面的专家给出吗？还是由评价者来决定？评价者应该利用评价经费使利益相关者了解产品是如何从不合格到合格，或者从一般到卓越的吗？有时解答这些问题十分有用，但有时它们却起不到什么作用。对于评价者来说，了解以上问题的内容有助于他们自行设置标准，并观察标准是否能够被有效运用。通常情况下，我建议评价者先不要急于在一开始对"好"进行定义。因为在所有的指标和性能全部测试完成之后，我们才知道什么叫"好"。

> 　　得克萨斯州希望每一所公立学校的老师都可以为五年级以上的学生朗读英语。但是当他们对老师进行测试时，许多老师未能达到标准，包括学前教育、特殊教育、器械维修教育的老师，以及双语学生的老师。(Popham & Kirby, 1989，p. 5)

　　从关于艺术表演和艺术产品的专业知识说起，埃利奥特·艾斯纳（Elliot Eisner）(1969)提到了"表意"的目标或标准，但直到标准和指标被引入到评价学，它们的作用才由评价者实现。即使我们已经对护理行业有所了解，但只有通过对护士工作进行一段时间的观察后，我们才可以理解他们所承担的特殊责任、地方限制标准以及评价信息的使用情况，甚至能在没有任何明确标准可供参考的情况下，根据他们的工作质量做出判断。[①] 这是一个棘手的问题。在许多场合，评价者喜欢详细阐述各自所使用的评价指标和标准。但当我们需要这些标准时，它们并不会具体地呈现出来。

　　这个问题就好比学生测评。政府委托评价者对学生进行标准化测试（详见网页附录：http://www. sagepub. com/stake/evaluation/webappendix，第四期）的分数线（标准）就是政治敏锐性。这一测试采用的标准只要不被过分挑剔即可。在所有我们

---

　　① 有一个问题是人们会变更标准。有时是因为评价过程中出现了新的信息所以需要改变标准。评价者偏向于认为他们是在为读者开阔眼界，为读者提供一种新的思维方式。但是人们难道不会有时被不良标准所吸引吗？

经手的评价项目中,几乎不存在恒定不变的标准,也不存在使标准一成不变的方式。在许多情况下,为了完成评价并得出最后结论,我们要不停地问"这样已经足够好了吗?"

在本书的最后一章节中,我们将看到用户评价(Personnel Evaluation)和产品评价(Product Evaluation)两种不同的评价项目。其中参与用户评价的人数不会太多,我们会对这些用户进行相互比较,而不是完全按照某一标准对他们进行判定。在产品评价中,我们可以将同一产品的几个样品作为样本与其他产品进行比较,以此判定哪种产品最符合某一指标。在项目评价中进行直接比较会更加有效。

为了比较产品,"消费者报告"基于系列指标对产品的相关性能进行了比较。如果这种基于指标的比较与读者密切相关,如果消费者报告能够很好地测量产品性能,如果评价任务是确定应该购买哪些产品,那么该项工作将取得很好的效果。如果接受评价的对象是单一的,那么评价步骤将大有不同。

在项目评价过程中,我们的评价重点通常只放在一个方面。我们可能会提出这样的问题:项目开展是否顺利? 项目的优缺点分别是什么? 项目开展是否达到了专业标准? 有时,组织机构可能会有备选方案,比如在进行培训项目或者质量控制项目时。但在通常情况下项目方案是唯一的,如果要对项目进行改进或者用别的方案取而代之,评价者必须要说明理由。然而,这种情况在项目比较中一般不会发生。

对此,我们有两种应对策略可以选择:第一种策略是将筹备的项目与其他项目进行比较,尤其与模范项目比较;第二种方式是将其与能够代表模范项目的一系列指标进行对照,在标准的指导下制定各个层级的指标。接下来,我们将讨论一种更为全面的比较——项目与项目的比较。评价最为吸引人的一点可能就是将项目的实际状态与理想中的完美状态进行比较,人们对评价对象的状态以及未来的发展已有预想。因此,我们会不由自主地将评价对象与理想状态相比较,而理想状态就是标准,但是永远不会出现完美的项目。对于每个人,我们可以想象事物的理想完美状态,虽然这种想象的标准向他人难以描述。现实情况更令人沮丧，因为现实中接近于完美的项目不存在，对于"最低满意"状态或表现来说也是如此。实际上，这种接近于完美或"最低满意"的边界项目很少存在，如果它们真的存在，那我们将花费大量的评价资源去探究。再次强调，在现实情况中，当对评价对象进行评价时，几乎没有一个项目或其他类似项目能够真正地达到标准要求。

表 1.1　《消费者报告》冰激凌品牌比较

品牌产品	每半杯分量			评价
	成本（美分）	卡路里	脂肪(g)	
香草冰激凌				
评级:优秀				
Dreyer's/Edy's Dreamery	74	260	15	平衡、丰富的奶油口感，有真正的香草香味。与其他品牌的同类型产品相比，味道更加醇厚。
Häagen-Dazs	80	270	18	平衡、丰富的奶油口感，有真正的香草香味。与其他品牌的同类型产品相比，味道更加醇厚。
Ben & Jerry's World's Best	81	250	16	平衡、丰富的奶油口感，有真正的香草香味。与其他品牌的同类型产品相比，味道更加醇厚。
评级:非常好				
Breyers Natural	28	150	9	均衡奶制品和真香草味道。冰冻结构被破坏了。
Breyers Calcium Rich	27	130	7	均衡奶制品和真香草味道。冰冻结构被破坏了。提供的钙质是其他产品的三倍。

（续表）

品牌产品	每半杯分量			评价
	成本（美分）	卡路里	脂肪(g)	
评级：好				
Dreyer's/Edy's Grand Vanilla Bean	27	140	8	口感相当不错。但是有点冰。
Kirkland Signature Super Premium (Costo)	25*	270	18	类似蛋奶酒的口味。口感黏滑。与其他品牌的同类型产品相比，味道更加醇厚。
Blue Beli Homemade	28	180	8	类似蛋奶酒的口味。性质比较容易变化。
Turkey Hill Vanilla Bean	24	140	8	味道有些淡。口感有点黏滑。
Private Selection Premium Vanilla Bean (Kroger)	31	160	9	味道有些淡。口感有点黏滑。
Lactaid Premium Classic	38	160	9	味道有些淡。口感有点黏滑。降低了乳糖量。
America's Choice Premium Vanilla Bean (A & P stores)	20	140	8	味道很淡并且不是很新鲜。口感有点黏滑。
Prestige Premium (Winn-Dixie)	17	160	9	甜得发腻。口感有点黏滑。
Albertson's Premium	21	150	9	没什么奶味。口感有点黏滑。
Dreyer's/Edy's Homemade	27	130	7	香草味已经与别的味道混合，有巧克力和假花的点缀。口感有点黏滑。
Blue Bunny Premium Homemade	28	160	8	人造香草精的味道明显，味道甜得发腻。口感有点黏滑。

10

（续表）

品牌产品	每半杯分量			评价
	成本（美分）	卡路里	脂肪(g)	
Dreyer's/Edy's Grand Light	33 *	100	3.5	奶制品的味道比同类产品要淡很多。口感有点黏滑。
Breyer's Light	28	110	3	脱脂奶伴有香草的味道，口感黏滑。
Dreyer's/Edy's No Sugar Added	28	90	3	人造香草香精味,有点化学成分的味道,口感黏滑。
Sam's Choice Homemade(Wal-Mart)	17 *	150	8	味道很甜,人造香草味道很重。有巧克力和酒点缀,口感黏滑。
巧克力冰激凌				
评级:优秀				
Godiva Belgian Dark	81	280	17	浓厚、丰富、复杂高品质、苦甜参半的巧克力口味。奶油细腻。与其他品牌的同类型产品相比,味道更加醇厚。
Häagen-Dazs	80	270	18	平衡的奶制品味道,还有高品质巧克力的味道。奶油细腻。与其他品牌的同类型产品相比,味道更加醇厚。
评级:非常好				
Prestige Premium (Finn-Dixie)	18	160	9	奶制品味道丰富,还有复杂的巧克力味道。口感有些粉质。
Dreyer's/Edy's Grand	28	150	8	高品质巧克力伴有奶制品味道。
评级:好				
Breyers	27	160	9	冰冻巧克力融化的味道。冰冰的。

11

（续表）

品牌产品	每半杯分量			评价
	成本（美分）	卡路里	脂肪(g)	
Turkey Hill Dutch Chocolate	24	150	8	典型的普通巧克力味。口感有点冰。
Blue Bell Dutch Chocolate	28	160	8	黑巧克力味,有硬物点缀。口感有点黏滑。
Private Selection Premium Claassic(Kroger)	31	150	8	有点水果味和融化的味道,或者就是普通巧克力味道。口感有点黏滑。
Blue Bunny Premium Homemade	27	150	8	味道一般般,但是巧克力不错
Albertson's Premium Chunky Chocolate	21	160	9	味道很淡。口感有点冰冻,有点黏糊。
America's Choice Premium (A & P stores)	20	150	9	人造巧克力、没巧克力的味道,味道单一,甜得发腻。口感有点黏滑。
Sam's Choice Homemade(Wal-Mart)	17 *	150	7	巧克力的味道不是很浓,即使再加入了人造巧克力味道之后也没有很浓。
Dreyer's/Edy's Light No Sugar Added Triple Chocolate	28	100	3	与其他品牌的同类型产品相比,巧克力味要淡很多,脆片没什么巧克力味又有些发软。
Healthy Choice Premium Low-Fat Chocolate Chunk	26	120	2	与其他同类产品相比,巧克力味不是很足,可以说几乎没有。还有一些已经发软的脆片。
奶油核桃冰激凌				
评级:优秀				

12

（续表）

品牌产品	每半杯分量			评价
	成本（美分）	卡路里	脂肪(g)	
Häagen-Dazs	80	310	23	优质香草精,还有一些坚果,但是没有奶油核桃的特征。口感比其他品牌的同类产品要醇厚。
Breyers	26	170	12	一点点香草味道,还有大颗粒、美味硬脆的坚果,但是没有奶油核桃的特征。
Dreyer's/Edy's Grand	26	160	10	让人有印象的枫糖奶油核桃味道,还有美味的坚果。有点黏。
评级:好				
Turkey Hill	23	170	11	有点奶油糖果味,坚果有些发软不是很新鲜,有点黏。
Blue Bunny Premium	27	170	10	人造奶油,坚果很少。口感又黏又滑。
Blue Bell	28	180	11	有热带水果装饰,味道甜的有些发腻。有点冰且有点黏。

来源:消费者报告冰激凌评级报告 http://www.consumerreports.org/static/0207ice1.html

注释:评价部分对口味、质感和口感都进行了细节描述。经过培训的品尝小组对冰激凌原有的期待是口感如奶油般细腻,有香醇的奶味(巧克力冰激凌中可以少一点),没有冰冻感,质感没有缺陷,比如说太滑、太油或者太粉质。对巧克力冰激凌的希望是带有一点点苦味和辛辣味,但不能太强烈。奶油核桃冰激凌应该有奶油质地。

产品得分稍低是因为有药用成分、人造成分或其他。每半杯冰激凌的成本大致上是基于全国最普遍包装规格的平均售价而定。这种规格就是一品脱被评为"优秀"的哈根达斯奶油核桃冰激凌,再加上半加仑其他类型,除了 Kirkland Signature vanilla(一加仑)和 Lactaid vanilla(一夸脱)。" * "标记代表支付价格。营养信息要查看产品标签。一些仓储品牌产品是由多个制造商合作生产,我们可能没有测试完那些产品的所有类型。

为了评价书写或者空气的样本质量,我们可以建立一个参考系统,就像建立一个 13
银行,将不同等级的样本存储进这一"参考银行"。这样一来,所有新样本可以按照等
级进行排列放置。假如项目过于复杂,在"参考银行"中找不到相近的标准,那我们就
不能使用这种经典的评价方法。

> **标准**(standard):1. 是最顶端最具号召力的鲜明目标或者作为象征而存在。2. 由
> 权威、习俗或者大众一致认可的模范或榜样,是一种指标。

为了对评价对象进行等级划分,我们常常要从单一理想的整体观转向系列指标
思维。对于每一个重要变量,都要为其设置分数线或定性区间,为避免设定标准要求
过高,我们要审视评价对象的状况和表现。这其实是之前提到的一个问题:即使是专
家们也很难在标准分数线的设定问题上达成一致意见。

为了进行比较,通常情况下评价者需要了解其他一些"参考项目"。我们可以将
其称之为"对照组"(Control Group)。在理论测试实验或者药物临床试验中,案例会
被随机分配给实验组或对照组,除了关键治疗方法或者方案不同之外,两者在其他方
面上几乎没有差异。在第九章中也会谈到政策评价,将政策案例分配给实验组和对
照组将会是行之有效的评价方法;但对于现实中的教育项目和社会项目,项目分配由
项目管理者和社区负责,而不是研究人员。经过多次尝试后,事实告诉我们,希望创
造一个第二项目作为评价研究对照组的想法往往会以失败告终。

设计评价方案往往会参考以往的评价结果,因为去年评价产生的结果有望成为
新的标准。然而,另一设计方案主张比较项目开始和结束时的表现。基于关键指标
的主要统计分数可能会发生变化,而这些变化具有重要的统计意义。这种统计意义
体现为两个组别的内容来自不同群体。在评价学中,我们探究的是评价对象的表现
是否良好。但寻找主体的外部评价标准并非易事。为了让对照组成为标准之一,我 14
们需要做两件事:首先,必须了解和掌握有关对照组的最新信息;其次,需要对两组内
容进行研究,即使这导致评价工作量加倍。

　　认识标准是评价工作中十分重要的一步。为了比较组别并设定参照范围，评价者很容易想到要设置标准，但困难的是如何将标准的内容清晰准确地描述出来。幸运的是，我们已经有了好办法。可以利用暗藏在人们头脑中的标准，并对这些标准进行测度和描述。同时向个人、小组、业余的利益相关者与专家展示评价对象的表现和状况，让他们对主体进行等级划分。之后，再对他们的等级划分和判断进行释义和再确认。通过这种方式，可以很好地展现项目的特征并发现缺陷。必须承认的是，我们确实依赖于标准，但是几乎所有的标准都早已存在于人们的心中，而人们心中的标准又源于他们所经历的一切，只是现在他们将这些内容用到了工作当中。

　　再重复一遍，评价最为重要的核心内容就是将项目绩效与一个或几个标准进行比较，[①]比如对"最小可接受性、常规可接受性以及我们必须花费更多精力获得的强可接受性"的等级判定。或者，当可接受性的范围是多维度时，我们需要从多重范围对重要细节进行一一描述，然后综合起来得到一个可以代表项目特征的分数。每一件重要的事情都可能是一个很长的清单。项目所具有的某些典型特征值得我们多加思考，比如生产力、易用性、成本、对特殊资源的需求、目标清晰度、氛围、交流工具、公共形象、副作用和地域适应性。每一个特征，甚至于每一个更加细分的特征都需要在被概念化之后，才能被纳入可接受性的常规度量中。然后加权分数可以看作是职员、顾客和利益相关者，相对于标准来说欠缺或超出的部分。

　　如果我们以这种方式使用加权分数，实际上就是在运用"补偿模式"（Compensatory Model）：我们允许事物的某一方面存在缺陷，比如在评价保卫处职位候选人时，我们可以接受身体素质分数相对来说低一点的人，但是他在其他方面必须具有相对优势，比如在学习能力方面得分较高。或者当项目的其他方面具有比较优势时，我们可以接受它在沟通方面的效率较低，因为这一缺陷可能不会产生不良影响

---

　　①　评价学的权威专家学者迈克尔·斯克里文（1994b）提出要将清晰明确的标准置于评价工作的核心地位，更多内容我将在第三章中详尽介绍。斯克里文说利用综合标准进行的价值陈述需要完成两方面的内容：首先是测量项目表现，其次是将表现与标准进行比较。

或者这一缺陷的运作成本非常低。另一种方法叫作"多重临界模式"（multiple cutoff model）。在该模式下，标准必须符合多重指标，否则该评价模式将难以奏效。在某些情况下，我们可以设定这样一个标准，即任何需要超过 50 000 美元人力成本的项目，或者没有得到其受托人一致支持的项目，都将被认为是可以接受的项目。每一个特征都可以拥有各自的标准或者分数线。

　　这些比较可能是通过相当精准的正式测量来完成，也可能只是存在于人们的头脑之中。其实在内心深处，我们会将不同的特征单独或放在一起考虑，认为它们仅仅属于可接受，或属于优秀行列。我们可能会凭借直觉去找到项目的优势和弱势，并和其他人进行讨论，但这些内容不会用文字记录下来。又或者我们可以在一个标记清单上列出每一个特征的可接受度，将其作为判定价值的最后指标，利用它进一步探讨项目优势。

　　几乎所有人都认为，评价者为了评价品质，需要将评价对象的表现与标准进行比较，事实也确实如此。但还有许多其他方式可以观察评价对象以确定项目的品质。在不同情况下，某些方法会更具有优越性。①

指标性与情境性思维

　　你在前文中或许会注意到，我们通常会考虑用指标来描述评价对象，比如，评价对象的有效性、耐用性、成本或艺术价值，这些内容在词典中可能找不到，但学术圈的人必须考虑。我们认为标准是判定评价对象是否可接受的指标，是区分性界线，也是行为基础。这些专业术语虽然在理解上有困难，但却十分有用。

　　四十八年前，我进入了学校研究生院的心理系。那天我坐在办公桌前，突然意识到教育社会科学之所以存在，是因为教育心理学家和社会学家能够将现象转换成变

---

　　①　我在思考这部分内容会不会使你感到枯燥，我希望这种困扰并不存在。这些看似很重要的事情确实都需要深入思考。我知道本书的部分读者只希望我告诉他们在评价时应该做些什么。

量。他们定义了教育的概念，搭建了教育学思维的培训体系，并将这些概念称之为"变量"。相同的描述性概念也被称为属性、特征、特质、特点、方面和维度。大多数情况下，他们被称为"指标"。通过降低一些现象的复杂性（比如，在表达与教室、会议室、历史和社会需求相关的现象时），我们将其作为变量进行处理，而这种转换就是"指标性思维"（Criterial Thinking）。

16 变量具有多个值的属性。在不同情况下变量会产生差别，社会学家尤其强调变量在数量上的变化。因此，一旦我们把某一结构确定为一个尺度，最重要的事情就是测量数量。利用这些数量，我们可以对其进行描述、分类、比较，甚至顺势找到其产生的原因，将原因作为控制、改善或改革的基础。对我而言，这一过程就像对原子进行控制一样精细。通过指标、指标性思维和测量工具，我们可以一步步地度量评价对象的性质，最终完成这项庞大的评价研究。

将指标性思维和评价样本作为入口，可使教育研究具有准确性、概括性和实用性，我对此产生的道德顾虑也就随风消散了。我参与过有关测试方面的研究。一直以来，我也在不断要求自己成为一个"度量人"，就目前的工作而言，我应该担得起这样一个称号。我主要负责测量教育项目、培训项目、社会服务项目，完成相关项目的定量与定性工作，去评价它们的优点和缺点，去寻找那难以捉摸的教学与学习标准。

心理学让我清楚认识到，除了指标性思维外，我们还应该学会使用"情境性思维"（Episodic Thinking）。大家所熟知的教学场景其实是众多片段、活动和事件在脑海中的重现。这些场景有开始和结束，还有背景环境。另外，我们通常会在具有个性特征、经历丰富、心怀抱负、性格软弱的人身上看到一些让人印象深刻的场景。有时我们是从变量角度出发，去讨论这些场景或现象。琐碎片段在生活中发挥的作用越重要，标准就会越多地留存在背景环境中。几乎所有的事情都可以转变为变量。但问题是，转换后的变量可能会过于简单，或者未能完全表达实验对象的信息。因此，我们可能会陷入获得一样好工具却无法使其发挥效用的困境。

指标性思维和情景性思维并存于我们的日常沟通和头脑之中。通过对这两种方法的并用，我们可以毫不费力地解决许多分歧，而不是单独用某一种方法去求得一种统一。我们将这种方法称之为辩证法（dialectic），在第九章节中会做详细阐释。

评价的作用与形式

评价是对知识价值的追求。许多知识产生于个人经历和头脑意识。我知道别嘌呤醇（Allopurinol）对治疗我的肾结石效果很好，没有它我的身体会出现问题。我也知道医嘱十分重要，也在《健康百科》（*The Wellness Encyclopedia*）中阅读过有关结石的知识，但我还是更加关注我的自身经验。虽然不能总依赖经验，但我还是喜欢经常使用它。我了解个人的直接经验，但对于他人的间接经验，以及对人的分析与研究我却知之甚少。我小心翼翼、准确地将所有知识融会在一起，去了解它们具有的价值。这就像听从医嘱、查找病症并结合自我经验之后，我选择多喝水来缓解肾结石病症一样。

评价通常是对评价对象的优缺点进行判断。有时主体的优缺点非常多，因此要仔细分析主体特性，判断哪些优缺点发挥着最重要的作用。这是评价的第一目的、定义和必要条件。在候车厅我无意间听到一位女士与一位刚结识的朋友的谈话，了解到她也是一位评价人员。"你是做什么工作的？""我帮助人们减重。""你为什么说自己是评价员？""因为如果我说我是评价员而不是营养师，人们会更愿意按照我说的去做。"营养师也是评价员这一点也没错。她所从事的工作是帮人减重，但她却用评价员的身份来误导大众就存在问题。难道人们可以随心所欲地给自己冠以各式各样的头衔吗？当然可以！但是当我们谈到在各种活动中寻找和报道评价对象特性和缺点的评价员时，我们就应该好好讨论他/她能否被称为是评价员了。在下一章节中，我将介绍评价的作用和倾向。

评价判定所具有的价值可以作用于许多方面，比如改善流程、颁发奖品、指定辅导教学或者认定合同履行，这些仅仅是评价工作发挥作用的一方面。

17

形成性和总结性评价

区分评价作用的关键之一在于区分形成性评价和总结性评价（Formative and Summative Evaluation）。迈克尔·斯克里文 1967 年发表的论文《评价方法论》（The Methodology of Evaluation）引起了广泛关注。大多数读者认为两者之间的区别等同于评价项目的中期结果和最终结果之间的区别，但两者更显著的区别是一个用于评价新项目开发，另一个用于评价日常项目运营。我的理解是，主厨品尝一碗汤时是一种形成性评价，而客人品尝这碗汤时是一种总结性评价。

开发人员和项目经理可能存在这样的疑问："这种解释是不是太复杂了？""评价材料是更新过的吗？"但是开发人员仍然在尝试去重新设计项目以寻求改善。人们可能会产生疑惑："这一阶段将持续多久？""我们应该要求参与者上网吗？"评价人员比较了阶段性网络使用与自由网络使用，以寻找前者的优点。形成性评价者认为，评价作为评价对象变化过程的一部分，它会提供许多能够改变和完善评价对象的信息。因此许多内部评价者将更多的精力花费在形成性评价而不是总结性评价上。

但另一方面，当出现的问题是"在某一特定情况下，评价对象的表现如何？"时，总结性评价便开始发挥作用。与其说评价者在观察并调整主体的运作方式，还不如说他是在考虑到特定职员、项目接受方和利益相关者因素之后，才开始评价主体的质量、生产力、缺陷和成本。总结性评价者会对评价对象所产生的影响进行测量。在产品评价中，顾客在选择购买什么软件或者什么品牌的旋转割草机时会徘徊不定，这是总结性评价的结果。顾客可以选择其他型号并了解与之相关的一系列特性，包括这些不同型号的物品所具有的不同形式、使用的不同材料、相关的服务人员和售后服务规定等。

在评价研究过程中，形成性与总结性内容十分常见。比如，评价教师成长项目是为了测量教师对新指导纲领的使用意识和倾向性，这一评价也有助于下一次培训项目的开展。教师和摄影设备修理师都需要对他们手头上的工作进行评价，因为他们需要知道项目开展的结果如何，同时他们也在思考如何改进下一次工作。形成性与总结性评价可以同时发生，但形成性评价是在往前看，而总结性评价是在往后看，因此两者应该分开进行。

评价对象

在本章中，我们已经提到"评价对象"（evaluand）是指评价所针对的主体。但是对于这一概念我们需要进一步解释。评价项目在某种意义上是含糊不清的，因为界定评价对象内部和外部十分困难。如果评价对象是培训服务机构人员回复信函的书写能力，那么我们需要确定评价内容中哪些是有效成分，比如是否需要将电子邮件、备忘录和口头交流等内容纳入评价范围；是否需要将导师对学员的课后指导纳入评价范围；是否需要删除评价项目中某些相关信息，从而减少读者的困惑。关于评价对象的定义，人们很少从授权、预算、技术说明或者评价合同等角度出发对它进行讨论。不断改善评价工作的目的之一就是去深入理解评价对象的定义。

在心理学领域，存在一个概念——刺激错误（Stimulus Error）。实验工作者认为刺激错误就像是一只普普通通的泰迪熊出现在某一物体（比如人）面前，但却对这一物体产生了刺激。比如，让人想到了曾经遭受的创伤。那么在这种情况下，评价者很可能误读物体从而产生刺激反应。如果评价客户（即安排评价工作的人）认为评价对象是 X，评价者在不考虑 X 中一部分 X_1 的情况下就开展工作，那么评价将面临许多风险。如果评价报告的读者认为，报告中没有提及项目经理的财政责任就意味着项目资金运转良好，那么问题就会出现。因此明确评价对象是非常重要的一个步骤，而其他工作则需要将出现刺激错误的机会降低到最少。

通常情况下，评价只是针对项目中的一部分进行。因此，评价对象不会是整个项目。但是，评价者仍然需要去了解整体项目中的其他部分，以便更好把握评价对象的特性。评价对象也有可能是一个项目族群。在不同情况下，特定干扰会以不同方式出现在实施过程中，其数量特征和性质特征也会千差万别。评价者的报告应该包括评价对象的定义和描述。

评价者

　　不论是老人还是年轻人，是男人还是女人，是都市人还是乡巴佬，是测量专家还是经验释义者，最好的评价者应该具备怎样的个性、技术和方法逻辑这一问题始终没有一个定论。当然，许多评价任务需要具有聪明才智、逻辑清晰，且阅读理解能力强的人，还有一些任务需要性格友好、执着和略带一些幽默感的人。另外，出色地完成一项工作也有多种方式可供选择，由专业人员完成会更好，因为他们熟悉许多不同的方法和案例。这种多样性对圆满完成任务起到非常重要的作用，不仅仅是因为情景所需的评价种类有很多，而且因为我们可以通过观察别人的方法来学习并改进我们自身的做法。

　　在早些时候，同行、同领域专家会对某一科学领域（比如心理计量学）的优势和劣势或者专门化职业（比如放射医学）进行评价。人们会出席一些小型科学会议，将他们的部分观点议论发表在学术期刊上。而在当今社会，小型会议变成了上千万人的集会，[1]学术期刊也变得高度专业化。尽管跨地区沟通越来越便捷，但由于全球评价者的分布太广泛，因此他们只能与其中一部分同行沟通。大部分评价报告不会出版，并且书籍和期刊的出版时间太长，以至于我们不能马上了解评价所带来的重要影响。如果在评价进行过程中，评价者不及时去关注评价对象的优势和劣势，那么之后便很难再将它们辨认出来。后续进行的一部分评价由团队成员完成，或者由具有其他目的的访问者以另一种方式完成。

　　事实上，只有一小部分评价者是为自己工作，而大多数评价者是为了组织工作。这种组织等级分明，层层领导。在进行评价的过程中，评价者也要面临众多选择，有时还必须遵照其他人的选择。社会上存在大大小小的评价机构，比如评价办公室、大公司、咨询公司和工作室。许多大型研究机构也承担项目评价的工作，比如兰德公司

---

　　① 美国评价协会（American Evaluation Association）拥有 3 000 多名评价工作者，其管理者来自全球。自 2001 年起，协会会在圣路易斯市举办年会，有 1 200 名注册参与者。具体信息可参见网站 www.eval.org.。

（Rand Corporation）、斯坦福国际事务研究所（SRI International）、世界银行（World Bank）和毕马威会计师事务所（KPMG Peat Marwick）。这些大公司聘请了大量的专业技术人员去完成评价任务，他们的日常工作很少由个人决定，多是听从公司安排。20世纪90年代最好的评价工作室是由美国会计总署（U. S. General Accounting Office）埃莉诺·赫利姆斯基（Eleanor Chelimsky）领导的评价部门。尽管这个部门的人数众多，但是评价方案通常由一两个员工设计，而执行则让另外一两个人完成。因此，评价者有时也必须遵照其他人的选择。

> 文化（culture）：1. 耕作。2. 可被传承的一个民族或群体的思想、习俗、技能、艺术等。

在某种程度上，有时甚至可以说在很大程度上，评价者要站在文化外来者的位置去开展工作。每种文化有独特的习俗、语言、价值、组织结构、审美和礼仪。评价者属于一种或多种文化，在伦理道德上他又要遵从部门文化、集团文化和职业文化。评价相关工作人员和利益相关者会共享一些文化，但是这些文化又会进一步、再进一步细分，从而产生差别。

比如，校园文化与商业文化不同，也不同于政府文化。这三种文化拥有各自的亚文化，其亚文化的发展也会伴随着时间和地点的变化和发展而产生差异。

评价者，甚至内部评价者，只有很少一部分人完全了解顾客以及评价对象所具有的文化价值。国外评价专家在他国进行评价工作时，可能会对很多预期情况极为不敏感。因此在评价学课程中，老师应该引导外国学生对某些概念持着怀疑批判精神，比如，课堂上推荐的评价程序和报告在他们自己国家是否仍然适用。评价者与顾客商定并共同执行评价合同，其中重要意义部分在于审视评价对象本身或有关的文化期待。

当评价者希望更多地了解问题，而项目经理认为这种做法超出评价对象所在的领域时，一种常见的文化矛盾便会出现。或者当评价者希望告知一部分受众，而项目经理认为这种做法会造成信息优先权的产生时，文化矛盾便由此出现。有时评价者想接触到更多的会议、人员和文件，但是组织常常未给予他们相应的权限。评价者可能具有丰富的研究背景，他们认为对于知识的追求应该更加地开放与直接。但是，一旦私人所拥有的知识未被保护，许多组织（包括家庭和政府部门）有理由对尚未公开的调查进行制止。因此，在协商合约、收集数据和撰写初步报告的过程中，评价者要对可接受行为的非正式界限非常敏感。

21

　　一名来自新加坡的评价者承担了一项工作，她要去评价联合国教科文组织在印度开展的一个项目。该项目要求这位评价者首先开展外部客观评价，但是她察觉到工作人员不愿意提供项目活动和记录。她希望项目接收方提供评价信息的要求遭到了拒绝。这位评价者研究了芬兰和新加坡的评价工作，从中寻求解决办法。她的芬兰同事建议她能够更加开放、更加随和，但是她却被多年的工作经验所制约，包括她在新加坡政府社会服务机构的工作经验也对她造成了束缚。当她在印度开展工作时，她发现这种文化制约更加明显。就目前的研究和报告来说，她需要从以下途径出发，进一步展开评价工作：

- 她作为评价者的自我定位
- 项目有关人员和印度官员对她的看法
- 评价对象具有的习惯和运行过程
- 职业伦理与预期
- 协助该项目工作人员的需求
- 她想要在未来获得更多评价工作的愿望

　　在处理性别、社会等级问题时，这些要求将影响评价者的表现，道德伦理也将成为关注焦点。如果盲目尊崇自己的指令，那么她获得的信息将十分有限，对官方和项目接受方起到的作用也将十分有限。她需要考虑并适应雇主的期望，但不是完全妥协，她可以找到一些关键途径并做出小小改动来符合专业理念。

这并不意味着评价者要遵守所有的常规和期望。评价者的任务是帮助大众理解评价项目的性质。① 每个评价者都需要寻找到折中的好方法，既不会失去自我，也不需要冒充其他组织和文化的成员。②

至于技术专家，就是投身于一系列主题、项目、内容和领域之中，擅长评价工作的评价者。我们将他们称之为独立评价者或者外部评价者。"独立"是指他们与评价对象之间没有附属关系，"外部"是指他们不在组织中就职。相应地，其他评价者被称之为内部评价者或主题评价者。"内部"是指他们是组织中的一员，"主题"是指他们拥有的专业知识只与评价主题有关。他们倾向于专攻某一领域，甚至是领域中的几个小主题，比如水质、高速公路安全或者幻灯片展示。他们中的许多人除了评价之外还进行其他工作，包括管理、教学、促销、研究、顾客关系。一些评价者的工作时间大部分都花在了争取合同上，他们负责撰写建议书去与同行竞争。而另一些职业评价者则静静等待评价项目为他们分配评价需求和任务。

评价者也会犯错，但是犯错不一定是坏事。犯错并发现了错误，而不做任何事情去补救才是真正的坏事。我们人类，包括专家从一开始就一直在犯错，但是那些拥有良好自我评价机制、自我挑战和自我纠正系统的人会将错误减少到最低限度。当然，过度怀疑或过度谦虚都会阻碍一个人去完成他需要做的事情。所以，我们一直在自信与自我怀疑之间寻找一个有效的平衡点。

车辆上的定速巡航装置和恒温器一样也是一种自我纠正的控制设施。当你在减慢车速时，它会自动消耗更多的汽油；当汽车在下坡时，它会自动刹车。一旦你设定

---

① 通常情况下，当评价者第一次理解项目性质之后，他就会告知其他人。虽然受众从评价者那里会了解到许多项目的特性，但有时一些内容因为过于细致微妙或者情景化，他们还是无法理解。拥有强烈责任感的评价者会寻求不同的方法帮助受众理解评价，有关这部分内容我们将在第四章中详细介绍。

② 参与式观察是一种田野调查方法，研究远古文化的人种学家经常使用。他们希望通过在他们研究的社区中发挥积极作用，尽可能多地使用当地语言、参与当地活动来展开询问。这是一种为达到研究目的而有意为之的行为，不是真正走进某种文化的入口。研究人员需要明白一点，他或她主要是从其家乡文化的角度出发去不断地解释事物的含义。一些专业的评价人员在他们的田野调查中运用参与式观察，但是他们很难有时间和其他资源去长时间进行这项观察。

了定速巡航,汽车会一直以该速度行驶。但在大多数情况下,我们并不知道自己应该设定什么样的速度。我们很难从数字的角度去设定标准,但是一旦车速过快或者过慢,我们都能及时感觉到。只要我们在行驶时多加注意、略加控制,我们就可以及时纠正错误,也就是说我们拥有良好的自我纠正系统。

23 一位经理在组织中发挥着自我纠正的作用,而评价者在项目中某一部分暂时发挥着作用:为实施控制提供反馈信息。如果经理、评价者和利益相关者对危险都不敏感,那么之后出现矛盾冲突将在所难免。

因此评价者需要依赖个人对项目运转是否良好的感觉开展工作,但是仅仅依靠这种直觉和印象是不够的。所以,人们常常会产生疑问:评价时究竟应选择何种标准,应该对哪些问题保持敏感。设计精良的评价项目会包含各种检查手段和平衡方法,以保证项目不会偏离正轨,或者不会对其控制者产生威胁。所以,"也许有什么地方出错了?"这个问题会不断地被提出来。评价者不能仅仅凭借他或她的直觉,或者评价团队中其他人的直觉去开展工作,而是需要设置审查机制去证实观察的内容、重新分析数据、质疑释义。项目质量的再现需要经过一遍又一遍的审查。托马斯·杰弗逊(Thomas Jefferson)曾说:"自由的代价是永恒的警戒。"而评价者会说:"有效评价的代价是永远提高警惕。"

有时我们将对评价的评价称之为"元评价"(Meta-evaluation)。它常常被认为是证实评价过程或结果的另一种外部研究,但实际上它是一种非正式的审查机制,甚至是一种自我纠正机制,它会在评价的整个流程中不断去检查错误。我们将在第六章中详细介绍元评价的架构,现在只是借助它来说明有效评价的代价是永远提高警惕。

无论有没有警戒,评价者通常会同时进行几项任务、履行几项合同。因此,他们很少有时间去做自己感兴趣的事情,也很少有时间去验证工具的正确性,他们还有太多地方要去访问。从成员检查和审查小组得到反馈的这一过程十分漫长。实施方案的预算部分可能并没有将其放在第一位。通常预算不会被划拨太多给建议书部分,而会更多地被用在支持更具竞争力的竞标中。聪明的老板和顾客知道如何防止困境的发生。评价者的一部分工作是逐渐理解校验和解释性写作中次品的含义,并有效地对内容进行延伸。这并不是我们最享受做的事情,但对大多数评价者来说,这就是真实的世界。

尽管如此,评价工作所带来的满足感是深刻而充满喜悦的。逐渐理解项目及其复杂性,评价者的感受也会变得更加深刻。当评价者准备好一份将面临审查的报告时,其内心油然而生的自豪感会持续好几年,逐渐熟悉项目专家所认可的品质也会给评价者一种成就感。这是一系列挑战与激励并存的工作。评价者对项目的理解深度从来不会受限,即使是再普通不过的项目,他们也能从中获得灵感。

◆ 小故事(一)

24

萨格雷多先生(Mr. Sagredo)把菲利斯(Phyllis)叫了进来。

萨格雷多:我刚才在考虑给你安排一项新任务。你可以对我们的高级导师培训项目进行评价吗?

菲利斯:　也许可以。对于这个项目,我只是略知一二,你可以给我仔细说说吗? 我想这对我的工作会更有帮助。

萨格雷多:当然可以,为了帮助我们的高级导师提高工作效率,我给你讲讲。之前,我们让维瓦妮公司(Vivani Associates)设置这些计算机程序用于自我教育,并开展一些小组活动。活动总时长达六小时,需要在三个不同的地方进行。活动的主要目的是帮助导师了解什么应该做,什么不应该做。培训师们对此开玩笑说:“难道我们不能从自身错误中学习吗?”

菲利斯:　那是不是意味着培训师认为这个培训项目不太重要?

萨格雷多:我不知道。他们的工作确实很忙,也许他们认为这种培训项目并不能为他们提供最大限度的帮助。

菲利斯： 所以有必要对项目进行评价，不仅仅要评价项目的运作情况是否良好，还要评价它是否高效地利用了员工的时间。

萨格雷多：这点我还没想到。我们最想知道的是培训师是否为导师们提供了有用的建议。评价应该以培训是否有效果为主要内容。

菲利斯： 一个随机实验可能会提供最具确定性的答案。你主要是想从整体上了解培训项目是否有作用吗？

萨格雷多：对，我们不想在其他方面花钱。

菲利斯： 我们能否把衡量正面和负面影响的标准限制在几个方面？

萨格雷多：我想知道培训项目所有的优点和问题。

菲利斯： 谁是培训对象？

萨格雷多：所有的高级专家，包括经理，不包括辅助人员，尤其是客户服务小组（CS，the customer service group）的成员，他们每个人都希望成为新员工的培训师。他们希望每周至少有一次机会可以给每个参与者发送邮件。他们中的大多数会在邮件中粘贴一些技术资料，或者采用标准便函的形式。这些人就是我们开展培训项目的培训对象。

菲利斯： 你认为他们已经知道如何做一名培训师了吗？还是目前他们没有时间或意愿去参加该培训项目？

萨格雷多：这是个好问题，我设想了很多激励方法。

菲利斯： 维瓦妮公司的顾问在启动该项目时是否讨论过这个问题？

25 萨格雷多：是的，他们向我们保证，培训材料将会大大提升新员工对良好沟通的重视程度。我在想每个人的态度会如何。难道不应该将人际关系问题放在首位，接着才是组织技术问题吗？

菲利斯： 你知道的，我不是组织发展或者指导技术方面的专家。或许任务分析对你的帮助更大，而你正需要这种评价研究帮你确定。你对为该小组所设计的培训项目满意吗？

萨格雷多：这一点不是应该在了解导师们给出的意见之后才能确定吗？

菲利斯：　我们应该弄清楚他们能在多大程度上对导师进行培训，以及他们的实际培训效果如何。培训方法也许很出色，但员工们可能并没有对该方法做好准备。高级职员可能会为了在规定时间内完成任务而忽视许多别的东西。如果我们单一地看培训结果，你所想要了解的内容可能难以有效呈现。

萨格雷多：你能让他们告诉我，他们对待该项目是否严肃认真吗？

菲利斯：　能，我们可以对此进行询问。在某些情况下，他们的回答可能不会很诚实，但还是有必要询问。

萨格雷多：他们人都非常好，为什么他们就不会如实作答呢？

菲利斯：　他们可能会认为回答问题时所带有的消极态度会影响日后的晋升，或者他们不想给别人造成麻烦。我不认为他们会有意欺骗，我只是对此表示担心。

萨格雷多：那你明白我们的目标了吗？

菲利斯：　我们可能还是需要看书面陈述，但我们应该假设不同的人会以不同的方式去理解培训方案的目标。你想说的是评价目标吗？

萨格雷多：是的，当然。每个人对目标的期待都不一样。将评价的所有目标记下来难道不是你们的责任吗？

菲利斯：　是的，我可以先拟一份初稿，然后你可以对其进行修改。

萨格雷多：我怎么才能更好地了解你将要进行的评价工作呢？

菲利斯：　我会准备一份建议书、一份设计稿。因为评价的整个过程中会不断地对某些内容进行修改，如果你能在评价开始之前回顾一些以往的评价报告，你会对评价项目有更多了解。你会知道评价者如何处理实践过程中出现的问题。

萨格雷多：我们可以认为你所进行的评价是倾向于支持培训项目的吗？　　　　26

菲利斯：　我可以告诉你，大体上我支持这种项目的开展，但是我必须考虑组织的现有条件。我会在建议书中写明培训预期能达成的效果，以及该项目的风险。我们之后还需要对某些事情进行协商。一旦我们就建议书达成一致意见，我就会以此作为任务来开展评价工作，这跟签订一份合同差不多，任务会一直进行，直到合同内容需要再次进行协商。

（未完待续）

27

第二章 评价的作用、模型和倾向

这个世界不大会注意也不会长久记得我们今天在这里所说的话……

——亚伯拉罕·林肯(Abraham Lincoln),《葛底斯堡演说》(*Gettysburg Address*)

评价的作用之一是开展行动研究(Action Research)。行动研究通常是以改善现状为目的、由个人或组织进行的具有评价性质的自我研究。人们借助行动研究可以更好地理解某一事件,或者以此来支持某种抗议行为。行动研究作为一种职业发展形式,就教师、社会工作者和护士而言,一旦他们获取足够正确的信息,有时可以为他们的职业发展减轻障碍。当然对他们来说,工作胜任力与自身价值较其他因素相比更为重要,需要重点强调。

> 萨拉(Sara)是一名产科护士,她对如何处理好与产妇家人的关系深表担忧。在接生过程中,萨拉发现产妇家人的感受常常被医生忽略,尤其在危急关头,这种情况常常会影响产妇的顺利生产。但同时她也意识到,越是在这种重要的时刻里,家人的陪伴对于迎接新生命来说越是不可或缺。因此,在接生过程中,萨拉看到这些陪产的家人们脸上痛苦无助的表情时,她不由得感到非常担心,她一直在思考可以采取什么样的行动、设置什么样的方案来减轻他们的痛苦,同时又不会对他们产生困扰。
>
> 萨拉的项目成员关系专员建议她做一些小范围的行动研究:利用不当值的

空闲时间观察一两次产妇分娩过程，对自己负责的产妇的分娩行为进行录音和分析，并采访一些新生儿的父母。她根据建议对相关信息进行了研究，并仔细查看了医院的政策声明和刊登在《美国母婴护理》(*American Journal of Maternal and Child Nursing*)杂志上的一篇文章。文章提出在孕妇的接生现场可以有两人陪同，但并未说明这样做的意义以及应该如何对待这些陪同人员。萨拉与专员、护士共同讨论了她收集来的所有数据，由于她不需要统计重大事件，也不需要写报告，只是开展行动研究，[①]因此这些数据只需包含评价的所有要素足矣。

　　行动研究不仅是对自己言行举止展开的研究，更是对自己行为内在的一种深度剖析，这是成为一名优秀评价者的关键要素。你是崇尚权威、规范准则还是自由精神？你的实力体现在何处？你对事物的好恶又如何表现？哪些因素对你的评价能够产生影响？西格蒙德·弗洛伊德(Sigmund Freud)认为，如果你立志成为精神分析学家，就必须先对自身进行精神分析。这意味着精神分析学家不仅要对患者各阶段病症与不同患病经历有所了解，还要具备自我认知能力。一个人可以通过评价与元评价的方式来了解自身。当然，反思也很重要，所以要去了解别人是如何看待你自己的，并向他们寻求建议。更多相关内容会在第六、九章详细介绍。其实，每个人都不可能完全了解自己，认识到这一点至关重要。但只要你持之以恒地坚持下去，久而久之，对于评价者而言，自然会形成一种终身的自我学习能力。

　　行动研究是评价的众多作用之一。这一作用既具有情境性，又带有目的性。你会在什么情况下进行评价？采用什么方式展开评价？模型是其中一种特殊的评价方式，人们希望它能够适用于各种情境与目的。评价中的每一种倾向都体现着评价者的价值取向：一些评价者倾向于采取补救措施改进评价方式；另一些评价者则倾向于明确标准条例；当然还有一些评价者倾向于利用评价为社会科学做出贡献。虽然评

---

　　① 更多有关行动研究的内容可见 Kemmis & McTaggart (1992)。

价的作用、模型和倾向相互重叠,但尝试在评价研究中区分这三者的一些主要差异还是大有裨益的。

模型

　　在设计任何一种类型的评价方案时,我们都可以向有经验的同事寻求建议,或者在期刊和教科书中查找相关模型以寻求帮助,也可以通过做一些有意义的事情来了解这项活动的内容及其价值。为了便于给后续工作的开展提供参照作用,撰写评价研究工作报告显得尤为重要。但无论其他人撰写的研究计划内容多么详细,也无论研究效果是否已得到验证,在我们开展另一项评价工作时,仍然需要采取很多适应性举措。每一种评价方案的提出都必须经过深思熟虑,任何模型或方法也要与实际情况相契合,因此,本章写作的主要目的是研究一些备选方案,以能够适应现实变化情况。

　　许多评价者将备选方案称为"模型",但我并不认同。我将模型看作一种原型、模板或理想方案。我认为,由这些评价理论家提出的模型缺少完整性且过于理想化,所以不能称之为模型。这并非是由于模型提出者的疏忽大意。事实上,一名实践型评价者做出的决定往往无法面面俱到,几乎任何一种模型都无法概括所有评价情况,也难以提供我所期望的指导。但你可以将丹尼尔·斯塔弗尔比姆(Daniel Stufflebeam)的 CIPP[①] 称为模型,因为它在很大程度上满足了上述要求。一旦我们参考了实验模型,这就意味着我们需要考虑对照组、随机抽样和因变量(Dependent Variable)之间的统计比较。有些人将我的这种评价方法称作全貌模式或回应模式(Responsive Model),但我不这样认为。就我看来,新手应当自己体会回应式评价中的趣味性,并能主动做出相应调整以适应各种情况。

30

---

　　① 有关 CIPP 模型的最新信息可见 Stufflebeam, Madaus, & Kellaghan(2000)。详细的示例和有关"康斯薇洛(Consuelo)精神"的内容都一样在我们网页附录中显示。

> 2002 年，在坦桑尼亚的乞力马扎罗地区，纳木卡里·姆桑吉（Namkari Msangi）为了准备她的论文，对肯尼亚边境上新建的三所私立小学展开评价。通过面对面访谈和实地观察，她从中得知有关校方管理者、校内教师、父母以及孩子的想法，了解到父母为了给子女提供英语中学的"优质教育"，将孩子们从边境送往这些学校。

倾向

显然，评价者的一般取向、风格或性格会导致评价研究的成败。例如，在设计评价方案时，一部分评价者倾向于让患者或受训者积极参与到评价过程中；一部分倾向于将大量经费投资到数据收集工具上；还可能会存在倾向于研究技术问题和政策问题的评价者，尤其是一些专注于使用目标陈述（Goal Statement）来界定研究范围的评价者，还有一些人则尽全力为评价研究的资助者提供帮助，这些倾向都会使相应的评价过程区别于其他研究。此外，包括我自己在内的另一群人认为，任何人凭一己之力都无法做好所有事情，但评价研究报告可以作为范例文本来指导新手的工作，评价者的不同选择并非模型，而是项目评价的不同倾向。其实，大多数评价者都或多或少有这些倾向，这并非是在强迫他们采取单一、死板的设计，而是引导他们遵循一种风格。没有哪一位评价者的工作能够体现所有风格，因为当一两种倾向在评价过程中表现得较为强烈时，自然不会给其他倾向留有太多余地。

以下是我在同事中发现的一些常见倾向：

- 问责倾向，旨在确保项目中义务的履行
- 案例研究倾向，集中于特定案例及其复杂性的研究
- 鉴赏力倾向，提倡奖学金设置和专家判断
- 民主性倾向，积极提升个人保护能力和选择能力
- 民族性倾向，强调文化关系和活动

- 实验性倾向，强调精确性、客观性信息

- 启示性倾向，为读者提供潜在信息

- 司法倾向，强调提出赞成和反对的观点

- 自然主义倾向，重视所处环境下的日常活动

- 回应式倾向，确定利益相关方所持有的问题和价值观

　　不同的倾向显示了评价者对主要问题和数据收集方法的偏好。评价者的倾向往往也不止一种，而且这些倾向具有的优势也时强时弱。虽然有时某些倾向难以协调一致，但它们却能共同展现出评价者的思想意识形态，以及评价者致力于追求更深层见解的想法。在多数情况下，我们往往只会关注评价者所传达的信息，很少提及评价者发挥的作用。所以，我们有必要探讨一下评价的作用。

作用

31

　　对于某些客户来说，评价者的作用仅仅是收集数据。对他们来说，评价者并非专业职位，而只是普通办事员。这一点在哈尔多·拉克斯内斯（Halldór Laxness，1968）有关冰岛的小说《冰川之下》（*Under the Glacier*）中有详细阐述。文中提及的英雄是主教办公室里的一名年轻助手，他被派往一个遥远的教区去考察当地的牧师如何履行职责。那么主教的指示是否适用于实地评价工作？

　　当使者终于同意踏上征程时，主教对他说："做每一件事情之前，你首先要有做这件事的意愿，其次就是要懂得如何在做事的过程中使用技巧。"

　　使者补充说，他自己现在还太年轻、缺乏权威，去调查一位德高望重的老人是否玩忽职守对他来说并不容易；另外，在不受主教控制的地方推行基督教改革，他应该如何使用"技巧"呢？又该说些什么、做些什么呢？毕竟在当地人眼中，他可能只是一名无知青年。

主教：你应该尽量少说、少做，多留意身边事物，多谈论天气，主动询问有关去年和前年夏季发生的各种情况。假设我有风湿病，当其他人也患有同样的疾病时，你应该关心并询问这种病症会带来哪些影响。即使知道哪里出了问题，你也不要试图去纠正任何一件事情，那是我们教会事务部的事。我们需要你提供的只是一份详细的报告，仅此而已。无论他们说出怎样的教义或者怎样荒谬的言论，你都不要试图去改变，也不要妄图去改变任何人。每个人都有言论自由的权利，不要与他们发生争论。可一旦他们沉默下来，我们要能学会去反思造成这种局面的原因。我会在概要中为你提供一个框架，你要学着记录下所有相关的琐事，既不要有你自己的个人观点，也不要带有任何偏见！在适度性原则的基础上，请你尽可能使用第三人称来撰写报告，但同时也要保证内容的学术性。

32

使者：如果牧师总是在修理旧引擎或修理平底锅，却忘了埋葬死者，尸体漂流到冰川里去，那么，一场闹剧是否可以变得不那么滑稽呢？

主教：我只要你找寻事实，其余的事情由我自己决定。

使者：我甚至还没有说出我对这件事的看法。

主教：不，不，不，我亲爱的伙计。我们一点也不在乎你对它的看法。我们只想知道你的所见所闻，而不是你的想法。你不需要处处为我们考虑，也不需要事事为我们安排好。

使者：但如果他们从一开始就用谎言欺骗我呢？

主教：你要知道任何一个人都不会随随便便张嘴就是谎话。

使者：但是我怎么验证他们说话的内容呢？

主教：无从验证！既然有人说，那么所提到的情况就有可能存在。如果他们说出了一些教义，那就更好了！要知道，哪怕是真相的一小部分都很少有人提及，更别说全部的事实了。无论真假，人们的说辞本身就是事实的一方面。

> 　　　当人们谈话时，不管是在说谎话还是在说真话，他们都在表露自己的想法。
>
> 使者：那如果我发现他们在说谎呢？
>
> 主教：那也不要在报告中说任何人的坏话。记住，你听到的任何谎言，即使是他
> 　　　们故意告诉你的，往往都是一个比真话更重要的事实，不要纠正它们，也不
> 　　　要试图去解释它们。这才是我们的责任。

在本章的大部分内容中，我想集中讨论一下有关专业项目评价的六大常见作用，从而进一步解释评价的作用和中心目标：

1. 评价目标达成情况

2. 推动组织发展

3. 评价整体质量

4. 政策研究

5. 协助社会行动

6. 程序合法化、批评适度化

还有一些其他作用，包括确认问责制、项目认证、评价成本效益、授予奖励或排名，但前面六点在教育和社会项目评价者的工作中占主导地位。大多数评价设计至少能发挥其中一种作用。当然，大多数评价项目不止发挥一种作用。但是，文献中的一些评价研究并不符合这些要求。任何特定的评价者都可能带有某种倾向，或者热衷于其中某项工作。经验丰富的评价人员会使用各种各样的方法，但大多数都是为了达成他们不同的研究目的。在这一过程中，评价者需要仔细考虑每种作用和不同的选择倾向，因为每种作用都会消耗评价资源，每种作用也会以特定的方式获得有关数据的具体内容，那么留给其他评价作用和倾向的时间和金钱将少之又少。在后面的章节中，我将详细地阐述这六大作用，并着重描述评价理论家和实践者如何利用这些作用和个人倾向进行评价。

33

目标达成评价

一般情况下，项目评价中的常用方法大多围绕"计划目标是否已经实现"这一问题展开。在本章节中，我们主要讨论那些旨在通过学校教育、培训或治疗等途径改善现实状况的评价项目。此外，部分客户还明确要求每项评价研究都要围绕资助者或管理者提出的既定目标计划而展开。

> 某地区的学校委员会收到了一封有关中学教师授课方式的投诉信，信中声称这名中学教师鼓励学生对当地的传统和制度进行批判。[①] 当地课程指南上规定了课程目标，同时也规定这些目标的实现方式将由教师自行决定。这名教师已经在课程大纲中明确阐述其课程目标，尽管他的这些目标陈述看起来不尽相同，但他却认为这些内容与地区课程目标相符合。如果你正在学习一门关于评价的课程，此时，督学往往会问你：现在由你来评价这门课程，若要判断这些课程是否实现了当地课程目标，你会如何回答呢？通常在这种情况下，你应该意识到三个问题：目标兼容性问题、教师所设目标的优势以及学生是否可以达到当地的教学目标。无论是独立一人还是通过他人帮助完成，你都可以研究相关资料和现有的考试结果。也许你还会收集其他老师的数据，或者通过亲自对学生进行测试的方式来了解这些情况，但这样一来可能过于费时费力。

通常情况下，基于目标的评价（Goal-based Evaluation）是根据项目资助者或项目成员所表述的目标而展开的一项评价。但有时他们的目标并不明确，需要在评价者的帮助下明确并撰写目标陈述。可一旦资助者和项目成员目标不一致，或者不同项目成员对目标设立的优先级不同，这一情况会变得十分复杂。评价者不期望所有人都能对每一个目标抱有同等热情。此外，总会有一些未阐明的目标使得评价过程变得更加复杂。针对这些情况，在设计方案的过程中，通常需要给许多项目目标设置优

[①] 由罗恩·勃兰特（Ron Brandt）（1981）提出的以虚构的宾夕法尼亚州拉德诺郡学校委员会为基础的假想得到了八个真实评价者的回应。

先级。因此评价者的任务之一就是通过与客户或受益者协商项目目标的优先级，从而确定不同目标可能获得的关注度。

> 客户（client）：表示雇佣评价者的个人、公司或承包机构。

正如人们普遍认为的那样，目标达成评价更关注项目客户、管理者、资助者和成员的目标，而非其他利益相关者的目标，如学生、教师、家长和其他群体成员。然而，事实也不尽然。大多数评价者对一些利益相关者的感受较为敏感，包括利益相关者持有的期待、希望和恐惧等心理，并把这些作为额外的目标纳入研究中。

因此，评价者在某些情况下保持真正的独立性非常重要。当评价者的选择完全不受利益左右时，他/她不必与资助者、项目组直接展开互动，甚至可以避免阅读他们的运营和宣传手册（包括目标陈述），这种倾向被称作"无目标评价"（goal-free evaluation）（该术语由迈克尔·斯克里文引入该领域）[①]。它围绕着一个项目的常见目标（如项目主题与项目活动暗示的相关内容）组织其数据收集。因此，当评价者需要对一节代数补习课进行无目标评价时，他应该关注学生对该课程的普遍期望，而不是这节课程设立的既定目标。评价者很少关注如何避免与客户或与项目成员在谈论目标时产生偏见这一问题。因此，对于大多数评价人员来说，无目标评价是潜在偏见的重要提示，而不是可行的工作计划。

关于目标完成情况的衡量方法有很多，其中我们可以将具有强烈倾向的评价方法称为工具主义评价（instrumentalist evaluation）、差异评价（discrepancy evaluation）、结果评价（outcome evaluation）、影响评价（impact evaluation）、目标评价（purposive evaluation）、回归方程评价（regression-equation evaluation）和逻辑模型评价（logic-model evaluation）。无论目标陈述中规定的结果如何，以上所有的衡量方法都高度关注学生或受训者成绩。此外，除了项目结果目标，有时还有项目投入目标和

35

[①]　无目标评价参见 Scriven，*Evaluation Thesaurus*（1991）。

过程目标,这些目标的实现也同样需要符合目标达成评价。但大多数情况下,目标陈述强调结果,目标实现情况评价追求结果数据。[①] 结果通常被量化为前测成绩与后测成绩之间的差值。如果我们假定受训人员一开始就没有相关的知识背景,那么在这种情况下就可以省略前测成绩。

目标达成评价受到广泛推崇的原因主要是它们专注于客户价值,并汇总了受训者绩效的相关定量数据。如果结果令人满意,一般情况下,人们认为不需要对教室内发生的事情以及管理质量进行研究(但你可能对这个问题提出质疑)。有时我们需要研究受训者或患者的需求,但在目标完成情况的研究中,我们往往假定他们的需求已完全被满足。目标达成评价并非诊断性评价,也就是说,它的目标并非是寻求改进教学水平的方法。所以目标达成评价无法满足那些想要知道改进措施的评价者和教育工作者的种种需求。

36
组织发展评价

2001 年,美国评价协会(AEA)作为项目评价的主要专业组织,在圣路易斯的年会上使用了"主流评价"这一主题。在欢迎致辞中,主席詹姆斯·桑德斯(James Sanders)(2002)曾这样说道:

> 在组织中建设评价文化的问题仍然令人困惑。组织常常提及这一话题,并表示想要建设这一文化,但是评价常常是组织的次要活动,只有当组织面对压力、问题或任务时,才会想到评价。对于我们这些真正确信评价有益的人来说,仍然无法知道如何能使其成为组织日常管理的一部分。

我在第一章里说过,评价在个人和组织的日常生活中扮演着重要的作用,但正式

---

① 评价者有时会收集影响数据,用来显示该计划的成果是如何在工作和进一步研究中得到实际利用的。

的项目评价有时并没有起到这样的作用。桑德斯和许多评价者认为,如果对活动、流程、人员和产品的常规评价能够成为组织机构规划、监督、测量和分析工作的一部分,那么这些组织运作起来将更为顺畅。但显然,这一情况只是偶尔发生,甚至有时候情况甚至更糟。年会上还有部分发言者表示,需要开展元评价来确定哪些评价对组织发展有改进作用,哪些则没有。

组织是为了完成各种不同工作而存在的。医院为治疗伤病而存在,交响乐团为举行音乐会与录制唱片而存在,两者的相似之处在于,在它们的工作中随时都可能会发生各种意外。但如果医生和小提琴手的技术高超,并且病人和顾客能为这些服务支付高价,那么发生不幸的概率可能会大大降低。在这一过程中,组织可以评价相关政策和实践活动,因为更高效、更公正的评价能够极大地促进组织发展。此外,组织还可以聘请一些官员和专家来评价组织目前从事工作的利弊。大多数管理者并不认为接受过评价培训的人会更胜任这些工作,除非涉及高度技术性或专业性问题。因此,他们往往会聘请顾问,而顾问则会凭借自身经验提出建议。有时他们会成立一个研究小组针对部分问题进行调查。只有在极少数情况下,他们会让机构内部某些专家或外部人士展开研究。如果他们能把以上工作做好,这将会是迈向"主流评价"的一小步。

评价者关注的重点是组织内部运作流程而非产出或组织目标。而项目成员具备自省、认识问题并防止问题产生的能力。通常情况下,我们将组织视为一个层次分明、目的明确的共同体,其发展往往依靠组织能力、相互沟通与职业道德。官员和工作人员认识到,技术因素、市场因素、公共关系以及其他许多因素的变化都会改变组织对其工作的适应性。所以我们有时需要对相关因素进行研究,有时需要在评价的基础上展开深度研究。当然,评价人员对研究内容的确立应该有自己的看法。

37　　　20世纪90年代后期，美国国家科学基金会（National Science Foundation）受到国会资助，为全国各地的社区大学开展了一系列技术培训项目，尤其是地方工业、商业和政府机构所需的技术培训项目。其中需要借助现代化技术的领域包括全球定位、水质净化、废弃物管理和护理。部分大学利用学校的拨款进行课程开发、顾问引进、招聘和项目成员发展，试图确保新课程能够引进最先进的技术，从而满足全职与在职学生的发展需求。由西密歇根大学评价中心（Evaluation Center at Western Michigan University）的阿伦·格利克森（Arlen Gullickson）所领导的一个团队负责签约并评价该项目。他们主要关注100多所大学参与编写的新教材和课程的质量。他们开展了年度调查，分析了相关数据，并派出了一些团队（一个团队由两名评价者，有时还有一名特别专家组成）来采访主要人员和相关项目成员，共获取了13个校区的样本情况。这些团队按照标准协议的要求，观察教学行为，并深入了解当地的独特性。他们为每个校区准备了一份个案报告，与所有校区的报告一同提交。几年来，他们与美国国家科学基金会的成员和顾问合作，明确项目需求，并最终确认了八类需求，即合作、传播、教材开发、项目改进、人才招聘和保留、可持续性、咨询委员会的作用和评价的使用。换言之，他们开展需求评价，以便在这些联系松散的学院之间更好地完成这项工作。在提交给美国国家科学基金会的报告中，他们（Gullickson, Lorenz, & Keiser）（2002）提及了一些目标达成情况与影响，但主要与"能力建设"（capacity building）相关，即关于更好地向学生和当地雇主提供高质量的技术课程。作为格利克森工作的元评价者，我与克里斯·米戈斯凯（Chris Migotsky）曾高度赞扬这种组织发展评价。

38　　　倾向于组织发展的评价方法主要包括基于决策的评价、基于效用的评价、以客户为中心的评价、组织自我评价、行动研究、授权评价和机构认证。这些方法普遍高度关注对组织本身的保护与改善，有时为了应对挑战会选择维持现状，但更多情况下则会寻找更高水平的运作方式。

　　一些评论家,如迈克尔·巴顿(Michael Patton)(1997)和萨维尔·库什纳(Saville Kushner)(2000)说,在他们的帮助下,研究更趋向于自我评价,极大地推动了组织发展。组织成员在他们的帮助下学会判断、设计和实现组织的结构,并极大地提升了组织活动的质量。我对将项目评价的最佳投资用于内部评价的做法深表赞同,因为这样有利于组织成员进行自我反省,并付诸实践。相较于独立的外部评价,自我评价通常对机构、公司和项目更有益处。但是,自我评价可能被批评者视为有失偏颇、自私自利的行为。但无论如何,当工作人员作为评价的整体或部分对评价承担主要责任时,外部评价协助人员将不再需要承担评价职责,仅仅发挥评价顾问的作用即可。

追求整体质量

　　有时评价者的注意力不在于对评价本质产生影响并做出改进,而在于理解评价的特质,尤其是理解评价的优点与价值这两方面。在这里,评价与某种有机体相类似,或多或少会受到生存环境、家庭、生活方式、个人抱负与风险的影响。换句话说,项目或组织被视为拥有人类的特质,有人会说这是"人格化"的表现。实际上,评价的目的不是要对这种有机体作出总结性判断,而是要认识到其状况的好坏及其对这种情况的回应。在评价过程中,我们主要关注评价对象的各组成部分和行为活动,但同时也要注意到评价产生的作用。

　　美国退伍军人福利管理局(The U. S. Veterans Benefits Administration)因长期给退伍军人发送晦涩难懂的信件而备受指责,因为这不利于退伍军人申请服役期间造成伤害的相关医疗福利。由于他们的受伤情况与福利情况都较为复杂,需要通过立法、医疗和法律实践来界定,并且这一情况拖延时间较长,因此撰写信件并非易事。此外,长期积压的索赔要求使评级专家在进行评判时很难进行过多的个人思考。退伍军人福利管理局的官员们决定,应该为更多的评级人员和其他工作人员提供培训，让他们写出更好的信件。因此，卫星通信部门针对国内 58 个区域办事处制定并开展了一个长达半周、名为"以读者为中心的写作"培训项目，同时还会对此次培训项目进行评价。但这次培训并没有把注意力放在项目成员的信函写作能力是否有所提高，是否能够写出准确、易于理解的信件这些方面上，而是重点关注日常信件的写作环境，工作人员对待退伍老兵以及一般性培训的态度。同时，本次培训对区域办事处和退伍军人服务机构如美国退伍军人协会（American Legion）之间的人际关系进行了调查，还提出了将培训视为终生学习的观点。评价者发现尽管培训工作做得很好，但仍旧只是解决了问题的一部分。通过对信函写作的背景进行广泛观察，评价者试图加深对问题、培训以及沟通障碍的理解。此外，有关该项目的元评价内容将在网页的附录中公布。

　　整体质量是许多评价者进行评价的目标。他们倾向于研究评价对象的整体发展进程，并强调个人互动和群体关系。退伍军人福利管理局的工作环境良好，工作人员友善，并且其中大部分人都极力支持退伍军人维护自己的合法利益。

　　在评价者使用的评价方法中，有几种倾向于整体素质的研究，即自然主义评价（naturalistic evaluation）、回应式评价（responsive evaluation）、解释性评价（interpretive evaluation）、转换评价（transactional evaluation）、建构主义评价（constructivist evaluation）。这些评价方法都高度关注评价对象的性质及其生存环境，例如历史、经济、政治、美学、社会学和文化背景。

　　对整体质量的调查需要大量的数据支撑，包括定量数据和定性数据。此外，标准化的测量和主观感知也很重要。特别是当这些变化与时间、地理、人口、社会和政治状况相关时，对整体质量的理解一部分来自统计方法和测量的可变性，另一部分来自对话内容的叙述和对采访内容的回应。

　　了解对信件感到沮丧的老兵需要一套全面的数据，而要了解写给老兵信件中的问题则需要另一套全面的数据。图 2.1 是对申请福利的退伍军人进行电话采访的内容草稿。作为评价工作者,通过退伍军人的访谈回答,我们可以整体地、全面地了解这个问题。一般情况下,评价者往往依赖个人描述来理解个人情况。有时候这样的做法可能会有失偏颇甚至不太准确,可一旦处理得当,将会带来很大的益处。

(粗体字代表必须要说明和提出的问题)

问候和介绍;提及之前发送的 CIRCE 信函。

表明您从 VA 获得的信件是今天问题的焦点。

确认福利主题:贷款、保险、残疾、退休金、康复和其他。

您给退伍军人福利管理局写了多少封信?

他们给您寄了多少封信?

仅表示我们对最近收到的信件的兴趣。

(*了解 VBA 信件的可理解性*)

在您收到的信中,信的内容是否清楚?

VA 信件内容相对容易还是难以理解的?

(*了解 VBA 信件的完整性*)

这封信是否包含您需要的所有信息?

这封信是否告诉您应该如何着手解决问题?

这封信否遗漏了您急需知道的重要信息?

这封信是否包含无用信息?

(*了解 VBA 信件的行动指示*)

读完这封信,您是否确切知道下一步该怎么做?

您是否知道接下来要采取什么措施?

您是否需要寻求帮助来了解信件的内容?

您是否需要找人来帮助您解决问题? 如果是这样,您需要谁?

您是否需要 VBA 向您澄清情况? 如果是这样,您会选择采取电话的方式,还是信件的方式?

您是否得到了让您满意的说明?

(*了解 VBA 信件内的矛盾内容*)

您获得的信息是否有不一致之处?

是在后来收到的不同信件中还是在同一封信中?

您是否收到与您下一步措施相冲突的信息?

这封信是否有助于您理解涉及的法律问题?

图 2.1   退伍军人电话采访指南

42

在你阅读以上访谈草稿的过程中需要注意，当问及老兵们一些相对简单的问题时，你需要考虑他们的答案方便记录，而且要通过后续的问题使答案更加完整。此外，我们要尽力让受访者详细地描述出他/她对信件书写这一事情的看法。采访者应该尽量尝试从历史的角度来看待这个问题，因为这是对老兵生活意义的一种理解。

评价整体质量有利于深入理解其中涉及的问题，但总有一些人试图去弱化整体质量的影响，相反，另一些人则试图去最大化整体质量影响。

尽管关于流水线、体操比赛和学校等内容的常规评价在很久之前就已经开始，但在 20 世纪 60 年代的这十年里，评价研究才真正兴起。美国国家科学基金会对人造卫星（Sputnik）的评价（Kilpatrick & Stanic）（1995），以及对林登·约翰逊（Lyndon Johnson）的"贫穷战争计划"（War on Poverty）项目的评价（Beschloss）（2001）和罗伯特·麦克纳马拉（Robert MacNamara）对越南战争（the Vietnam War）的常规评价管理（Halberstam）（1972）都为学术和专业评价创造了需求。在当时，特别是在之后的十年里，人们常常将定性研究与定量研究的优点进行比较。埃利斯·佩奇（Ellis Page）（1979）和我（1979）早期的辩论主要围绕"教育评价应该更客观还是更主观"这一问题展开。2000 年《美国评价杂志》（*American Journal of Evaluation*）中马克·利普西和托马斯·施万特之间的辩论代表了当时学者对指标性与解释性评价的思考。

早在 1979 年，我就支持主观评价的发展，现在也依旧如此。因为我发现许多定量研究过于依赖数字，很少关注到情景变量，从而致使研究结果严重缺乏完整性。而佩奇和利普西的观点基于一项备受推崇的传统研究，并得到了大多数专业评价者的支持。同时代的美国评价协会成员不仅肯定了定性研究的作用，还认识到客观性和指标性思维的重要性。就现在的评价者而言，他们倾向于选择定性评价。

政策和归纳研究

经常会有人问"评价和研究有什么不同?"它们都是常见的术语,但不同之处在于说话者、说话场合与说话地点的变化。正如我在上一章所说,许多评价(质量判断)都是非正式的,甚至是无意识的。因此,我们很少将其称之为研究而是评价,因为它从中发现了某件事的价值。常规评价可能只是具有程序性的特征,例如投票;或具有审议性质,例如陪审团审判;或具有调查性质,例如社会科学研究。无论程序多么完整,当结果只是一些判断的集合时,我们便不能将其称为研究。当许多研究并不关注一个实体本身的优点或价值时,我们也不能将其称之为评价。但是当我们尽量系统地去发现一个实体(评价对象)的活动、意义和价值时,那么这既是研究也是评价。

有一种研究类型叫作评价研究,这种研究寻找的不是单一评价对象的价值,而是整个类别的价值。产品评价是人们将麦金塔 G4 计算机作为一门课程来学习时展开的评价研究;如果对一所学校的教学工作做全面评价,那这就是一种机构研究;教学研究是对法学院教学方法展开的评价研究。评价研究是一项追求质量的总结归纳工作。其实,所有正式的评价研究都可以称之为研究,但是只有对案例进行总结归纳之后,才能称之为名副其实的评价研究。

对于项目评价专业的博士研究生而言,一般情况下,他们的论文主题大多以评价研究为主。许多人在该领域开展评价研究,但同时对评价方法的某些方面也进行了一定的学术研究。奥拉佛·普罗佩(Ólafu Proppé)在冰岛评价标准化测试的作用时研究了哈贝马斯式(Habermasian)评价方法。杰里·赖丁斯(Jeri Ridings)[现为诺瓦科夫斯基(Nowakowski)](1950)研究了《联合标准》(*Joint Standards*)(Joint Committee,1994)的发展情况,并将其作为审计和问责工作的重中之重。这些研究同时涉及评价对象的单一性和项目评价中某种方法的普遍性。我们将在第九章介绍它们的区别。

战略和政策质量方面的评价方法包括基于理论的评价(theory-based

evaluation）、实验性研究（experimental studies）、基于社会科学的评价（social-science-based evaluation）和因果模型评价（causal modeling evaluation）。它们都高度关注政策的性质、影响、有效性和政策存在的背景，比如前面提到的相关内容。其实，评价者都在试图强调这样一个问题，即"这一切都意味着什么"。

评价对社会行动的援助

评价是为了发现事物的优点和缺点，但大多数评价者认为他们的发现结果有利于改善评价对象，有些评价者甚至希望通过这样的方式，增强管理决策能力，缓解体制压力。这种方式不仅能够使评价对象变得更有效、全面、合乎道德，而且还会改善社区和整个社会的情况。

许多评价者的选择倾向更偏理性，他们经常表示，如果组织的目标更加明确，决策更加合理，并且能更准确地衡量其发挥的作用，组织管理将会更有效、更有价值，彼此间的相互交流也将更为便利。罗莎莉·托尔斯（Rosalie Torres）、哈利·裴斯基（Hallie Preskill）和玛丽·皮翁特克（Mary Piontek）（1996）这样写道：

> 组织将通过共享信息获得成功。其中重要的是，评价者应帮助机构明确沟通流程，营造机会，鼓励个人表达出自己的态度、感受和意图。（p. 28）

"你做了一些改变，并改善了自身境遇——这就是一切的意义所在！"

来源：《纽约客》（*The New Yorker*），引用已经作者允许。

44

　　作为评价者的便利之一是他们可以通过自己的贡献,帮助他人、项目和组织提高开放程度,提升沟通能力和协商能力。基于这样的选择倾向,许多评价者利用民主评价(Democratic Evaluation)和参与式评价等方法来强化这些目标。

　　民主评价是评价者服务于公众利益的一种方式,当然,公众也包括一些特色群体,如某些行业的工作者或青年组织的利益相关者等(更多信息请参见第七章)。民主评价不仅能准确指出评价对象的优缺点,而且通过评价过程、评价结果,或将两者相结合,还能有助于提升人们的社会地位。除管理者、官员以及专家外,大部分群体会对评价方案的设计、数据搜集与调查结果的阐释更感兴趣。巴里·麦克唐纳(Barry MacDonald)在20世纪70年代早期就曾提出民主评价的理念。他的长期合作者欧内斯特·豪斯(Ernest House)(1980)也提出了自己的民主评价方法,并且更加侧重于公众审议。

> 　　麦克唐纳负责 UNCAL 评价,这是一项全国性的工作,旨在提高计算机在英国高等教育领域中的地位。资助机构的代表明确表示了评价在教学改进方面应采取的措施,特别是在实验任务和实地调查这两方面。但麦克唐纳也在研究一些问题,比如政府的主要目的是否是资助英国的计算机产业。他的论点是,一旦使用纳税人资金,就需要考虑立法期间如何权衡公开讨论与秘密商讨这两者的关系。这是民主评价,而非参与式评价,最后都将由评价小组来决定具体的研究工作以及对报告的解释。

　　正如上文所提及,参与式评价与组织发展评价有一定关联(另参见第七章)。有时这种评价被称为协同式评价(Collaborative Evaluation)(O'Sullivan,还未发行)。评价中涉及利益相关者的内容大多与项目人员紧密相关,他们以提升自身地位与利益作为参与评价的目的。良好的评价行为有必要向利益相关者收取设计、数据收集和解释调查结果的费用。当利益相关者是公司或组织成员时,评价者开展年度审查或创新评价往往能促进组织发展。

46

　　　　两名奥地利评价者马库斯·格鲁奇（Markus Grutsch）和马库斯·西马素-休伯（Markus Themessl-Huber）被一家位于茵斯布鲁克的公司聘用，负责评价该公司的人力运作机制（Grutsch & Themessl-Huber，2002；Themessl-Huber & Grutsch，2003）。他们花费了大量时间去熟悉工厂经理和项目成员。为设计数据收集方案，他们引用了回应式评价这一主题的相关文献，构建了问题思考框架，并获取了多种不同的预期观点。他们越来越发现，管理层很少愿意公开公司的计划和行政优先事项。他们不断参加工人会议，并在会上听取了工人的不满和诉求。他们相信，如果强调实施调查的重要性与评价的职责内容，有利于促进公司健康发展，工人的福祉也能得到保障，并且他们也能够从协同式评价文献中得到更多的指导。虽然最终他们的评价项目被正式终止，但他们仍然会继续给那些有需求的人提供建议。

　　除了参与式评价、协同评价和民主评价外，还有一种倾向于研究人类问题和社会援助行动的评价，包括戴维·费特曼（David Fetterman）（1994）的赋权评价（Empowerment Evaluation）和萨维尔·库什纳（Saville Kushner）（2000）的个性化评价（Personalistic Evaluation）。当然，批判性研究也可以归入这一类。批判性研究是研究者从一个意识形态标准出发展开的研究，如女权主义视角或全球市场主张。在开展研究的同时，还需要对评价对象进行严格审查。文学和其他形式的艺术批评也与这种倾向有关，可以为改进评价实践提供指导。有一种特殊的批判性研究叫作"检举揭发"（Whistle-blowing），通常是指当组织成员发现组织有违反纪律、信任或合同的行为时发表的一系列声明。他们发表意见不仅是为了约束组织或给组织重新定位，更是为了保护公众。评价者在评价过程中迟早都会发现组织的不良行为带来的严重后果，所以他们必须打破保密承诺（更多内容参见第十章）。

倡议

评价者作为倡议者是否合适？有关内容将在第七章和第九章中提及。倡议存在于生活中的方方面面。比如大多数客户希望评价者能够做出对自己有利的评价结论，并利用这一结论去支持开展倡议工作。许多评价者从一开始就很尊重评价对象，提升评价工作品质，并愿意做出有利于项目发展的陈述和结论。

而詹妮弗·格林（Jennifer Greene）（1995）则持有不同的立场，她认为评价者应该更积极地支持项目的目标受众。目标受众有时与他们的客户站在同一边，而有时则不然：

> 评价本质上涉及各种倡议问题，因此关于支持哪方利益的问题十分重要。而最合理的回答是，评价应该为项目参与者争取利益。（p. 1）

然而，迈克尔·斯克里文（1997）提出，评价者应当果断放弃那些在评价中无法加以证实的倡议。但这是否会影响评价结果呢？目前，包括教育在内的部分领域缺乏专业权威的指导，越来越少的专业人士、研究人员、教师和支持者相信教育是为公众利益服务的。大多数接受常规评价的教育项目受到越来越严格的审查，其必要性也不断受到质疑。尽管教育在当今社会仍然被作为一种备受推崇的美德而存在，但各地的教育工作者却不断地遭受冲击，许多教育项目的发展前景也不明朗。虽然我们很少承认这一点，但不知不觉中，我们已经意识到，选举比教学或研究更具有说服力，宣传手段反而比课程讲授更为实用。政治常常以欺骗的手段介入其中。[1] 政治选举和立法活动加深了人们对事实的无视程度。长此以往，各种形式的宣传倡议将会战

---

[1]　在 2002 年 1 月 28 日那期《国家》（The Nation）杂志中，斯蒂芬·梅特卡夫（Stephen Metcalf）写道：当乔治·W. 布什（George W. Bush）总统邀请一群"教育领袖"和他一起度过入主白宫的第一天时，嘉宾名单由《财富》（Fortune）500 强的首席执行官主导。麦格劳－希尔（McGraw-Hill）国际出版集团继承者、现任主席哈罗德·麦格劳（Harold McGraw）总结道："今天对教育界来说意义非凡，因为当前我们国家的关键组成部分——舆论界、教育界、商界和政界领导都达成共识——这一结果尤为重要。"作为测试的主要出版商，他应该是在谈论测试结果。

47

胜真理并长存于世。

研究的过程也可以尝试采取类似的方式。在动态、复杂的评价中，我们寻求引证、行动纲要、关键性图表、底线指标，甚至是漫画来提升评价质量。我们不愿意将研究结果与客户诉求相分离，所以我们有意识地得出那些说服力强、有助于理解的评价结论。同时，我们也是倡导者，甚至部分评价者的倡导性更强。琳达·马布里（Linda Mabry）（1995）指出，评价者在这些方面的不同差异强化了积极倡导的主导地位……（p. 7）

48

> 我在 CIRCE① 的同事和我共同发表了《重组》（Restructuring）（Stake et al.，1995）一文，这也是芝加哥数学科学教师学院（the Chicago Teachers Academy for Mathematics and Science）第二年的年度评价报告内容。该学院是一个独立的专业型研究机构，致力于提升并改革芝加哥的小学教育。我们的评价结果显示，该院校为六十多个院系的教师开设了良好的课程及教学基地。一方面，我们在文章中描述了学院教室所发生的一系列变化，介绍了学校改进小组（学校的一个部门）为了帮助学院明确问题、提升发展所做出的努力；另一方面，我们也说明了它在解决学校其他问题方面的作用有限。② 其实这并非我想说明的内容，但它能说明《重组》一文的主旨思想。最终这份报告上交到学院并如愿被使用。
>
> 该学院财政系统脆弱，没有得到跨机构的大力支持。尽管偶尔会出现工作失误、效率低下和政治松散等问题，但我们仍然认为该学院是芝加哥教育体系中的主要力量。目前看来，该学院不但缺乏强有力的竞争对手，而且没有任何继任者。
>
> 一些观察家指出，我们的基本道德准则是保护主义，甚至是家长式的。随着对我们案例研究中的老师和学校越来越熟悉，这种态度也随着时间的推移而变

---

① CIRCE 是伊利诺伊大学的教学研究和课程评价（Instructional Research and Curriculum Evaluation）中心。

② 我们在 CIRCE 认可的专业发展观点，在《小》（Little）（1993）中可以找到，这种学校重组的观点参见 Newmann & Wehlage（1995）。

得更加明显。道德准则明确表示："尽量避免我们的评价研究在项目成员履行其职责的过程中对其造成困扰。"这就意味着要放弃对学校某些重要实践的判断，尤其是那些并非由评价者直接负责的实践。根据合同，我们并不是在评价教师、教室和学校，而是在评价学院。当参观一些学校时，我们扮演着客人的角色，有时甚至会询问教师一些具体事务。我们希望能小心谨慎地完成这次评价。

但始终要牢记我们作为评价者的身份。我们需要努力寻求评价结果，提升评价质量。我们的评价工作并非以协助补救为目的，也不应该认为自己是学院改革的合作者。我们承诺帮助学院项目成员了解学院本身，尤其是在运作质量方面。我们提供了有关优、缺点的细节信息，并对问题进行了解释和讨论。在我们的报告中，可以看到 CIRCE 的意识形态立场如下：

- 强调解决问题，体验式学习通常比直接教授基本技能更有教育价值。
- 专业性的发展项目主要依赖专家面对面教学，很少涉及需要它的大部分教师身上，因此，仅仅依赖传统的服务策略是远远不够的。
- 无论中央政府为芝加哥学校制定的改革标准及其期望多么受欢迎和合法，都在实际上脱离了学院和教师期望的愿景。

除此之外，还有其他立场。值得一提的是，上述的三大立场对于学院运行质量标准并非持统一态度。尽管大部分教育工作者和评价人员都赞同这一观点，但还有小部分群体持反对意见。在评价中使用这些标准时，我们往往表达的是一种狭隘的思想，即我们支持改革。

关于学校与学院的职责所在尚未明确。依据伤害最小化原则，我们主要在报告中强调了学院的优势，并简略地提及其弱点。通常情况下，我们更倾向于在私下谈论学院的不当之处，而选择公开谈论其优秀举措。若我们违背了公认的评价伦理，就不应该撰写评价报告，因为这样的报告一旦散布出去，会增加人们对学院的质疑。

49

迈克尔·斯克里文和简·克雷默(Jane Kramer)(1994,p.15)建议在评价工作完成后,评价者可以"强调并宣传被评项目的优点。"但是当后续的评价工作展开时,评价者的这种倡议行为则应当有所限制。那么"强调优点、宣传优点"是否意味着可以淡化缺点呢？对倡导性行为的合理解释又是什么呢？

50
项目评价中的倡导性行为并不少见。二十年前,欧内斯特·豪斯(1980)建议我们把项目评价看成是一种论证行为。毫无疑问,我们这些评价者主张客观性、解释性、历史性、理性的思维方式,每一种思维取向都被认为是研究中的一种美德,甚至是一种义务。我们对提倡开展教育改革、课程改革和教学改革的行为司空见惯,这些倡导性行为都构成了我们工作的基础。长期以来,我们既认同客户与同事的价值,也倡导那些尚未达成共识的价值观。当然,我们知道一些倡议不会为部分利益相关者所接受,但我们是否有理由大力保护教师、反对家庭教育、容忍辍学儿童呢？到目前为止,我们几乎没有可供参考的原则或标准来区分这些倡导性行为的优劣之处。

合法化和保护

我不知道有评价者鼓励客户参与评价服务或雇佣评价专家,因为许多评价者只提供认证服务。因此,对一个经理最好的忠告是:"如果你遇到麻烦,你可以任命委员会来解决问题；一旦你遭遇真正的困境,请对整体情况做出评价"。这样你可以赢得更多时间,减少不利影响。尽管提升安全性这一点很少被人们承认,但它的确是评价的作用之一。

然而,对于一个管理者来说,希望借助评价来证明自己决策正确的现象十分普遍,我对此毫无异议,但我想说的是,我所做的任何评价都会包括项目的优点与缺点。通常,项目评价的负责人希望评价结果能够为长期资金申请提供支持依据。一旦要给资助机构提交评价报告,那就必须涉及项目优点和缺点两方面。通常,资助机构在考察项目时会产生项目评价需求,项目反对者也会有项目评价需求,用以指出项目不足。当然,我们也会关注项目的优势。

上述内容较少涉及社会与政治因素。在实际的项目评价过程中，无论谁先接近评价者，都有可能赢得评价者的同情。评价者经常聚在一起讨论项目内容、提出项目改进需求与想法。大多数评价者都希望在评价的整个过程中能做到准确、诚实和公正，当然，他们也希望评价结果能对他人有所帮助。但往往公平公正和为人所用并不是一回事，正如我们将会在第十章中提到的专业标准（Professional Standards）一样。

评价者不能忽视评价给项目带来的影响。好的项目也可能会因为某个负面评价结果而遭到破坏，因此，通常情况下，我们可以忽略一些无关紧要的内容。但过于直接的社会伤害往往会给项目造成严重的影响。那该如何避免这些不良影响呢？对此，我无法给出一个明确的答案。评价者需要明白，无论当时签订的合同涉及哪些内容，在管理者和利益相关者的认知中，评价都应当对项目发展发挥作用。评价者倾向于认为评价结果是在各种项目信息中产生的，但我们也不能否认社会和政治地位对此造成的影响。

51

《落基山之巅》

真希望站在落基山巅上俯瞰田纳西的山丘

山巅上没有烟雾

也没有琐事烦扰

落基山之巅，令我魂牵梦绕的地方

家，我温馨的家

多么巍峨的落基山之巅

田纳西的落基山之巅

来源：来自田纳西州的州歌。《落基山之巅》（ROCKY TOP）由布莱恩特夫妇（Boudleaux Bryant & Felice Bryant）创作，经允许后转载。

评价作用总结

前文讨论的六种作用非常重要，因为它们扩展了评价的功能，超出了大多数客户、受众以及评价者开展项目评价的目的。显然，任何一项评价研究都不可能包含以上全部方式，但无论哪一种作用都极具特色，能够积极提升评价效果。

正如前文所述，这些作用的发挥取决于每一位项目成员的评价工作。当然，这只是我的观点，其他作者也可以按照其他途径对评价方法进行分类。其中最受推崇的评价分类理论出自威廉·沙迪什（William Shadish）、托马斯·库克（Thomas Cook）和劳拉·立维腾（Laura Leviton）（1991）编写的教材《项目评价基础》（*Foundations of Program Evaluation*）。这三位作者根据一个模板分析了十位理论家的著作，重点论述了以下五大功能：

1. 社会规划
2. 知识运用
3. 价值评价
4. 知识构建
5. 评价实践

52　　　　另一种分类理论由豪斯在《有效性评价》（*Evaluating with Validity*）（1980，p. 21）中提出。丹尼尔·斯塔弗尔比姆、乔治·马道斯（George Madaus）和托马斯·克里冈（Thomas Kellaghan）（2000）编写的《评价模型：教育与人类服务评价的观点》（*Evaluation Models: Viewpoints on Educational and Human Services Evaluation*）一书的章节标题受到广泛使用，同时也是指导评价研究分类的另一指南：

1. 项目评价
2. 面向问题/方法的评价模型

　　3. 以改进/问责为导向的评价模型

　　4. 社会议程指导(倡导)型模型

　　5. 首要问题①

　　目前,评价界已经存在许多种类的评价方法,以后当然还会出现更多。事实上,我也把评价方法这一内容看作是我对研究生能力的一项评价。当他们觉得有必要对自己的评价方法进行分类时,就表明他们正在迈入评价理论的职业生涯。

◆ 小故事(二)

萨格雷多先生把菲利斯先生叫到他的办公室。

萨格雷多:我看了你带来的那些评价报告的案例,我对其中某些案例的种类划分还是深感困惑。比如说就像我们的高级导师培训学生一样,难道就没有一种标准方式对其进行评价吗?

菲利斯:　一般情况下,评价者采用的评价方式的相似度往往比这五份报告中显示得还要高。许多评价者都只重视测度学员培训前后的绩效水平。评价者们给他们的学员写备忘录可能只是因为这一方式被作为他们的一种绩效测评标准。我给您的这些报告,足以体现该领域的多样性,并且可以将此次培训与我们组织中正在进行的其他变革联系起来。您作为一名管理者,我想您一定能理解适用于某种情况下的一份成熟报告不一定适用于其他情况。

萨格雷多:所以,我们是否可以采用简化模型的方法呢?

―――――――――――――

　　① 有趣的是,我发现丹尼尔·斯塔弗尔比姆将迈克尔·巴顿(Michael Patton)的功利主义评价(Utilization-Focused Evaluation)作为一个"首要问题",他引用了(在 2002 年写给我的私人信件中)巴顿关于评价优点和价值的矛盾观点,他重视利用研究结果,但不是正确地利用研究结果。巴顿一直是外部评价人员推动组织自我评价的主要倡导者。

菲利斯：　您一定是在开玩笑吧。一般情况下，对于汽车评价来说，防抱死制动的性能极其重要。同样的，对于评价来说，学员的态度好坏关系着评价培训的成功与否。您之前说过，为了此次评价，您愿意给我20天的时间，并且额外为我提供48小时的培训生时间以及其他项目成员时间来配合我的工作。此外，我认为我们还需要聘请专家来帮助我们解释调查的结果。昨天，我让希德（培训协调员）向我做了简要的介绍，我自己也已经阅读了相关材料并观察了部分培训的授课过程。一旦我能掌握更多信息，就可以写出一份工作计划，其中包括我对学员学习内容的期望。

萨格雷多：报告现在可以给我看看吗？在你的报告中是否会提及我们的培训较之其他地方的培训有哪些成功之处？

菲利斯：　如果您认为这一点很重要的话，那么在评价过程中，只要我与同事进展顺利，并且获取到有效信息，我将会在报告中提及这一点。但是我认为这可能不太现实，因为其他地方的培训条件各不相同，不存在可比性。所以我认为您最好还是尽量了解在这里发生的一切。至于培训需求难以满足这一问题，您认为我是否应该去查证呢？

萨格雷多：不必那样做。董事会指出我们在培训方面还存在问题，因此他们建议我们花重金来完善这一方面。

菲利斯：　检验一下他们的假设难道不是很好吗？

萨格雷多：并非如此。董事会成员对我们机构的运作机制非常了解，所以我们无须再验证他们的假设。我也认为这样的检验结果并非是我们所需要知道的内容。但是了解他们的态度以及他们能做什么、做了什么，这些是很重要的。

菲利斯：　我曾询问过维瓦妮夫人，问她们是否采用了与以往不同的标准化测试，她说没有。据我所知，奥兰多佛罗里达中心的一名博士生已经开发出一些较为实用的测试系统，我必须得先研究一番，然后再来回答您之前的提议。

萨格雷多：依我看，使用这种还在开发阶段的测试系统似乎有点冒险。

菲利斯：　是的，但是如果由我们自己开发一个适用的测试体系的话，那么所花的费用往往会比你支付的培训费用高出好几倍。因此，我觉得我们可以采取一些措施。虽然这些措施并不是简单幼稚的小儿科伎俩；也没有什么高深的科学理论；更不会明确告诉我们应该如何改进培训工作。但通过这些途径，我们将会更加深入了解正在发生的事情，尤其针对受训者而言。当然，如果您想让我亲自进行测试检测，我明天就可以开始。

萨格雷多：好的，菲利斯，不过这部分工作我会自己去完成的。

（未完待续）

54

第三章　基于标准的评价

真相很少纯粹，也绝不简单。

——奥斯卡·王尔德(Oscar Wilde)

大多数评价者最引以为傲的就是他们的测量结果，当他们对评价对象的绩效做出全面精确的衡量时精神就会备受鼓舞。评价者用数字来表示评价对象的工作完成情况，通过对这些数字的分析和解释，可以知道评价对象是否达到了标准。在本章中，我们将探讨利用标准工具来获取一项研究中主要评价问题的依据。一般来说，大量的统计分析不会用于一个肤浅的问题研究。

标准工具看起来与图3.1中的性别平等项目问卷十分类似。我们几个人用这套调查问卷来评价佛罗里达州布劳沃德县性别平等示范中心三年内的工作进展情况。在问卷纲要中，我们揭示了一个现象（例如，关于第15题），即那些充分投入到中心工作中的老师们会更好地意识到，女孩必须克服比男孩更大的社会压力才能参加高级科学和数学课程的学习。在过去两年里，该县其他学校的教师在这方面的认识有所不足。

仔细看一看图3.1，你会知道这是一份针对教师的问卷（一些相同的问题也同样适用于学生和管理人员）。涉及标准数据的问题是第4至第10题，主要询问被调查者对项目需求的感知；第11和12题要求观察学校的活动情况；第13至17题询问的是项目可能正在发生的改变。能够认识到不平等的问题并在支持男女平等教学方面取得重大进展，这是达到成功的标准。我们没有事先列举出需要多大的努力才能达到"实质性"效果。(是否存在这样一种反常现象,即这个项目非常有效,花在处理不平等问题上的时间也大大增加,然而人们还是会发现越来越多的问题困扰着他们,从而对他们的学校越来越不满。)但是回到基于标准的评价这一方法上,或许你最应该问的是:"这些问题是否聚焦于该项目最重要的目标和指标?"

说明:这些问题是评价布劳沃德县性别平等示范项目的一部分。我们将小心谨慎地避免泄露您的个人回答。请您坦率地答复每一道题目。

55

1. 你的性别:

    A. 女性　　　　　　　　　　　B. 男性

2. 教学经验年数:

    A. 0~2 年　　B. 3~5 年　　C. 6~10 年　　D. 11~20 年　　E. 超过 20 年

3. 行政经验年数:

    A. 0~2 年　　B. 3~5 年　　C. 6~10 年　　D. 11~20 年　　E. 超过 20 年

4. 你觉得你的学校是否存在性别角色刻板印象的问题?

    A. 是的,这是一个很大的问题

    B. 有点问题

    C. 完全没有问题

5. 你觉得这里的老师们对存在性别歧视的情况以及如何减少性别歧视的方法有充分的了解吗?

    A. 非常了解

    B. 需要更多的机会深入了解

    C. 其他

6~10. 在你所知道的该地区学校中,下列各项干扰青少年接受良好教育的因素有多少?(问题 6~10)

6. 种族歧视：

    A. 很多   B. 一点点   C. 根本没有   D. 不知道

7. 性别歧视：

    A. 很多   B. 一点点   C. 根本没有   D. 不知道

8. 双语：

    A. 很多   B. 一点点   C. 根本没有   D. 不知道

9. 过分强调测试：

    A. 很多   B. 一点点   C. 根本没有   D. 不知道

10. 教学效果不好：

    A. 很多   B. 一点点   C. 根本没有   D. 不知道

56

11. 如你所见，你们学校的教师和管理人员为促进性别平等做了什么努力？（选择一个最贴切的说法）

    A. 大多数人不关心这个问题。

    B. 大多数人注意到这个问题，但很少做出改变。

    C. 大多数人试图消除性别角色刻板印象。

    D. 大多数人认为男孩和女孩应该被区别对待。

12. 如你所见，你们学校大约有多少学生注意到课程材料中性别角色刻板印象的案例？

    A. 5%或更少   B. 5%至25%   C. 25%至50%   D. 50%至75%

    E. 75%或更多

13. 以下哪一项你认为是学校教师和管理人员最应该做的？

    A. 他们应该尽量消除性别角色的刻板印象。

B. 他们应该关注由于刻板印象而产生的问题。

C. 他们教导男孩和女孩的方式应该有所不同。

D. 他们有更重要的事情要做,不需要担心这一点。

14. 与一年前相比,你现在是否更清楚在学校存在性别歧视的情况?

A. 不,我不知道这里有性别歧视。

B. 是的,我现在更清楚了。

C. 不,一年前我就很清楚这件事。

15. 你认为女生必须比男生承受更多的社会压力才能参加高级科学和数学课程的学习吗?

A. 是的　　　　　　　　　　B. 不是

16. 与一年前相比,你现在是否更清楚有些人意识到在学校存在性别歧视,并想要采取措施阻止它?

A. 不,我不知道有这样的人。

B. 是的,我越来越感觉到这样的人存在。

C. 不,我一年前就非常了解这些人的存在。

17. 贵校的大多数学生是否已经意识到存在性别歧视的情况?

A. 是的,他们非常警惕性别歧视。

B. 是的,但这对他们来说并不重要。

C. 不,他们不知道这种情况。

图 3.1 对学校性别平等的认识(规模质量控制)(1983 年春季)

　　这份问卷已经被格式化为可用于机器评分的工具。前三个问题调查了受访者的 57
性别和相关经验。每一个问题都有明确的选项,不需要受访者做出开放式的回答。
但是也正因为如此,该问卷可能会丢失一些潜在的有用信息。在很多评价工作中,如果要对受访者的回答进行——评分会花费大量的时间。我更喜欢至少包含一个开放式问题的调查问卷，这样我们可以获得这些单一选项无法体现的细微差别以及其他的一些项目信息。我们还有一个关于该项目的更开放的调查问卷，可参见下一章节的图 4.1。

在一项研究中，我们通常会使用几种标准工具。关于标准工具的另一个例子可参见图 2.1 所示的退伍军人电话采访协议。这是一个通过电话进行采访的协议，用于对上一章所提到的写信培训项目进行评价研究。退伍军人福利管理局的工作人员将培训中尤其强调的七个标准列在了括号中，并附上了一份清单，同时列举了其他的优秀书信写作标准，以便提醒打电话的评价人员。加粗的内容是评价人员会向所有受访者提出的标准化问题，当受访者的回答没有涉及这些内容时，评价人员就会提问那些标好编号的问题来做出进一步探究。

在第一章中，我们提到了两种评价方法，即指标性评价方法和解释性评价方法。指标性评价方法强调量表的客观使用和精准测量。与此相反，解释性评价方法则强调逐步完善个人对评价对象的认识。在许多评价研究中，测量方法和个人经验都很重要，但是通过指标性评价或解释性评价对评价对象做出的判断会大有不同。

基于标准

我们将使用"基于标准"这一标签来标注严重依赖指标性思维的评价方法。基于标准的评价要求对指标、标准[1]和其他评价因素进行明确说明，并与美国国家标准与技术研究院（www.nist.gov）的标准相符合。在指标性思维中明确评价程序和价值承诺至关重要。解释性评价同样依赖于价值标准，但相比之下，在其调查设计和最终

---

[1]　要保持全面的标准是很难的。基于标准的评价标准是进行评价的重要因素或成分。其中一些因素或成分是人们用来判断评价质量的价值标准。这些标准可能是书面的或不成文的，但它们是有意识的标准。除此之外，正式评价过程由专业标准来衡量，如《联合标准》（Joint Committee，1994）或 AEA 的指导原则（Shadish et al.，1995）。

报告中,使用的价值标准通常更含蓄、更隐晦、更难以明确识别。基于标准的评价不是一种高度直观的方法,而是一种高度理性的方法,它能够用来表示并帮助人们感知项目质量。

有关标准和其他评价因素的陈述文本从来都不能尽善尽美。许多文本只会提供与真实标准近似、简化和相关的陈述内容。通常情况下,我们拥有的资料还无法彻底达到研究标准的需求。例如,"需求"和"目标"通常取自项目说明书而非独立调查。以标准为导向不单单只是按照清单来确定每件事,而是在环境允许的情况下尽可能明确目标。

基于标准的评价很常见,在评价项目目标的完成进度时更是需要用到这一方法。评价人员需要明确目标,并找出最适合评价绩效的标准和指标。这一做法对于评价活动和环境、帮助组织发展、研究相关政策和促进社会行动也同样适用。可以说,基于标准的方法能很好地运用于评价的各个方面。

> 伦敦国王学院的安妮·麦克基(Anne McKee)评价了英格兰西北部一家小型医疗诊所支持员工发展的情况。她从该地区两家权威机构那里确定了评价标准。其中一家机构强调员工需求的满足应与中央政府的法规保持一致,而另一家则鼓励员工评价自己的需求,并据此制定相应的培训计划。之后,麦克基分析了两家机构实际开展的培训,发现在力求与中央法规保持一致的诊所中,员工会更多地研究沟通和组织遵从问题;而在更注重员工自我评价的诊所中,员工会更多地研究医疗和保健问题。这就是麦克基的观察结果。她使用了明确的机构简化标准,并确定了培训目标。虽然她的方法非常理性,并且为评价支持员工发展的两种方法提供了数据,但是她忽略了员工需求、标准和权重问题。(McKee & Watts,2000)

59

理性思维与感性思维形成对比。在评价工作中保持理性对学术界、商界和政府的许多客户来说极具吸引力。大多数评价人员都以他们的理性以及在评价中阐述所遵循步骤的能力感到自豪。这不仅是市场价值和个人自豪感的问题，在确定评价对象优缺点的复杂工作中，这也是控制自我主观性和偏见的问题。

偏见

　　想要成为一名专业的评价者或具有评价知识的专家，从某种程度上来说需要去学习如何处理偏见问题。专家评价者和所有人一样都有偏见，但他们中的大多数人会努力认识和约束自己的偏见。他们进行自我约束，并采取一些措施来捕捉偏见。最好的评价者会向他们的客户和读者表明，既然无法消除所有偏见，那么他们有必要去留意这些偏见。其实，偏见是普遍存在的。有人可能会问："苏格兰孩子在多大时能学会说'aye'而不是'yes'？"这个问题就暗示了一种偏见、一种错误的期望：通过以英语为母语的人的视角看待事物。学生对管理层的看法基本上是阴谋论视角，这些也是一种偏见。种族歧视问题同样也是评价者心存偏见的一个典型例子。优秀的评价者会试图筛选出他们的偏见，并使用筛选程序来识别未预见的偏见及其影响。

　　迈克尔·斯克里文在他的论文中写道："根据定义，偏见缺乏客观性，是一种错误倾向……很难想出一个比这更重要、更恰当的理由来解释，为何我们希望在客观性维度上提升作为评价者的资格"（Scriven，1998，p. 15）。但如果否定主观性也是一种过分简化的偏见。偏见是一个复杂而紧要的问题。我们将在第六章和第九章中讨论偏见和客观性的概念。

　　专业的评价者试图识别并约束自己的偏见，然后通过验证和审查程序检查后续工作，同时依靠同事和读者指出仍然存在的偏见。处理偏见的最初策略是解释，即尽可能明确地表示一切。这意味着要把偏见写在纸上或屏幕上，以便传阅、仔细检查和打印；意味着要非常小心地定义术语和操作流程；意味着要提前尝试收集数据，并严格审查所用工具和协议；意味着要客观地、最大限度地降低个人偏好的影响；还意味着要将大部分预算分配给计划、标准化、问题开发、数据表示和试验运行等问题上。从战略角度来说，要完成以上工作，我们必须将绩效测量与明确标准的比较过程变得正式化。

因素[①]

基于标准的评价需要分阶段进行。提出阶段、准备阶段和报告阶段都是基于标准评价工作的一部分。即使它具有周期性和自我修正性,但我们有时仍会认为它是一个线性过程。在这些阶段中,基于标准的评价所涉及的因素会对最终的评价结果产生影响。基于标准的评价因素有:

1. 受益者需求

2. 项目目标

3. 评价指标

4. 评价标准

5. 综合权重

6. 员工和参与者绩效

7. 项目成本

(详细定义参见图 3.2)

受益者需求。我们评价的大多数项目为患者、停车场用户、学员或学生等。这些人是潜在的或实际的受益者,而其他人没有直接受益,我们将后者称之为利益相关者。这些服务旨在满足潜在受益者的一些需求,由项目设计者决定哪些需求应该被满足。他们试图解决的只是众多需求中的一小部分,因此被解决的可能并不是最重要的需求。评价者负责评价的是已处理和未经处理的需求选择。需求评价可以是正式的或非正式的。

项目目标。目标是项目努力达成的或其他人希望获得的对象或目的。项目目标通常以正式语言来阐述。整个目标的范围,包含已陈述和未陈述部分、有意识和

61

---

① 我称它们为因素,因为它们不是零件或组件,而是力量或决定要素。术语"因素"反映了它们的某些动态特征,不应将其与由变量相互关联得出的因子分析中的因子混淆。

无意识部分,它不仅包括赞助商和项目工作人员的目标,还包括参与者和利益相关者的目标,甚至包括赞助人、纳税人、竞争者和反对者的目标。即使在严格的合同或任务中,评价者也需要决定对每个目标给予多少程度的关注。

评价指标。指标是一个对象或活动的属性,能够表明其优缺点。它被认为是评价对象的重要特性或成分,是制定标准时的依据或行动基础。一些评价者认为指标性思维是评价中的重点,需要使用通用描述语言来表示目标和绩效,比如衡量绩效、生产力或降低成本。

评价标准。标准是从数量、水平、表现等方面区分不同等级的分界。它可以是成功与失败的分界,也可以是区分不同优点的分界。通常来说,标准是指标性思维的一部分,但一个特定的性能或一组范例也可以作为标准。例如,当标准被用来论证评价者、律师和废弃物管理项目的优秀表现时,它就往往隐含在以往的案例中。

综合权重。综合是将所有信息汇总到一起,对质量进行总结判断的过程。每一个证据的质量权重由其相对重要性决定。权重赋予可以通过客观统计或主观印象来决定。在报告中很少会指出给定权重的精确值。

员工和参与者绩效。评价工作的绩效通常是指项目人员和参与者的表现如何。绩效包括项目流程和产品。绩效可以通过某种测试来衡量,这种测试可以显示熟练程度的变化,也可以通过库存来显示完成的数量。在基于标准的评价中,评价者将绩效与标准进行比较,从而确定项目的优点。

项目成本。项目成本包括用于雇佣员工、更新设备和投资项目运营的资金,也包括用于设施、援助、处理和风险控制的实物成本。机会成本也属于项目成本,是指由于以这种方式使用资源而被放弃的收益。简单成本的测量已经足够困难,其他成本的测量更是只能估算。

图 3.2　基于标准的评价因素的定义

评价者试图识别、解释和测量以上因素，以便在特定的情况下进行评价。评价研究的每个阶段都需要考虑到所有因素。我们有时会将这些阶段称之为：计划阶段、数据收集阶段、分析阶段和解释阶段。图 3.3 所示是一个典型的序列，这是一个由项目工作人员设计的生活质量项目框架，它也可以作为评价数据收集的概念框架。[①]

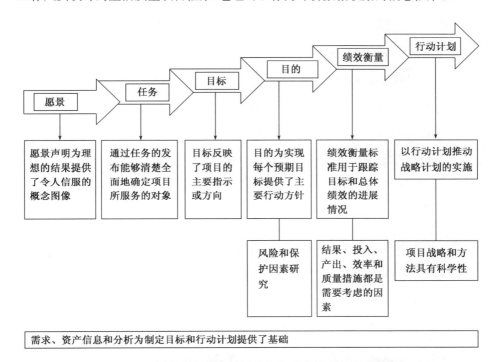

图 3.3 生活质量项目：战略规划和基于绩效的衡量框架

大多数评价者都希望上述因素在研究过程中能够基本保持不变。为了保证评价的完整性，评价者对受益者需求的看法不应改变，目标不应改变，衡量标准尤其应该保持不变。因为绩效评价通常取决于对标准的仔细选择和精确表述，其中还包含费用高昂的工具与协议开发过程。基于标准的评价者遵循着某些社会科学家的做法，他们认为如果在研究过程中出现新的想法，那么就开始一个与此并行的新研究，而不

---

① 我尝试寻找图 3.3 的作者，但我没有找到，抱歉。

是试图改变正在进行中的研究问题、标准和数据收集。

63　　对于评价计划来说，预测阶段的工作非常重要。每个因素都需要特殊的评价技能，在下文逐一讨论时这种特殊性会更加明显。对于个人评价者来说，需要能够明确和识别这些因素；对于评价团队的组织者来说，需要确保团队成员都拥有这些评价技能。对评价研究进行评判之前，人们需要了解评价者如何把握这些因素的含义。

　　那么良好的评价研究标准是什么呢？它们应该遵循公认的实践标准（Joint Committee，1994），详细地描述项目，并且能直接体现评价项目的价值。汤姆·库克（1993）说："虽然我们可以提出许多其他的标准，但在评价研究的标准中最应该考虑到信息利用、知识构建和制度化的成功程度。"（p. 61）在同事威廉·沙迪什（William Shadish）和劳拉·莱维顿的帮助下，库克的评价标准可转化为前一章中提到的五个功能：

　　　　1. 社会规划。帮助社会项目和政策的发展、改变与完善，特别是在社会问题方面。
　　　　2. 知识构建。让大众了解社会行为。
　　　　3. 价值评价。给项目增添附加价值。
　　　　4. 知识运用。提高评价信息的使用率，以便修订项目和政策。
　　　　5. 评价实践。协助他人使用恰当的评价策略。

64　　库克和他的同事正在研究元评价（对评价工作本身的评价；参见第六章）的多重维度，他们强调重视大型项目管理员和政策开发人员的特定观点。但他们并不强调评价工作应该符合《联合标准》或者评价者应该准确地展现项目质量。因为他们预设这些观点已经被项目管理员和政策研发人员理解。正如我们在前一章中指出的，评价人员的作用之一是促进项目开发。许多评价专家（例如李·克龙巴赫，杰克·伊斯利）强调这种元评价比描述和判断项目的价值更高。

　　在学校和机构中，与元评价和总结性评价相比，有关项目开发的讨论更像是一个无止境的过程。在对州内学习标准进行评价时，德斯蒂法诺（DeStefano）（2001）认识到伊利诺伊州标准已不再适用。该标准由人们根据以往的标准制定，将来也会以某种形式存在于新制定的标准中，所以当前实施的评价在某种意义上是总结性的，而在另一种意义上是开创性的。

　　　　在一项为期四年的研究中，由莉莎娜·德斯蒂法诺（Lizanne DeStefano）领导的一个评价小组评价了伊利诺伊州学习标准的实施情况。他们制定了五个执行标准，从学校工作人员抵制地方政府意图到高度重视地方标准（供教师在选择材料和开展评价时使用）。在第 3 年，他们调查了 71 所学校的 2,422 名教师，以确定他们在何种程度上执行了标准。此外，校长们也接受了调查。调查问题可被归为与员工态度、社区和利益相关者的支持、课程、基础设施、专业发展、学生学习等几个大类。教师的变化主要体现在努力使课程与标准保持一致，以及越来越重视课后辅导这两方面。多年来，学校的执行力度逐步增强。（DeStefano，2001）

　　正如你所见，并非所有评价因素都被视为必要的调查项。数据收集显然不是针对需求、成本和设定权重而进行的工作。其连续几年提交的报告都与伊利诺伊州的提案请求、大学的提案以及合同密切相关。

指标和标准的比较

　　大多数评价方法能产生多方面的积极作用，同时也可能会产生一些消极作用。比如，军队征兵人员征募到大量新兵可以获得奖励，能识别并挑选出思想成熟、身体健康的志愿兵同样也可以获得奖励。当然，军队招募人员要有效运用甄别能力和遵循一定的指标。比如，军队尝试进一步明确征兵资格的标准，引导中心的医生会在诸如视力和牙齿咬合力等问题上做出评价判断。

　　多数时候，评价者使用指标和标准时会带有一定的主观性，在许多复杂决策中，比如在决定谁将成为新兵训练营的连长等类似问题上，直观判断起着重要作用。我的连长是一位名叫罗格的男人，他瘦瘦高高，大嗓门且长相英俊，喜欢听教官们讲故事。那么，他需要多大的声音才能当上连长？换句话说，连长的声音音高的标准是什么？我不知道。可能是教官选择了我们当中声音最响亮的一个，但其他指标也有可能成为第一位。在某种程度上，教官对这些指标进行了直接加权，然后做出了选择。

　　指标告诉我们要注意哪些特征，这便于我们能够使用指标从而做出明智的选择。当我们去商店买大衣时，可能不会意识到我们内心已经有一些指标存在，当我们看到大衣时，会期待能够选到最合适的那一件。由于潜意识中存在一些指标，我们能够快速地选出最心仪的大衣，同时可以避免一些不合适的选择。这件大衣适合在什么样的天气穿？它搭配我最喜欢的帽子会好看吗？它有装香烟的口袋吗？直到一个隐藏的标准得不到满足时，我们心里的指标才会被意识到，从而避免这个选择。比如，你穿上那件黑色的衣服时，才会感受到"哦！这件衣服穿在身上令我感觉太痒了"。①

　　在基于标准进行评价时，评价者会试图提前明确指标，这一点确实需要工作人员和其他利益相关者(有时候是参与者和受益者)的帮助。他们不希望新指标突然出现，从而使这些人感到惊讶。评价人员通常比其他人更了解相关指标，更具有敏锐度，更注重指标使用的合法性，更擅长澄清所使用的标准的具体内容。

　　即使指标与指标之间的相关度很高，但它们仍需要得到重视。音乐家演奏不仅需要注意音乐的质量，还要注意音乐的呈现、音乐的选择与演奏风格的匹配以及观众对音乐的熟悉程度。音乐的质量可以从几个维度来评价。音乐评论家们能使用的评价标准有很多，但通常他们将表演按照"亚伦·科普兰(Aaron Copeland)的方式"或"早期的鲍勃·迪伦(Bob Dylan)"的方式进行分类。这些类别既是指标也是标准。评论家把它们看作是一种流派，并指出了它们的优缺点。如果仅凭借单一指标来评

---

　　①　如果使用错误的指标来回答问题，我们称之为"规范错误"。这是否与"刺激错误"相同呢？

价某个对象表现的质量,可能会导致评价过度简化。因为仅有一个明确的指标远远不够,所有的指标都非常重要。

　　不同利益相关者群体持有不同的指标。以巴斯马蒂印度餐厅为例,当地的顾客和非印度人由于喜欢咖喱和其他的一些香料,因此对餐馆的评价很高。但印第安人不太会选择来这家餐馆就餐,他们一般会去寻找那些不同于本国食物的菜肴和风味。

　　学校的培训和运营大都是为了明确学习标准,特别是在学校进行改革期间。学生应该知道什么? 他们应该如何表现? 这些问题很难回答,但是美国的许多州已经动员了教师和其他利益相关者,在每个年级确定每个科目的学习标准。图 3.4 展示了为纽约州公立学校开发的此类标准样本。通过使用这些标准的项目,评价者可以对项目进行彻底的批判性研究。教师会尝试很多不同的方式来达到标准,即使他们的学生看似获得的平均分相差甚微,实际的学习状态也可能会有很大不同。所以,这样的标准并不一定能规范教学或使教育机会平等化。

　　在前一章中,我们已经认识到,量化标准很难事先确定,所以人们难以简单地比较评价对象的表现。当专家或利益相关者作为评判者时,他们通常将绩效与隐含标准进行比较,或者将绩效与对照组绩效进行比较,在这种情况下,对照组绩效就成了达到标准的指标。虽然所有这些都不能满足评价机构所希望达到的质量指标要求,但如果我们能做些什么,客户、利益相关者和公众都会对我们的工作感到满意。

三级数学、科学和技术学习标准

67

标准 1:学生可以根据实际情况运用数学分析、科学探究和工程设计方法,提出问题、探求答案并制定解决方案。

标准 2:学生可以使用适当的技术,访问、生成、处理和传递信息。

标准 3:学生通过数学交流和推理,在现实世界中运用数学,对数字系统、几何、代数、数据分析、概率和三角函数进行综合研究并解决问题,从而理解数学并对数学产生信心。

标准 4:学生可以理解并应用与物理环境和生活环境有关的科学概念、原理和理论,并了解科学思想的历史发展过程。

标准 5:学生可以运用技术知识和技能来设计、建造、使用和评价产品及系统,以期

（续表）

| 满足人类和环境的需要。
标准 6：学生能够了解数学、科学、技术之间的关系及它们的共同主题，并将这些主题应用于相关学习领域。
标准 7：学生可以运用数学、科学、技术的知识和思维技能来解决现实生活中的问题，并做出明智的决定。 | |

标准 3：数学

数学推理	数字和计算
1. 学生运用数学推理来分析数学情境、做出推测、收集证据、建构论点。 比如： • 参照模型、事实和关系得出关于数学的结论并解释他们的想法。 • 使用模式和关系分析数学情境。 • 证明他们的答案和论证过程。 • 运用逻辑推理得出简单结论。 案例： ▲ 用吸管构建几何图形。 ▲ 找出数字序列中的规律，例如三角数字 1,3,6,10,… ▲ 用计算器求得数量关系（如 12＋6＝18，11＋7＝18 等）并得出结论。	2. 学生利用数字感知来理解现实世界中数字的多重用途、数字在数学交流以及数学思想发展中的用途。 比如： • 使用整数和分数来确定位置、量化对象组并测量距离。 • 使用具体材料对整数、分数（包括小数部分）和数字关系建模。 • 将计数与分组、位值联系起来。 • 识别整数和常用分数、小数。 • 通过与实际情况相关的问题展示百分比的概念。 案例： ▲ 数出 15 个小立方体，并将其中 10 个小立方体换成同等体积的长杆。 ▲ 用数轴表示 1/4 的位置。 ▲ 已知每 1.00 美元的税金为 7 美分，计算 4.00 美元的税额。

示例问题	
玛琳（Marlene）正在为足球队设计一套制服。有 2 种不同的衬衫和 3 种不同的短裤可供她选择。如果她选择了所有衬衫和短裤，那么她可以制作多少种不同的制服？ 答案：＿＿＿＿＿＿＿ 解释你如何通过图片或图表得到答案。	里维拉（Rivera）女士所带的班级必须收集 180 个汽水罐才能赢得回收比赛。下面的图表显示了班级的回收工作情况。他们必须在第四周收集多少汽水罐才能达到 180 的目标？

68

（续表）

	周	罐数
	1	42
	2	74
	3	18
	4	
	目标	180

答案：_____

学生将通过数学交流和推理，在现实环境中应用数学，对数字系统、几何、代数、数据分析、概率和三角函数进行综合研究并解决问题，从而理解数学，并对数学产生信心。 69

操作	建模/多重表达
3. 学生通过分析数学运算和数字之间的关系来理解数学。 比如： • 整数的加、减、乘、除。 • 制定策略，选择合适的计算和操作方法解决问题。 • 了解单个数字的加法、减法、乘法和除法。 • 理解交换律和结合律。 案例： ▲ 使用乘法的交换律（例如，$2\times7=7\times2$），帮助他们记住基本事实。 ▲ 解决至少需要两个不同操作的多步骤问题。 ▲ 从十个基础块到具体模型再到利用纸张和铅笔进行计算。	4. 学生使用数学建模/多重表达来提供一种表达、解释、交流、连接数学信息和关系的方法。 比如： • 利用具体材料建立空间关系模型。 • 构建表格、图表和图形来显示和分析真实数据。 • 使用多重表达（模拟、操纵材料、图片和图表）作为工具来解释日常程序的操作。 • 使用诸如身高、体重和手掌大小等变量来预测未来的变化。 • 使用物理材料、图片和图表来解释数学概念和过程，并展示几何概念。 案例： ▲ 建立一个 $3\times3\times3$ 的立方体。 ▲ 使用方形瓷砖来模拟面积为 24 平方米的各种矩形。 ▲ 阅读人口趋势的条形图，并解释它所含信息的内容。

70

示例问题	
夏奈尔(Shanelle)每小时的保姆工资为 3.50 美元。每周她都要做 4 个小时的保姆工作。 A．她工作一周能赚多少钱？ 答案：_____ B．她工作四周能赚多少钱？ 答案：_____	博比(Bobbie)的家人买了一个比萨。她的母亲和妹妹一起吃了 1/2 的比萨。博比吃了剩下的 1/2。用圆圈来画一幅图，表示出博比吃了多少比萨。 博比吃了整个比萨的百分之多少？ 答案：_____

图 3.4　纽约州的三级数学、科学和技术学习标准

注：关键想法由数字(1)标识。
　　绩效指标通过圆点(·)标识。
　　样本任务由三角形(▲)标识。

需求评价

　　对于项目评价者来说，评价通常是一个功能性项目。它为受益者提供了许多帮助：可以训练他们、培养他们、治疗他们，甚至挽救他们的生命。创建和运行该项目的出资方和项目组成员为评价者设定了他们所希望完成的目标，而评价者则负责回应他们的需求。

　　评价者对需求进行独立评价是很重要的，一方面是因为各方需求可能没有达成完全一致，另一方面是因为可能他们的需求没有得到充分的评价，又或者仅仅因为评价者认为有必要这样做。评价可能是正式的或非正式的，当然大多数人认为正式评价更加准确、有用和可信。评价者可以调查有需求的人(例如图书馆用户)或者调查需求者的看护人(例如其母亲)，并且调查那些对需求有不同看法的人，提高评价的有效性。

　　需求其实是要达到满意功能所缺少的东西。[①] 人们对于食物和空气、生活和爱

---

　　① 迈克尔·斯克里文的 *Evaluation Thesaurus*(1991，p.240)，这当中很好地提出了需求评价问题。

人、隐私和教育机会有着无尽的需求。某些东西可能是人们需要的，也可能是他们不需要的（例如刺激），甚至是他们不想要的（例如同情）。对于评价者来说，非常有必要去了解人们想要什么，需要什么，为什么需要，在实际评价需求时，很难将需要从"想要"中剥离，也很难确定什么是"令人满意的功能"。

　　对于评价工作而言，需要明确的需求是那些与评价对象操作密切相关的内容。例如，在评价阅读项目时，除非出现特殊情况，否则我们不太会关注健康这类需求。一般我们认为所有人都拥有阅读的权利，即使我们知道并非所有人都希望拥有这项权利。我们非常小心地规定了一个所有人都应该达到的阅读水平，即使我们认为宣布最低水平要承受一定的政治压力。人类非常机智，并且能够弥补自身的许多弱点，因此我们很难一次发现所有的需求。这种说法不是要减少公立学校提供良好阅读项目的义务，而是指出，许多需求文本大都只是政治言论，并没有对需求未被满足会导致什么后果进行仔细评价。通常情况下，评价者不需要对需求进行严格规定，而需要详细地说明功能欠佳的现有状况。目前我们还无法全面说明需求因素及其含义，有些问题仍有待考察和说明。

目标

　　无论是正式或非正式的项目，其目标都是有针对性的结果，而不仅仅只是一个结果。进行适当的筹备和预期的行动也是目标。通常项目发起人或工作人员会编制一份官方目标声明。这些声明大多关注预期收益，特别是减少赤字和满足需求。一些人认为，一个项目的价值一定会或多或少体现在其结果中，但往往仅为了创建和维持一个项目就要付出很多努力。中间目标或"能力建设"目标需要体现所有评价者对目标的感知。即使采用基于目标的评价方法，评价目标也很少能完全与客户提出的既定目标相匹配。因此，评价目标应当把全体员工和利益相关者的目标也纳入考虑范围。

71

　　基于目标的评价通常使用赞助商或员工提出的既定目标作为研究的主要"概念组织者"（conceptual organizers）。具体案例可参见英国国家发展项目（CET）——计算机辅助学习（Hooper，1975），这是一个高等教育的研究和发展项目。

72

> **CET 项目目标**
>
> • 以合理的成本，通过正规机构开发和确保计算机辅助和计算机管理学习的同化；
>
> • 向公共以及私营部门的有关部门（例如计算机委员会，国防部，计算机制造商等）提出建议，讨论教育和培训方面的计算机辅助和计算机管理学习的未来水平和投资类型。

　　1975 年，教育应用研究中心出版了巴里·麦克唐纳（Barry MacDonald）的 CET 评价报告《两种方案》（*The Programme at Two*）。再看看图 3.4 中纽约州的有关学生表现的评价标准。这些标准看起来更像是目标。有时一个项目的目标与它的标准是一致的，目标应该是评价者要击中的靶心。根据字典，绩效标准的作用是划分评判分数，而目标应该高于分数线。这些术语可以互换使用。

　　以前一些权威机构要求将项目目标表述为行为目标，以此证明接受指导的人在完成项目后应该会有更加良好的表现。图 3.5 列举了一些行为目标，这些目标来自詹姆斯·波汉姆（James Popham）所管理的教学信息交换项目。行为目标和非行为目标之间的区别非常值得人们去仔细思考，因为它们对教学的影响是显而易见的。如果认为教师把更多的注意力放在行为目标上，其教学水平就会不断提高，那就大错特错了。

主要类别
我们的殖民遗产

目标 5：殖民地类型

描述一个场景，包括殖民生活的某些方面或殖民地发生的真实政治事件，学生将据此明确指出它所属的殖民地类型：专有殖民地、皇家殖民地或宪章殖民地。

示例题目

说明：请阅读以下关于殖民生活某些方面的简短描述。然后，在描述前的空白处，填上与之匹配的殖民地类型的字母。

这三类殖民地是：

A. 专有殖民地   B. 皇家殖民地   C. 宪章殖民地

_____ 1. 今天是这个殖民地的重要日子。距离上次选举已经一年了，今天是殖民地所有自由人选举州长的日子。尽管理论上他们的州长人选必须得到英格兰国王的批准，但多年以来国王都在反对新州长的任命。因此，自由人不用去顾虑国王的想法，他们将聚集在市政厅进行选举。

_____ 2. 今天，这个殖民地传出很多不安定的消息：国王在议会上任命了议院的一位新成员，并任命了一位新州长。从过去的经验来看，殖民者知道由国王任命的人通常不关心殖民地的问题。被国王任命的州长通常都是一个暴君，他接受州长的职位只是为了推进自己的事业。

_____ 3. 国王为 X 先生提供了一大片土地，以换取 X 先生为国王提供优质的服务。X 先生希望殖民者定居在这片土地，便开始以低廉价格出售土地，他的土地上很快就有了成千上万的居民。他看到了建立政府机构的需要，于是，他任命了一名州长，建立了一个法院系统，并宣布公开选举以填补地方政府的空缺职位。

_____ 4. 这个殖民地的政府听从皇室的命令，对居民实施晚上 7 点宵禁的政策。殖民者对此非常愤慨，但他们却无力反抗州长。他们决定向国王写一封请愿书，恳求他命令州长取消宵禁。

_____ 5. 这个殖民地的议会是在一个月前举行的年度选举中产生的。上周他们通过了一项肯定不会受到国王欢迎的措施。然而，市民们并不担心国王的反对，因为他无权否决这个殖民地政府的决定。

_____ 6. 现在独立已经实现，以前的殖民地政府现在正忙于起草新的州立宪法以取代旧的殖民宪章。在这个殖民地，殖民地宪法被认为是自由且适合自治的，领导人决定将它作为新州立宪法的基础。

答案：
1. C
2. B
3. A
4. B
5. C
6. C

图 3.5　行为目标样本

来源：教学目标交换项目。版权获得作者允许。

"概念组织者"包括主题、主要问题和所需的质量声明，评价者据此在头脑中形成了关于组织数据收集和展示报告计划的想法。[①] 这意味着评价者会仔细检查目标以确定指标、标准、权重、需求以及衡量绩效和目标实现的机会。

虽然拉尔夫·泰勒(Ralph Tyler)把他的写作更多地投入到教学过程和课程开发而非评价中，但许多人依旧认为他是教育专业评价之父，把基于目标的评价方法归功于他。乔·欧谢拉(Joe O' Shea)(1974)在他的论文《对芝加哥大学评价运动发展的调查》(*An Inquiry Into the Development of the University of Chicago Evaluation Movement*)中描述了泰勒的贡献。泰勒的学生李·克龙巴赫将项目评价视为大规模教学政策改善的缩影。在斯坦福大学同事的帮助下，克龙巴赫(1982)开发了一种基于标准的评价方法的泛化版本——UTOS。该版本要求对用户群体、处理方式以及时间和文化的细节进行严格的抽样调查(更多关于 UTOS 的内容请见第九章)。[②] 克龙巴赫把中美洲营养研究作为该系统的一个例证，详见下文的解释：

> 营养研究由中美洲和巴拿马营养研究所(INCAP)的罗伯特·克莱因(Robert Klein)指导。它试图测试孕妇和幼儿所摄入的蛋白质补充剂是否会随着孩子的成长而改善其智力表现。小组比较分阶段进行，每个阶段都分别进行了重新设计。他们在两个小组之间随机分配一定单位的补充剂。然而，人们感兴趣的问题远远超出了该对比实验所涉及的范围。事实上，发表论文中讨论最多的变量并不是由实验人员控制的变量。
>
> 为了准确记录每个被测试者领取的食物数量，公共卫生站在四个孤立

①　社会科学家经常使用研究问题或无效假设作为他们的"概念组织者"。他们的目的不仅仅是理解评价的优点和价值(例如，这位老师是否调整了她的教学速度以适应她的学生)，而是寻求理论建构的一般化(例如，教师是否集中精力于成绩好的学生以加快他们的教学进度)。

②　同样地，西北大学的心理学家唐·坎贝尔(Don Campbell)对项目评价的影响很大，尤其是对大型联邦项目。比克龙巴赫做得更多的一点是，他还敦促使用社会科学研究方法，随机进行分组。罗伯特·巴鲁克(Robert Baruch)，汤姆·库克，查尔斯·雷查德(Charles Reichardt)，威廉·沙迪什和卡罗尔·韦斯(Carol Weiss)等人都继承了坎贝尔的传统。

的小村庄里都安排了工作人员。医疗服务和社会刺激被认为是干扰因素，所以在对照组的村庄里没有放置蛋白质补充剂。实验的处理方式包括建立中心、提供粥（含蛋白质）或甜饮料（不含蛋白质）。随后的分析显示，对儿童之间存在差异的原因有许多不同的解释，缺乏蛋白质补充剂是其中一种重要的因素。(pp.46-57)

克龙巴赫对 INCAP 的评价描述多达 11 页，这表明复杂的评价需要评价者具有广泛而周密的思维。一方面是因为目标具有多样性，另一方面是因为评价者认识到利益相关者对于一个项目有自己的目标，其中一些目标与项目成员的目标并不相符。因此，目标愿景可能存在分歧。在很久以前，当教育技术还是一个新兴领域时，一幅漫画（如图 3.6 所示）广为流传，表达了目标陈述中潜在的错误表达。

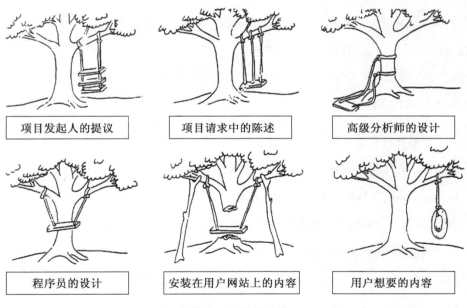

项目发起人的提议　　　　项目请求中的陈述　　　　高级分析师的设计

程序员的设计　　　　安装在用户网站上的内容　　　　用户想要的内容

图 3.6　规格的转变

利益相关者有可能获得一切，也可能失去一切，这取决于项目的成功程度。利益相关者不仅包括学生和受训者，还包括家长、项目反对者、纳税人和政治家。对于评价者来说,确定利益相关者群体的目标以及工作人员和发起人等不同群体的目标到底各占多少比例是一个挑战。任何目标都不应被完全忽视,但将有限的预算合理分配给所有可能的利益群体十分困难。

76

迈克尔·斯克里文(1973)发明了一种无目标评价的方法,一是为了抗议出资方和项目组成员对评价结果的限制;二是为了明确评价者的义务,帮助评价者在应对不同目标时能确定不同的关注点。

成本

评价者如果不了解项目成本,那他们也无法完全了解项目的质量。基于标准的评价者试图明确项目成本,它不仅包括货币成本,还包括实物成本、心理成本和机会成本。有时候,项目资源只是一些惯例性的、已为利益相关者所知的东西。了解一个新项目或其他可选择项目的成本非常重要,但这些信息通常难以获取,往往需要更多的预算和人才才能完成这一工作。即使在最好的基于标准的评价中,成本也可能仅仅被间接提及,并且可能只与支出部分有关。严格地说,成本并不是质量的决定因素,但它是理解项目质量所需的重要因素。因此,评价者只有了解清楚项目成本,才能完整地描述项目质量。

77

> 回形针或其他东西的价格怎么会是显示其品质的一个方面呢？一件物品的价格并不能体现其质量,除非用户在更换另一种回形针之后才能看到不同价格的回形针具有不同的质量。但这并不意味着客户满意度和产品质量是同一回事,客户可以感知到物品的高质量和低购买性。如果发现一个成功的项目耗尽了员工的精力,利益相关者对其质量的看法也可能会发生改变。有时,一个免费项目的价值会比一个高成本项目的价值还要低。成本可能会经常影响人们对项目质量的感知。评价者无须知道如何去验证这些感知。不论理性和经验如何教导利益相关者,他们在生活中总是会有意无意地形成一些价值概念。因此,我们可以认为项目质量是由利益相关者构建的。

　　事先估算并检查分配给项目不同目标的资源比重，这一方法十分有用。1969年，我们在 CIRCE 工作时签订了一份合同，为当地学校举行的活动制定评价方法，并为伊利诺伊州资优教育项目提供材料。在第一年的年末报告中，我们估算了工作分工和成本，如第 7 章图 7.3 所示。

　　成本分析和成本效益研究在政策评价中受到高度重视。政策评价长期关注的不是单一的评价对象，而是一个范围更大的评价对象，这些评价对象由许多使用相同操作方法或设施的案例组成。有人提出，如果计算出每一种方案的成本效益比，就可以最充分地对备选方案进行比较。在印第安纳州资优教育项目（见下图的方框）的案例中，成本估算更倾向于支持改进方法（enrichment approach）而非加速方法（acceleration approach），但学生收益的估算却倾向于加速方法。由于利益的比例和成本的比例都是假设的，因此无法得到两者客观比较的定量比率。影响成本和效益的因素已提交给印第安纳州教育部，但没有明确的比例来进行比较。

　　1985 年参加印第安纳州资优教育项目的学校可以选择课程策略。国家监督政策支持学校发展和使用以下两种策略：

- 改进（enrichment）：将特殊课程与活动和常规课程做最低程度的关联；

- 加速（acceleration）：将为优秀学生设计的特殊课程与活动列为主要的学术课程。

　　加速政策会产生一笔巨额费用，这笔费用主要用来为有天赋的优秀学生购买额外的加速课程。（Stake，Raths，Denny，Stenzel，& Hoke，1986）

78

　　分析这些成本的数据来自对所有参与学校（地区）的调查研究。调查表如图 3.7所示。

79　学校的资优教育成本

注：本节中回答的所有问题仅针对 1985—1986 年

1. 在 1985—1986 年，贵公司从印第安纳州的资优办公室获得了多少经费用以支持您的 IDE G/T 项目？（IDE 是印第安纳教育部）	1.　$ _____
2. 有多少学生（如果有的话）直接受惠于 IDE 服务和资源？（注：这里的数字应该与第四和第六部分报告的总数相符。）	2. N= _____
3. 多少教师参加了 IDE 基金提供的职员发展或在职培训？	3. N= _____

4. 为了给我们提供一个非常全面的视角，请确认在进行 IDE G/T 项目时的额外成本（预计到年底）。包括预算项目以及隐藏成本和共享成本，可能还包括第二章所说的资金或其他赠款或捐赠，以及没有被 IDE G/T 覆盖的其他费用。估算以下几个用途的开支：

（可能我们要求提供的信息不是现成的，您不能马上提供，所以只需大致估算即可。）	
员工发展的额外费用，包括差旅和每日津贴	4a.　$ _____
教师额外的课程开发费用	4b.　$ _____
替代教师的额外（赠款外）项目成本	4c.　$ _____
顾问的额外费用	4d.　$ _____
行政人员薪资的额外费用	4e.　$ _____
IDE G/T 未包含的项目导师工资的额外费用	4f.　$ _____
文职人员和办公室开支的额外费用	4g.　$ _____
材料、书籍、设备等的额外费用	4h.　$ _____
测试和测试评分服务的额外费用	4i.　$ _____
其他额外费用（请注明）	4j.　$ _____

进行 IDE G/T 项目的额外费用总额	4k. $＿＿＿＿＿
接下来是另一个话题。贵公司的"G/T"总体项目与 IDE G/T 资助的项目之间有一个重要的区别。公司的总体项目通常有很多组成部分,持续时间较长,涉及范围更为广泛。除了 IDE 项目之外,"天才/天赋"总体项目还包括 A/P 课程、大学学分课程、科学博览、脑力游戏、俱乐部等内容。接下来的几个问题是关于 G/T 项目的情况。	
5. 1985—1986 年贵公司 G/T 活动的拨款有多少明确预算?(不包括上述的 IDE G/T 拨款及费用)	5. $＿＿＿＿＿
6. 有多少学生(如果有的话)直接受益于用这笔资金购买的服务?	6. N=＿＿＿＿＿
7. 1985—1986 年,贵公司每个学生的教育支出是多少?	7. N=＿＿＿＿＿
请严肃认真地对总成本进行估计,这项工作存在一定的困难。	
8. 根据你所理解的"有天赋和有才能"的定义,请粗略估计贵公司为 G/T 青少年的常规和特殊教育支出的费用占教育总支出的比例。	8. ＿＿＿＿＿％
9. 请估计一下 1985—1986 年间用于为 G/T 青少年提供特殊课程或独家"学习经验"(其他青少年无法获得)的费用比例。	9. ＿＿＿＿＿％
10. 请写下您的任何想法或评论,以帮助我们了解在 1985—1986 年贵公司 G/T 活动的费用支出情况。 ＿＿＿＿＿＿＿＿＿＿＿＿＿＿＿＿＿＿＿＿＿＿＿＿＿＿＿＿＿＿＿＿＿＿＿＿＿＿＿ ＿＿＿＿＿＿＿＿＿＿＿＿＿＿＿＿＿＿＿＿＿＿＿＿＿＿＿＿＿＿＿＿＿＿＿＿＿＿＿ ＿＿＿＿＿＿＿＿＿＿＿＿＿＿＿＿＿＿＿＿＿＿＿＿＿＿＿＿＿＿＿＿＿＿＿＿＿＿＿ ＿＿＿＿＿＿＿＿＿＿＿＿＿＿＿＿＿＿＿＿＿＿＿＿＿＿＿＿＿＿＿＿＿＿＿＿＿＿＿	

图 3.7　印第安纳州本地学校 G/T 项目的成本估算

根据假设条件对项目成本进行分析是十分困难的,并且可能会产生很大的误导性。曾满超(Mun C. Tsang)(1997)开启了从专业文献中寻求帮助的先河。教育和社会规划领域中的成本效益方法很大程度上归功于亨利·莱文(Henry Levin)想法的实现(参见 Levin & McEwan,2001)。芭芭拉·胡玛-罗西(Barbara Hummel-Rossi)和简·阿什顿(Jane Ashdown)(2002)发表了关于教育成本效益及其分析的最新进展。

绩效表现

假设总统给你打电话,请你对美国红十字会进行评价,并希望你在一小时内完成。这时,你的母亲想要你了解金色天空疗养院的真实情况,而你的主教想要你对冬令营进行评价。当然,他们并不是要你在同一个小时内完成所有事情。其实,你在一个小时内所做的事情和你在一周或一年所做的事情差不多。因此,你将尽可能多地了解相关因素和绩效,并准备一份能够经受时间考验的报告。随着时间的推移,你会对自己将向总统或其他两人汇报的内容更加自信。

首先你应该想到有人比你更了解有关这些方面的知识,你可以上网通过谷歌来寻找线索,也可以打电话向有关人员咨询关于现有报告和数据源的建议。你没有时间仔细阅读所有的线索和数据,所以你必须依靠那些对此熟悉的人,诸如红十字会、金色天空疗养院或冬令营的工作人员,他们对自己工作范畴内的事情一定比你了解得多。你需要花几分钟的时间来思考谁能够提供这些服务,或者,如果评价结果丢失了会发生什么? 你还能做什么? 你必须依靠别人。

拿到报告后,你可能对于绩效方面的内容存有很多疑问,这时你需要去咨询图书馆工作人员,例如,服务质量的问题是什么? 不同的利益团体是否对绩效持有不同的标准和观点? 最令人失望的是什么? 在很短的时间内,你需要找到一个具有专业知识的人,这个人最好发表过相关问题的文章,如果他有长期的研究经验并具备客观性会更好。当然,直接提出这些问题可能有些冒昧,但你确实需要这样做。

对于红十字会来说,你可能最关心的是能否获得关于其绩效的有效信息。如果你在埃莉诺·切利姆斯基(Eleanor Chelimsky)领导下的美国总会计师事务所(GAO)工作过,并且有一年研究红十字会的经验,你将有机会采访总部和资源小组的工作人员,然后你就能够阅读大量现存文件。当某种灾难发生时,你可能有机会对受益人进行调查,但对受益人的广泛调查并不一定能满足你所需要的关于某种指标的信息。同样地,评价金色天空养老院或冬令营的情况也需要广泛调查受益人的意见。

评价对象的绩效到底是什么?这个问题需要进行一些细致深入的思考。它能获得受益人的认可吗?员工是否对整体评价有一定的了解?实践操作越复杂,你就越需要与具有广泛视角的管理人员和进行批判性研究的研究人员打交道。你一定会在电话里说"我有几个问题想要请教你的主管。"

你可以打电话给红十字会的主任,或者前主任伊丽莎白·多尔(Elizabeth Dole)参议员。如果他们拒绝了你,你也不应放弃,你需要运用智慧和毅力来理解评价对象的范围、其正面或负面的形象及其活动。你应该努力探求评价对象的质量,并且争取获得比其他人更准确的数据,而不是认为只有你收集的绩效数据值得被纳入研究。

关于质量、生产力、收益或项目有效性的最佳证据极有可能存在于绩效的测量结果中。测量结果可以是受益者的绩效、员工的绩效、利益相关者对收益的看法,或者有关这些的所有内容。经过一段时间,这些证据可能会显示绩效的提高或下降,或者你可以直接询问别人这些项目所带来的好的/糟糕的变化。

当你提出的问题十分简单时,你通常需要问很多人相同的问题才能得到可信的结果。我们有时用回归分析或线性模型汇总这些数据,并计算统计描述性数据。统计推断(即对一个真实或假设的更大的样本群所做的推论)可能有意义,也可能毫无意义。请注意,这些统计流程意味着项目的真实性可以通过整合大量的测量结果获得,而这是工作人员、利益相关者或评价人员无法直接看到的。汇总性分析的替代方案是解释性分析,即项目真实性存在于某些个人才能看到的内容中。由于汇总性数

82

据和解释性数据所得出的结论不同，大多数良好的评价者会综合考虑这两类数据。

你可能会认为，只有当你汇总了大量的观察或回应数据并进行统计分析时，你才可以称自己为评价者。对大型项目进行基于标准的评价往往会包含大量的统计信息，但这项工作的实质是要得出关于项目质量的最佳结论。询问大量人员，尤其是询问他们几乎没有参与决策的项目，这并不能得到关于项目质量的最佳结论。

为了更加精确地评价绩效，你需要收集每个重要绩效的数据。例如，为了评价冬令营的情况，你没有必要根据单一的判断来总结绩效。重要的是你要获得有关活动规划和参与情况的数据。我们可以将"小组会议的质量可能不同于全体会议"这样的描述称之为"描述性分析"，即由你来思考、指定、描述并获取各种绩效的判断数据。

评价中存在的问题

没有足够的评价时间是一个永恒的问题。总统希望在一小时内得到你的回复。退伍军人福利管理局希望我们在三个月内完成读者聚焦写作项目的评价。你的主管希望本月你能完成另一份评价研究中你所承担的那一部分工作，但同时你还有其他的任务。当你写论文时，你认为你可以在截止日期前完成，但事实上你根本没有足够的时间。你想对主要设备连续进行三次试运行，但最后你甚至连运行一次设备的时间都没有。

也许专业评价工作的最大弱点在于对解释的有限验证。评价者不能充分保证需求和绩效表现的有效性。人们普遍认为，如果从运动学家、编舞家或团队领导等专家那里获得了帮助，就不需要再检查分数与独立衡量因素之间的相关性，但有效性需要这种验证。即使是最卓越的研究，也没有足够的时间和资金来验证测量结果。每个评价人员都应该认识到使用未经验证的数据收集程序存在风险，对待公开给读者的报告应该慎之又慎。

杰克·伊斯利是马克思·贝贝曼（Max Beberman）数学课程开发项目的形成性评价者。课程开发者负责设计课程，而杰克则会让教师在少数几所学校的数学课上尝试这些课程。他设法让流程常规化，以便在两周内得到老师和学生的回复和评论，并将其反馈给作者们。但到那时，作者们通常已经决定改变课程说明或给学生的作业加入额外的问题。

评价研究面临的问题中，最令人沮丧的一个方面是受访者和其他数据提供者的不配合。许多数据提供者并不认为评价值得了解或参与。有人认为评价更有可能增加他们的风险而不是改善现状，而且大多数人太忙了，他们不愿意让别人来占用自己的时间。因此，评价者难以通过调查问卷或自愿测试来获得可观的回报率。人们帮助你是出于个人利益，而不是单纯地想通过创造技术信息来帮助改善管理。完成评价研究意味着要说服许多人参与。有时，如果手头上有一份成功的、不具威胁性的早期研究报告，对于预见评价结果十分有帮助。

查尔斯·莫里（Charles Murray）与参与学校签订了合同，学校会将学生的数据发送给他，以协助他完成对学校情况的评价。这是一个资金充足、优先级别较高的联邦项目，旨在通过学校的社工提供家庭服务。但数据至今还未完全获得。（Stake，1986）

◆ 小故事（三）

84

萨格雷多先生和菲利斯先生正在自助餐厅里边喝汤边吃三明治。他们邀请了现年30岁的资深工作人员费尔迪（Ferdy）先生加入他们的讨论。

菲利斯：　费尔迪先生，您如何比较这门高级导师培训课程与导师们曾经接受的培训课程？

费尔迪：　好吧，很长一段时间，我们并没有规定如何才能成为导师。我们只是问新来的人他们是否需要什么。当我们没有为他们提供帮助时，大多数人都保持沉默，并且也不相信他们可以寻求到帮助。

萨格雷多：但大约十年前，我们开始让导师们利用一份检查表来做季度报告。

费尔迪：　没错。这让我想起了一些有关我们需要讨论的事情。

萨格雷多：由此，人们开始注意到塞莱斯特（Celeste），她对年轻人的工作适应性尤其敏感。

费尔迪：　她成了其他年轻人的导师。

菲利斯：　检查表改变了指导思想吗？

费尔迪：　您是在问培训的目标吗？

菲利斯：　某种程度上，是的。

费尔迪：　培训材料的封面上确实写着一些目标。

菲利斯：　但有可能是戴维斯（Davis）的个人情况导致董事会重新组织培训。

费尔迪：　我们不希望这种情况再次发生。

菲利斯：　费尔迪先生，您认为让六名接受过培训的人来谈谈他们对辅导的需求，以及这种特殊的培训是否适合我们的情况，这种做法合适吗？

费尔迪：　塞莱斯特会喜欢这样的。

萨格雷多：菲利斯，你说我们需要将培训者及受训者的表现与标准进行比较。这些标准是什么？

菲利斯：　我们需要使用一定的标准来评价培训者，并用额外的标准来评价受训者。它们有所关联，但并不等同，并且它们只是用来评价课程的一部分标准。这些标准没有书面陈述，它们只存在于帮助完成最终综合调查的人们心中。在得到维瓦妮夫人和外部专家帮助的情况下，我的心中对标准有了一定的认知。

维瓦妮夫人谈论了她心中理想的导师，我们将尽可能多地去了解实际培训的情况，从而收集并提供一些培训标准。对于培训者的绩效标准，我会要

求所有现任导师保留一份备忘录并记录每个月他们与别人的联系。我将   85
从完成该项目的人那里获得反馈。我会根据每一条标准来收集数据,然后
在别人的帮助下决定什么是糟糕的、良好的或优秀的绩效。所以,这些标
准已经内化在我的思想中了。我将认真研究所有的数据,而不仅仅是局限
于培训者和受训者的表现。之后,我将起草总结培训质量的声明,然后在
进一步的审查和反思中进行修改。

费尔迪：　那就是你的报告内容吗?

菲利斯：　不,报告还会描述培训的内容、需求、指标、标准、结果以及我的解释。我会
　　　　　将这些内容反馈给提供数据、参与评价的那部分人,并听取他们对解释的
　　　　　看法。那样我将获得新的信息。我还会请一位具有导师培训经验的人(比
　　　　　如我在海军部门工作的朋友)通过修订稿来进行讨论。您怎么看?

萨格雷多：我觉得这听起来更像意见而不像标准。我们可以做些什么让它不那么个
　　　　　人化吗?

菲利斯：　嗯,我们可以通过让受训者参加绩效测试来弱化这一点。我们还可以使用
　　　　　奥兰多的测试,但它尚未得到验证,也没有任何表格表明这种评分对于指
　　　　　导能力具有意义。我们仍然需要自行解读分数。我们可以把接受过培训
　　　　　和未接受过培训的人的分数进行比较,但我不认为这两组人员在其他标准
　　　　　(如供职时间或人际交往技巧)方面有可比性。尽管如此,我想尝试对一些
　　　　　受训者进行测试,然后我们就可以决定接下来的工作方向。

萨格雷多：好的。我希望不必要的情况下,不要去打扰他们的工作。

　　　　　　　　　　　　　　　　　　　　　　　　　　　　　　　　　　（未完待续）

第四章　回应式评价

不要轻易评判他人，除非你曾穿上他的麋皮靴走过两个月圆之夜。

——美国原住民谚语

回应式评价是分析评价对象质量及其表现的一种综合视角。它不仅是一种模型，更是一种态度。做出回应意味着要亲身去体验他人感受，去感知活动和那种紧张的状态，去了解人们所持有的价值观。这种评价方式十分依赖个人的诠释，通过对项目活动、项目独特性以及人所具有的文化多元性给予额外的关注，评价者可以凭此熟悉利益相关者的关切所在。回应式评价的设计过程通常十分缓慢，随着评价人员不断提高对项目及其背景的熟悉程度，他们对评价的目的会进一步明确，对数据收集方式也会不断进行调整。

普雷特林(Pretlin)先生的课堂

　　今天的气温将上升至华氏 70 度，但坐在这个铺着白色瓷砖和水磨石的教室里仍然让人感觉很冷。教室里有 11 名学生(名单上有 29 名)，他们都穿着夹克衫或毛衣，显然，他们离家时天气要比现在冷一些。导师普雷特林先生帮他们回忆着关于资本主义起源这一话题，并挑选了一个问题，显然，学生们对这个问题早有准备，后排的人甚至给出了一个有点冒险的答案。这时又有两个学生晚了十分钟到教室里，接着又来了四个。普雷特林老师对答案进行了更正，并要求大家继续补充答案。他的讲课风格很随意，他有时会在课堂上吸上一口香烟，但他的学生却都很紧张。马克思的名字无处不在，从课本的封面也隐约可见。视线所及之处只有两本课本，好几个学生用的是影印本。黑板上写满了上节课留下的逻辑符号，现在已无人问津。一些学生给出了他们的答案，大部分人都将精力集中在普雷特林先生所说的答案上。首先男生们自告奋勇地给出了答案，接着一个女生也给出了答案。导师把她叫起来，想更多地了解她的想法，然后对她的解释进行完善。

这种思想的交流让房间渐渐变得温暖。屋外的割草机发出噼里啪啦的声音，仿佛在厚厚的草坪上挣扎着，也许是因为它的设计缺陷导致无法除掉这种厚度的杂草。过了 20 分钟，又来了一个学生，这些学生大多是 20 岁左右并且都是黑色头发。他们是社会研究和人文科学项目的新生，现在都来参加这门关于政治学说的社会学课程。接着又来了个女孩，她进来关上了门，又用椅子堵住门，为了不让广场的冷风吹进来。普雷特林先生不断地补充着这个问题的答案，接着他又提出了另外一个问题，在等人回答时，他又点燃了一支烟，再一次要求大家对答案进行补充。经过学生的几次尝试后，他便给出自己认为满意的答案。下一个问题，他耐心等待着学生们主动回答，而学生们似乎也在思考或浏览他们刚刚记下的笔记。

墨西哥城的阴霾笼罩着城市中心东南部几英里的地方。昨天的倾盆大雨并没有完全将天空洗净。在普雷特林先生等待自愿站起来回答问题的学生时，教室里再次安静了下来。接着，第一位年轻女性给出了她的答案。她是七位起来回答问题的学生中唯一的女性，导师听到她提到"农夫"（camposinos）一词时点头示意。如果这个教室里是在宣传资本主义，他们便不会公开表态了。半小时过去了，这堂课仍继续着，只有少数学生在修改他们的笔记（或缓缓地写一些东西），大多数人都只是试着看看或听听，但他们都已经被充分调动起来，而非脑袋空空。最后，普雷特林先生以诙谐幽默的对话结束了这堂课。

教室里的气氛似乎轻松了一点。四名观察员分散在房间中，即使写着东西也没有引起其他学生的注意。导师继续讲着课，也不曾停下来点名。普雷特林先生是一个大概 40 岁左右的清瘦男子，他穿着一件光鲜的外套和一件衣领很高的深色衬衫，脖子上戴着一条金色项链，他的手指纤长又富有表现力。几分钟后，房间外面响起了拖动重物的噪音。当最后一次学生准备给出自己的答案时，导师让他们再深入考虑一下。因为很少学生有课本，所以他继续让学生们提出问题。在这种情况下，交流使教室里的气氛融洽了许多，但仍然有些做生意的刻板意味。大家仍继续积极参与到课堂里，并且保持头脑"全力运转"，聚在一起讨论时会不时点头以示同意，气氛十分热烈。现在所谓的"农夫"吸引了整整 1 700 万人到下面的街道，喧哗响彻整座城市。一张海报上面告诫着人们"投票！普拉斯特"（*Adman. Vota. Platestda*）。大门附近的涂鸦写着"无知杀人"（*La ignorancia mata*）！这个小时即将结束，他又点燃了最后一支香烟，给出一份总结和一个温暖的微笑。

对普雷特林导师课堂的描绘是非正式回应式评价的一部分，这一评价在墨西哥大都会自治大学的指导下进行。这一观察报告是为了使读者清楚了解到课堂体验，并感受这种教学方式的优缺点。对普雷特林导师课堂的描绘确实展现了他个人对学生的关怀，但即使描绘地再细致，对于其他成百上千的课堂来说，他也仅仅是一个小样本。

评价者的回应式倾向具有重要影响，评价工作往往伴随项目的变化而变化。因此，关于评价工具、数据来源和评价标准的初步确定并没有那么重要。随着项目发生变化，以及变化带来的回应式评价，收集定量数据和寻求统计意义的机会就会减少。评价与人们的距离越近，越会提高人们情绪化参与某些团体或担任某一职位的风险。评价会关注到语言的细微差异，只具有粗范畴和关联性特点的初始设计在之后可能不再那么有用。基于以上原因，当释义变得比标准测量更重要时，评价者不仅要考虑两种方法关注重点的差异,而且要考虑两者在意义和证据上的差异。

为了遵循社会科学标准,大多数评价者会采用高保真的描述来表现评价对象的诸多方面。有时,评价者试图从所有参与者那里获得信息,或者对这些参与者进行细致的描述(更多关于样本的知识参见第九章)。同时,评价者也在寻找独一无二的见解,例如那些说着"我认为这是勒索"的实习生,或是给予未接受实验治疗的对照组额外补偿的城市。这些问题不在于"它具有多大的代表性",而在于"它是否会再一次发生"。特殊现象的发生可能会改变人们对项目的整体认识,回应式评价特别关注那些特殊现象,因为这能加深研究人员对评价对象复杂性的认知。

回应式评价在探寻的同时记录着项目质量。它既运用指标性测量数据,也需要解释性数据。回应式评价的特征是项目现场相关人员对关键议题或问题的回应。它不仅包含人们对项目基本原理和既定目标的回应,更重要的是,它还包含对利益相关者所关心内容的回应。这种评价方式的目的是去理解"善"的含义而不是理解"善"的产生过程。回应式评价的使用者可能会通过此方法对项目进行精简、补救,继续发展或为其设定更高的目标,但使用该评价方法的目的仍然是去理解项目。[①]

> 议题(issue):有争议或需决定的问题、观点或担忧;争论的主要问题;棘手的问题或不满;不一致的信仰。

作为概念结构的议题

议题通常被作为回应式评价研究的"概念组织者"。相比于根据目标、需求、年表、假设、投入产出流程图或社会经济方程式组成的概念结构,根据议题所组成的概念结构更受人们欢迎。

---

① 回应式评价的概念不仅属于我(不论是否是我首先将其添加到项目评价中;Stake,1974/1980),而是属于所有使用它的人。因此,它的定义会随着使用者不同的使用方式而改变和延伸。即使一些人在他们的作品中没有使用该术语,实际上也参与了该术语含义的"撰写"。因此,不必太过重视此书提出的官方定义,读者应该期望"回应式评价"的定义能不断改变。

　　议题的出现通常会带来一种紧张的氛围。它是待解决的问题、组织而产生的困惑、计划外成本或隐性副作用。"议题"一词将思考引向即时性、交互性、特殊性和主观评价，尤其引向那些相关人员已经意识到的具有重要影响方面的项目。

> **议题提问举例：**
> - 校园里的个人主义教学法是否会大大妨碍了其他教学理论观点的实行？
> - 这一地区的防火标准是否真的符合当地需求？
> - 这些模拟练习是否会让护士对重要信息来源产生疑惑？
> - 这种培训是否只是临时补救的学习而不是终身学习？

90

　　参与项目的人总是会担心各种事（或许有些人本身性格如此，也有些人认为他们应该如此）。评价者会讨论、协商并选择几个议题用于组织研究。他们并没有替换掉寻找评价对象价值的目标，但这种方法确实影响了评价者在这一情况下赋予评价对象价值的意义。

　　据说，评价者"反应敏捷"有时被认为是使用了"负面思维的力量"。他们寻找着与评价对象相关的陷阱和问题，一方面是为了扫清理解项目的障碍，另一方面是为了检查应对行为。要熟悉项目中的问题，通常要求研究人员仔细观察项目活动，采访那些在项目中发挥一定作用或利害关系的人，并检查相关文件。这一系列步骤并不能说明有关议题的数据收集方法，但它们是评价研究初始计划和"逐步聚焦"所需要开展的必要准备工作。不管是定量或定性数据，还是对整个研究的管理，评价者都需要完成上述工作。

观察和判断

　　如第一章所述，我们同时透析了该项目活动、人员、空间的性质和价值。理解同判断相互交织，也许在回应式评价中最具争议的观点是：项目价值是否需要同时从观察和判断中辨别出来。在第一章中，我们区分了指标性和解释性思维。通常情况下，回应式评价在很大程度上具有解释性，[①]它依靠观察员对人类经历的描述来获得评价对象的价值和意义。评价者可以将标准作为回应式评价的重要内容，也可以仅仅将其作为人们描述或回应的一部分，但价值的确定通常需要评价者对评价对象不断地进行判断，而不是通过数字将评价对象与某个绩效指标或标准直接挂钩。在许多人看来，这意味着将回应式评价从社会科学领域中移除。

91

一位匿名评论者对回应式评价的评论[②]

　　我观察到回应式评价的困难之处在于，它在很大程度上偏离了科学的评价模型。科学评价关注的是反事实性评价，并以得到一个比较组或运用其他方法预测项目的真实效果为目标。可以试想，如果这种方法不存在会发生什么？因此，我们非常重视对项目效果的最佳猜想，同时我们也能从中学到一些新的东西。相比之下，回应式评价似乎更像是一个"讨论过程"。尽管许多利益相关者可以表达意见，但我们仍然不确定从中究竟学到了什么，或者说，即使学到了什么，我们也不确定项目影响的规模有多大。

　　评价者要认真对待有关评价的批评建议。项目评价通常与构建科学理论有明显的不同。科学理论的问题可能是"此类项目是否成功了？"但评价的问题是"这个特定的项目成功了吗？"评价具有针对性而非普适性。问题的关键在于项目在此时此刻取得的成果如何。科学理论问题是一类很重要的问题，但它不是评价问题。[③]

　　如果评价者已经对评价对象的相关活动、人员和空间给予了所承诺的关注度，再把评价对象和对照组进行比较，那么回应式评价的效果是否会更好呢？答案常常是

---

　　①　回应式评价既是指标性的，也是具有解释性的，人们通常更多地关注解释性观察而不是指标性测量。基于标准的评价既是指标性的，也是具有解释性的，相比于解释性数据收集，人们往往更注重测量。大多数评价研究既有回应式评价的部分特点，也有基于标准的评价的特点；既有指标测量，也含有解释性认识。

　　②　这是一篇盲目地对我提交给《美国评价杂志》出版的手稿所做的评论。

　　③　有关科学与评价之间的区别，请参阅第九章。

否定的。该方法存在的局限是：我们对评价对象的关注是否能胜过某个不确定的因素，这能否表示我们对标准项目并不感兴趣。评价另一个项目是否符合我们的标准，将会是一种代价高昂的行为，并且这让我们无法确定评价对象是否符合标准。

　　正如第一章所述，在评价服务中，几乎从来没有一个令人满意的对照组。根据实验方法，两组对象需要在本质上相同，但我们只需要对其中一组进行研究。实际上，我们很少能找到优秀的配对。社会科学研究人员可以将这些案例随机分为两组，并选择其中一组进行方案操作，但是评价者通常选择从评价对象形成，甚至是在评价对象完成之后才开始评价工作。

　　在我的工作中，我发现对照组几乎不能被用来评价我们的内发兴趣项目，因为它不会是一个令人满意的标准。① 有时将评价项目与去年的或邻近地区的评价项目进行比较还是有用的。但为了能比较顺利地进行，我们需要将很大一部分预算用来维持对其他评价场所的控制、处理和评价活动。然而，回应式评价要求将大部分评价预算用于需要多次进行的评价观察中。

感知

　　从研究开始到结束，使用回应式评价方法的评价者会越来越准确地理解围绕评价对象正在发生的事情，以及评价对象的优点。对评价对象的第一印象是评价研究的起点，"修正和改进"则必然是评价者在对第一印象进行反复检查后产生，他们在不断挑战那些表面上看到的东西，为有指标的或部分成立的调查结果寻找其他观点和依据。观察是回应式评价的工作方法之一，尽管有时会使用更多的客观测量。测量常常会帮助我们发现头脑中的早期印象是多么粗糙，甚至有可能是错误的。在这之后，新的解释、新的印象便会取而代之，同时我们也会把测量结果纳入评价的考虑范

---

　　① 　在政策评价中（见第九章），我们期望研究的是政策的内在，而不是政策研究的地点。控制组可能是有价值的。见 Don Campell(1982)，Tom Cook(1993)，Robert Boruch(1997)。

围,对主观感知进行约束。

感知评价对象是回应式评价的核心。评价者并不关心某些结果或影响的关键价值,他们真正关心的是项目人员和参与者正在做的事情是好还是坏。这是对教育的信念,对培育的信念。如果这一过程运行良好,参与者的表现将会在评价完成之后得到改善。有时评价者需要训练人们对事物做出准确反应,他们通常会给参与者提供一些适当的背景经验。同时评价者们还需要关注更长远的项目影响,比如工作能力、预备力和生产力,因为它们能直接反映出该项目为受益人带来的最直观的影响。

93

> **另一条关于回应式评价的评论**
>
> 回应式评价最重要的优点是,它面向或专注于实践,其作用是帮助人们认识其正发生在生活中的具体经历和表现。斯塔克在评价中表达了回应式这一特征取向,声称评价意味着关注人类实践,如作为情境体验(从业者彼此"经历"的特定类型的"重要交易")的教学或社会服务。

为了发现项目的优缺点,回应式评价应识别评价的多种来源和理由。我们有时会提到"多种现实情况"(multiple realities),不同现实情况给我们带来的感知差异巨大,并会影响我们对意义、适当性和价值的认识。年长的员工与年轻的员工看待事情的角度往往不同,护士看待事物的方式与医生也不同。我的儿子雅各布是一个戏剧木偶匠,他看待事物的方式就与戏剧画家不同。评价者认识到,不同的人要应对不同障碍,承受不同负担,问题往往不是如何解决这些分歧,而是如何检验它们,将它们与评价对象的优点、价值联系起来。每个群体都有多样性,回应式评价尤其尊重各种标准,有时标准是相互矛盾的,有时标准来自不同的个体和团体,有时个人标准甚至会随着时间不断改变。

最后,评价者会对项目活动进行描述,对问题进行解释,并对项目质量进行总结陈述。但首先他们需要将描述性数据和解释反馈给数据提供者、代理读者和其他评价专家,以减少误解和讹传。评价者在报告中提供的不仅仅是有关项目活动的开展时间、简短介绍和个人观点，还有他们自己的专业判断，这样读者才能自行评价项目质量。通过空间可视化、人类同理心、叙事和小插图，回应式评价者为读者提供了一种替代性体验。从某种意义上说，这让每个读者都有了一次亲身经历。评价者并没有回避用自己的价值判断来履行研究责任，他们还在读者现有的经验中加入了价值陈述和替代体验。

将回应式评价和基于标准的评价相结合

　　有一种常见的误解，即回应式评价需要运用自然询问法、案例研究或定性方法，事实并非如此。在项目工作人员、评价发起人和其他人员的帮助下，回应式评价者也会讨论其他调查方法。客户往往更看重结果，而回应式倡导者则更关注过程质量。他们会在一起协商，了解通过不同的方法可以完成哪些任务，评价团队可以处理好哪些方法。作为执行这些方法的人，评价者最终直接或间接地决定采用哪种评价方法。他们最初的工作重点往往是熟悉活动，尤其是对于外部评价人员来说，同时他们也要熟悉项目的历史和社会背景。项目里蕴含着多种哲理——现象性、参与式、工具性，这或许是一种对责任的追求。评价方法的选择在很大程度上取决于现场情况，为了做出反应迅速的评价，评价方法需要在"此时此地"使用，从而满足当下利益相关方的评价需求。

　　目前的可行方法通常是将回应式评价与基于标准的评价相结合，并将其中一个作为主要方式，另一个则是对项目进行补充和完善。但是，指标性和解释性思维不会无缝融合，他们很少能相互融会贯通。因为他们侧重于不同的关注点，一个关注叙词，另一个着眼于情景描述。从某种意义上说，这是一件好事，因为这两种方式要求我们进一步思考，这将涉及第九章中的"辩证法"。许多人都希望所有东西都能合并成一件事物，这样就没有矛盾，但这在综合研究中着实少见。我们的组合设计通常被称为"混合研究方法"。詹妮弗·格林（Jennifer Greene），伊凡娜·林肯（Yvonna Lincoln），桑德拉·麦希森（Sandra Mathison），唐娜·梅尔滕斯（Donna Mertens）和凯瑟琳·瑞恩(Katherine Ryan)(1998)已经很有说服力地讲明了为什么要选择混合研究方法。(也可参见 Reichardt & Rallis，1994；Greene & Caracelli，1997)

　　即使有许多方法可供选择，但对于回应式评价研究来说，着力于学生的标准化测试、大规模调查和其他标准化数据库的研究仍然很少见。这是由于人们通常认为这种工具过于简单，他们忽略了当地的工作条件和环境，至少倡导回应式评价的学者是这么想的。他们认为，虽然利益相关者已经习惯使用这些指标，但现代的标准化指标很少能对预期结果提供全面的衡量。即使他们可能提供，但开发新测试和高质量问卷所需的代价也非常昂贵。对于好的评价，测试结果往往令人失望——例如，教育工作者(通常是有理由地)认为，学生在测试中学到的东西比表现出来的要多。当采用回应式评价时，测试通常只是一种辅助方式，但如果它们确实能够反映该项目的质量情况，人们便会更加需要它们。

　　在大多数回应式评价中，人更多地被当作信息来源而不是研究对象。为了强调对项目的描述，评价者会更多地让参与者描述自己看见的内容而非感受到的内容。评价者并不会问参与者们改变是如何发生的，而是让他们指明自己看到的变化。虽然参与者们两样都能说出来，但他们往往会忽略自己内心产生的变化，并有可能缺乏对项目活动的认识。我们在研究开始时并没有假定对受益人进行调查是必要的环节。

经验知识

　　20 世纪 60 年代，当我第一次作为项目评价者开始工作时，我的思想植根于经验主义社会科学和心理计量学，它们推崇人格解体和客观性。正如我在其他地方所说(Stake，1998)，在评价当时的课程改革工作时，我很快发现，那些设计和测试都没有获得足够的数据来回答许多重要问题。回应式评价是从我对预定式评价

(Pre-ordinate Evaluation)的不断理解中逐渐形成发展的。[①] 预定式评价是对一些结果标准的先验选择和最终测量。多年来，我意识到，相比于"衡量收益"或"比较群体"两种方法，严格控制印象和个人经历往往更能帮助我们理解评价对象的优点和价值（Stake，Migotsky et al.，1997）。

我逐渐被艾伦·佩什金（Alan Peshkin）（1978）和路易斯·史密斯（Louis Smith）（Smith & Geoffrey，1968）等人的作品所吸引，我发现人类学对评价帮助很大，优点是它关注人类活动和文化。但对于我来说，它的缺点是不太关注教育这一方面。这真的会影响学生们的学习吗？我想是的。我不愿完全沉浸在人类学中，因为无论人类学者对特定团体或传统有多么执着，他们最终都想把自己的发现与对人类状况的相关概述联系起来。我只想着眼于特定团体或项目，而不是推广到普遍意义的层面上。因此，我仔细观察了活动并记录了访谈，以进一步了解评价对象的具体方面。这些报告就是我对评价对象的描述。

96

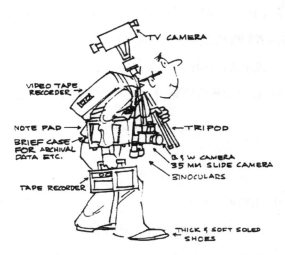

THE MODERN PORTRAYAL
EVALUATOR

---

　　① 预定式评价与回应式评价相反，其设计基于预先设定的目标和指标，这些目标和指标通常是因为对项目质量的问题了解或关注较少而设立。

（TV CAMERA：电视摄影机；VIDEO TAPE RECORDER：磁带录像机；NOTE PAD：笔记本；BRIEF CASE FOR ARCHIVAL DATA ETC.：装档案资料等的公文包；TAPE RECORDER：磁带录音机；TRIPOD：三脚架；B&W CAMERA：黑白照相机；35 MM SLIDE CAMERA：35mm 幻灯片照相机；BINOCULARS：双筒望远镜；THICK ＆ SOFT SOLED SHOES：厚软底鞋；THE MODERN PORTRAYAL EVALUATOR：现代评价者肖像）

《评价着色书》（Evaluation Coloring Book）

厄内斯特·奥尔森（Ernest Olson），引用已经作者允许。

通过将评价对象作为案例，将经验描述作为过程，案例研究成为我描述项目活动、问题、人际关系和表现项目质量的首选方式。但需要注意的是，并不是所有倾向于回应式评价的人都会使用案例研究。许多评价者都通过回应式方式开展工作，只是不这么叫它罢了。有些人称他们的研究是"回应式"的，但与我所说的"回应式"不同。这种方法并不属于我，它的意义也不是单一的，但这一章所阐述的方法在大多数的工作中通常被称为"回应式评价"。

97

亲爱的参与者：

您曾一次或多次参加过布劳沃德县全国性别平等示范项目的研讨会。为了更全面地了解县里的教师和管理人员如何获得帮助或遭受阻碍，以及他们对此类工作的感受如何，我们诚恳地邀请您花几分钟时间对您的研讨会经历进行评价。

请描述课堂情况，并将性别平等轶事与性别公平的例子联系起来。您的帮助是无价的，它将帮助大众更好地了解国家为此付出的努力。请将以下问题作为联系您经历的指南。简短回答即可，如有需要可以使用这张纸的背面。非常感谢！

——项目评价组成员劳拉·摩根（Laura Morgan）和伯纳迪恩·斯塔克（Bernadine Stake）

1. 你各参加过几次以下这些由性别平等项目组举行的研讨会？
　　＿＿＿＿＿＿材料审查研讨会
　　＿＿＿＿＿＿在职研讨会
　　＿＿＿＿＿＿性别平等意识培训研讨会
　　＿＿＿＿＿＿参观
　　＿＿＿＿＿＿夏日写作团队

2. 你各参加过几次以下这些由外部顾问组织的研讨会？

    _____材料审查研讨会

    _____在职研讨会

    _____性别平等意识培训研讨会

3. 这些研讨会

    _____非常有价值

    _____有一定的价值

    _____没有价值

4. 您参加研讨会后是否导致您的班级或学校发生变化？如果有，写下一些变化的性质。

    _____

    _____

    _____

5. 请回忆您在研讨会上制定的行动计划。您的计划进展如何？

    _____很好

    _____还行

    _____不是很好

    _____不适用

6. 您和其他老师/管理人员共享资料的方式有哪些？他们的反应是什么？

    _____

    _____

    _____

7. 您认为现在布劳沃德县的性权益项目的成功之处和失败之处在哪？

    _____

    _____

    _____

8. 为了实现性别平等的理念，您还需要进一步的帮助或培训吗？

    _____

    _____

98

```
您的职位：_____管理员，_____教师，或(其他)_____

年级：_____小学，_____初中，_____高中

教龄：_____ 0～2，_____ 3～5，_____ 6～10，_____ 11～20，_____
      超过 20 年

性别：_____男_____女

日期：_____

请返回至诺瓦高中的劳拉·摩根。
```

图 4.1　全国性别平等项目参与者问卷

　　许多人对回应式方法持反对态度，诸如前面所提到的部分匿名评论者，他们认为这种方式过多地关注主观数据，即参与者的证词和证人的判断。许多回应式评价涉及相当多的访谈，评论家将该方法描述为一个谈话过程，并将数据作为意见，但对我而言，首选数据是观察得出的结果。回应式评价是对于人类活动的实证研究。当评价者未在现场亲眼见证自己要评价的活动时，他们必须问那些在现场的人以获得更多数据(例如图 4.1 中的开放式问卷)。评价者在此解决的主要问题不是获得在场见证者的意见或感觉，而是要了解他们的感官体验。当然，这些答案会交织在一起，形成描述、解释、观点和感觉等反馈给评价者。使用回应式方法的评价者必须遵循严格的分析方法和三角测量的实践经验，以便从观点和个人偏好中梳理出可靠的描述和解释。

　　图 4.1 中的问卷看似没什么特别之处。但仔细看看，它要求提供的信息部分来自于个人。在某种意义上，参与问卷调查的教师本身就是评价团队的一部分。为了描述正在发生的事情，评价者尝试通过三角测量和审查小组来展示观察的可信度和解释的合理性。当然，项目描述尤其是项目价值的阐述部分，是通过人们主观感知正在发生的事情来揭示的。因此，为项目赋予价值则依赖于人们对项目的体验。

　　在选择观察对象、观察内容以及报告观察结果时，研究人员自己的看法也被认为

是主观的。他们在回应式评价中尝试着让有关评价对象的价值承诺更易于识别。他们可能会在报告中写道："在之前的一次关于神职人员的研究中，我开始欣赏其服务伦理。"专业发展重要性的问题不应该被回避，因为它们具有不可分割的主观性。在报告时，研究人员需要注意说明数据和解释的主观性。

　　一些人对回应式方法表示反对，他们认为一个权威机构（比如项目工作人员、资助机构或研究团体）应当指定关键问题。虽然这些关键问题值得研究，但在针对公众的项目评价中，它们绝不是唯一被关注的问题。人们普遍认为，如果要评价某个项目，就需要考虑一系列重要问题，比如，贪污、种族歧视、哲学观点上的不一致以及阻碍创新的因素等。或许这些在合同中并没有被提及，也不是评价者从专业角度提出的话题，但这些话题的敏感性也符合评价的期望范畴，所以至少专业的评价者不会对其视而不见。

　　此外，人们认识到评价研究在行政方面已有预先规定，这不仅是为获得他人理解和为决策制定提供信息，而且是为了使行政和项目活动合法化，避免受到批评（特别是在评价期间）。更进一步说，有时评价要求的提出，更多是为了使颁布的标准符合人们的期望，而不是看评价对象能否达到标准。评价者期望在一种政治的、竞争性的和自我管理服务的情况下工作。他们发现，评价研究质量越高，越能揭示出人性的善良与卑劣。

　　通过寻找利益相关者的问题，评价者会对政治和商业活动做出回应，辨析这些活动对教育和社会服务产生的意识形态上的影响。大多数人并不会自然而然支持激进主义和改革所做的努力，但其中很多都包括改革者提出的问题。回应式评价并不是改革的工具，一些活动家认为它是民主的，有些作家则认为它是保守的。①

100

---

　　① 沙迪什，库克和列维通（1991）在对评价理论家进行详细比较后发现，我的回应式评价理念仅适用于地方级项目，并不适用于国家级项目。因为仅凭一个评价者无法理解整个大型项目。

组织和报告

项目评价对个人来说是一项重大的工作,对于一个团队而言,这项工作就更加重要。这项工作可以被分成若干部分,其中信息综合和寻求均衡的价值表达需要评价者更多的反思和交流。评价团队中至少要有一个人去理解、评价问题和证据的诸多方面。其他人可能会参与或分担评价报告的撰写工作,但至少要有一个人去消化其他人所写的东西。评价团队所有成员在评价过程中都应该承担起权衡证据、解除误解的责任,并思索评价报告的缺陷。同时评价项目的关键人员、审查小组和元评价者也应该参与到评价的日常工作中。当最终评价报告的初稿被存入硬盘时,或许还有六分之一的工作仍在进行中。

评价工作可以在指标性或解释性编码系统中进行组织,选择某种编码是必不可少的。解释性编码系统按照时间、主题和来源对存储和检索内容进行排序。通常需要对日志条目、访谈记录和电子邮件以多种方式进行编码,并存储在多个文件中。保存纸质文件和电子文件都很有必要,特别是图像、视频和工作日志。团队中每个成员都应该建立自己的文件系统,并协助文件的主要负责人开展工作。我曾见过一个为国家城市学校的研究项目开发的系统,它是我见过最棒的系统之一。这个项目至今未完成,因为数据的归档工作过于复杂,而且它们在计算机中存储的位置太深了。[①]

当许多数据都是汇总数据时,评价工作就需要一个强大的编码系统。有了基于问题和其他信息需求的工具,便能依据标准化的观测检查和调查项目进行编码。在这些情况下,数据的统计分布和相关性将提供重要线索。同时可以调用甲方假设检验来表示回应的非概率分布。在第六章中,我们将进一步对此探讨。

回应式评价研究的反馈将会吸引各个群体,包括其形式和语言。它将帮助这些群体更好地理解评价,并对他们的需求做出回应。因此,即使有迎合的风险,[②]评价

---

① 路易斯·史密斯(Louis Smith)和大卫·德怀尔(David Dwyer)(1979)描述的城市学校问题解决方案。

② 他们在电影里将其称为"唯命是从",它意味着对某些组给予额外帮助,比如目前正在处理的小组。公平性在第八章中将作为一个问题来研究,而在第十章中则是一种道德标准。

101　者也可以为不同受众群体准备不同的报告和演示文稿。对一些人来说，叙述性描述、讲故事和逐字证词都很合适，但对于其他人来说，数据库和回归分析更为适当。显然，预算不会允许评价者完成上述所有工作，因此评价者应该在工作前期就考虑备选格式。

　　回应式评价与参与式评价（参与式评价由员工和其他利益相关者共同运作，参见第 7 章）不同，虽然后者也可以强调回应式。在回应式评价中，为了获得利益相关者对评价对象的回应，部分研究会围绕他们所关心的事物来开展。通常，员工和利益相关者在评价初期便会投入自身经验，并且将其贯穿整个评价过程。潜在读者代表应该直接或间接地帮助评价者形成待研究问题的简短列表。这一过程中，回应式评价者可能会问"这是否恰当?"和"这是否是成功的证据?"等诸如此类的问题，而且有可能会根据这些答案改变问题的优先级。

　　在形成性评价中，当项目组成员需要通过更加正式的方式来监控项目，且没有人能确定下一个问题的具体内容时，回应式评价就能发挥作用了。当公众想要了解项目活动的优点和不足时，或者当评价者认为他们有责任为读者提供一种替代性体验时，回应式评价在总结评价中就显得十分重要。因为读者会通过这一方式将自己的发现与自身感知到的项目价值相关联。

　　回应式评价有时凭直觉获得，或者说它是主观的，更接近于文学批评（Smith，1981b)和艾略特·艾斯纳（Elliot Eisner)的鉴赏评价（1979），甚至是迈克尔·斯克里文的操作方法评价（1976），而非更为传统的社会科学设计。当公众被视为客户时，回应式评价便是"以客户为中心"的评价方法，丹尼尔·斯塔弗尔比姆和安东尼·欣克菲尔德（Anthony Shinkfield)（1985，p. 290)曾经就这样做过。但通常情况下，回应式评价与那些只具备最基本特性的评价方法不同，它会对一系列利益相关者群体的问题、语言、背景和标准作出回应（Greene & Abma，2001)。

　　1974 年，我在瑞典哥德堡教学研究所举办的评价会议上提出了"回应式评价"方法，特别提到了麦克·阿特金（Mike Atkin)（1963)，李·克龙巴赫（1963)，杰克·伊斯利（1966)，斯蒂芬·凯米斯（Stephen Kemmis)（1976)，巴里·麦克唐纳（1976)，马尔科姆·帕洛特(Malcolm Parlett)和大卫·汉密尔顿(David Hamilton)(1977)。他们谈到应围绕教室里正在发生的事情来探讨课堂评价的必要性。同时,他们更关注教育工作者正在进行的工作,而对学生正在做的事关注较少。后来,当我读到欧内斯特·豪斯(1980),埃根·古柏(Egon Guba)和伊凡娜·林肯(Yvonna Lincoln)(1989),托马斯·施万特(1989)和琳达·马布里(1990)等人的文献时,我更正了我头脑中有关回应式评价的看法。可能是因为我受到很多人思想的影响,相较而言,他们更喜欢其他的评价方法。①

102

仅凭一份评价报告很难看出研究的"回应式"。最终报告很少揭示问题是如何谈判的,受众是如何获得服务的。有意凸显回应式的研究案例有巴里·麦克唐纳和萨维尔·库什纳(Saville Kushner)(1982),萨维尔·库什纳(1992),塔尼克·阿布马(1999),安妮·麦基和迈克尔·瓦茨(2000),路易斯·史密斯和保罗·波兰德(1974),罗伯特·斯塔克和杰克·伊斯利(1979)等人进行的评价项目。我的元评价《安静的变革》(1986)也采取了回应式的方法。

在第七章中,我将会进一步说明如何向客户、利益相关者和其他读者做报告。在第九章中,我会告诉你一个我自认为更好的方式,即关于"自然主义归纳"(naturalistic generalization)的概念。评价者需要承担的一项任务是对评价对象进行高效的描述和解释,使读者不仅能获得并增强现场体验,还能与评价者的体验进行交互。

步骤

问题陈述通常不是要去研究普遍性问题,例如"让员工为自己的职业发展负责的最佳方式是什么?"或"青年是如何形成帮派的?"或"在什么情况下,违背保密承诺是符合伦理的?"这些问题虽然很重要,但对数据收集和分析的帮助太少,而问题陈述通常不是简单

---

① 瑞典的费尔伦斯·马顿(Ference Marton)和瑞士的迈克尔·休伯曼(Michael Huberman)两人后来变成了我的朋友。在 20 世纪 70 年代,他们曾提醒我,我对"主体性"的认同相当于"让教育研究者们自寻死路"。

的信息问题，例如"管理者在解决冲突方面有什么经验?"或"评价幻灯片演示文稿的标准是什么?"这些可能是重要的问题，但不能作为回应式评价研究的概念战略。

从正式的项目评价开始，数据源和数据类型的选择就非常少。但是，许多项目的复杂性要求评价者对项目运作有广泛了解，并且要将心理学家所称的"刺激错误"（误解别人对该项目的看法）最小化，那么评价就必须获得多种信息来源。（您应该还记得上一章中的印第安纳州本地学校 G/T 项目的成本估算，图 3.7。）当研究具有多重标准且要解决多方面问题时，该项目想要表达的观点就会越来越多，但这样往往会分散评价资源。虽然对关键观测值和解释进行三角测量提高了数据的有效性，但是评价者过于关注这两方面也会产生太狭隘的观点。

从 1967 年到 1973 年，在课程开发和职业培训的背景下，基于标准的评价进展缓慢。在仔细研究了评价方法存在的不足之后，我更加相信有必要深入了解项目的实际运作，收集定性和定量的数据，依靠对质量的个人解读，并以吸引读者体验和价值观的方式进行报道。我在一个叫作"回应时钟"（The Responsive Clock）的图形中总结了这些步骤，如图 4.2 所示。我曾在 1974 年发表的一篇论文中（p. 12）写道："我知道你们有一些人会提醒我时钟是顺时针转动的，所以我需要说明这个时钟既可以顺时针转动、逆时针转动，也可以交叉转动。"换句话说，某一事件之后可以接入任何时间节点。此外，许多事件会同时发生，评价者也可以在评价结束之前多次重新开展许多其他事件。

与客户、项目员工和读者进行交流

形成供读者使用的模式　　　　　　确定项目范围

为读者筛选、匹配问题　　　　　　综观项目活动

验证、确认、尝试证明不成立　　　　发现目标与忧虑

主题化、准备描述、个案研究　　　　概念化议题和问题

观察制定的前因、交易和结果　　确定与问题相关的数据需求

选择观察员、评判员和工具（如有必要）

图 4.2　回应时钟：回应式评价中的突出事件

来源：Stake，1974/1980

　　语言对评价工作既有促进作用,也有削弱作用。因为有时我们太急于找到事物 104
的先例、分类或标签,会错误地认为给事物贴标签是我们的任务。瑞典植物学家卡罗
莱斯·林奈(Carolus Linnaeus)是"科学"的奠基人之一,他对植物学进行了系统而细
致的分类。正是有了他的分类,观察植物的方式自此发生了革命性变化。[①] 这是巨
大的科学进步,新知识取代了旧知识。我们的评价业务不是对事物进行分类,而是发
现我们所面对的特定事物的价值。因此,许多人不太愿意对事物进行分类,而是对它
采取一种体验式理解。

J. 艾尔弗雷德·普鲁弗洛克的情歌

我们走吧,我和你

当夜晚在天空中展开

像躺在麻醉台上的病人一样

让我们穿过那些半荒废的街道

喃喃自语着撤退

在廉价旅馆里啊,度过不眠的夜晚

还有那些有牡蛎壳的锯屑餐厅

后面的街道就像是一场关于阴险意图的冗长争论

它指引你走向一个压倒性的问题面前……

哦,不要问:"这是什么?"

让我们去看看……

——T. S. 艾略特

---

① 这是研究实践的又一例证,它对标准的含义产生了反应效应。

评价中存在的问题

　　艾略特(T. S. Eliot)呼吁我们探寻与评价对象有关的个人体验。他敦促我们不要去问"它是什么？"告诫人们不要过早地用文字代替经验知识，也不要过早地使用文字记录评价对象。但是经验知识包括语言，我们几乎同时进行着体验、分类和解释的工作，同时我们也进行着判断工作。因此，我们不能只是去感受，而应该马上使用一些原始语言对其进行描述。［可以参考第七章开头詹姆斯·莱斯顿(James Reston)所说内容。］了解事物意味着要为它塑造形象，其中一些便是口头形象。我们的读者需要通过我们的描述知道我们一直在评价什么。[①] 但是，如果我们严重依赖现有的或不成熟的描述，评价就会产生差错。但是，当我们仅仅依靠故事、印象和叙述来表现评价对象的完整性时，工作同样会出现问题。在没有严谨描述可供参考时，读者们会不知所措。

　　为了向读者传达一种替代性体验，我们要收集项目相关人员的已有经验，同时也要探寻他们的个人经历。虽然找到与评价对象有关的有趣经历相当容易，但找到能提出问题的经历很难。回应式评价的合理性恰恰就在于对质量问题及其意义进行深入探讨，包括个人主义、印象主义和主观数据的收集。当定性研究的批判者在阅读了一系列数据和报告之后，他们将认识到评价对象的复杂性和情景性。这时，他们将选择保持沉默。如果提不出重要问题，这项工作的重要性就很容易被忽视。在基于标准的评价中，研究人员为发明出开发的工具而感到自豪，但在回应式评价中，研究人员为找到该项目活动中存在的重要问题而感到自豪。

　　在研究结束时，评价者会对评价的过程和背景，特别是其优点和缺点做出相应的判断。评价者希望读者使用自己的经验来拓宽或反驳评价者的专业判断，因此他们通过添加更多描述性和判断性的数据来实现这种期望。在任何情况下，评价者都应该清楚地列出每个支持或反对该论断的证据。如果将某一主张建立在大量与该主张

105

───────────────

　　① 　我们需要避免产生刺激错误，这是一种我们认为在讨论同一件事而事实上却不是的错误。

无关或不相关的经验数据上,无论它多么有趣,都将不会成为专业标准。大多数评价者认为,人们应该总结出他们的最终见解,这样才能超越他们所提供的最佳数据,对评价对象的质量做出一个冗长的解释性总结。但这样一来投机思维显而易见。

◆ 小故事（四）

萨格雷多:你能想到一个曾经发生并影响了我们对导师培训质量进行判断的例子吗?

菲利斯:　曾经有一个受训者公然骚扰下属。

萨格雷多:再举一个例子呢?

菲利斯:　那天我正在看培训,希德(高级导师培训协调员)说:"好好做测试。你要知道,我的工作就取决于它了。"我不知道对他来说,这是件坏事还是件好事,但每当我想到为什么受训者要上这门课时,我都会牢记起这一点。

萨格雷多:是的,我确实告诉过希德,我们需要证明培训确实发挥了作用。我没料到他会重复这句话。我想我们可以拿出更好的备忘录来表明现在的培训已经有所改进。

菲利斯:　我认为评价一点都不简单。萨格雷多先生,我们需要考虑很多事情,就算只是比较培训前和培训后的备忘录有什么不同都将花费我们大量的时间。

萨格雷多:关于比较,你有什么标准吗?

菲利斯:　是的。我不知道你对这个细节这么感兴趣。它有五个标准,类似于在学校里用来批改作文的标准。

萨格雷多:你有没有让学员在培训前写一份备忘录,以便在之后进行比较?

菲利斯:　不,我认为那是人为的。我觉得我们应该去比较电子邮件里的真实备忘录。

萨格雷多:我们可以知道那些备忘录究竟是谁写的吗?

菲利斯:　并不是所有的电子邮件都有署名。就算是培训后的备忘录也是这种情况。

萨格雷多:还有可能有的作者根本不在培训组里。

106

菲利斯：　是的，即使有也很少，这不会有什么影响。

萨格雷多：培训内容包含任何侮辱性或恐吓性语言吗？

菲利斯：　简单来说，是的。

萨格雷多：玛丽娜（接待员）认为我们的员工在受到别人的虐待时应该打电话到我的
　　　　　办公室。

菲利斯：　这样你就能提醒其他人注意有可能发生的进一步的冲突？

萨格雷多：是的。

菲利斯：　虽然这不是培训的一部分，但它经常出现在评价中。如果你对它的实现方
　　　　　式有其他想法，我可以让希德考虑添加进去。当然，如果你去直接问他可
　　　　　能会更好。

萨格雷多：菲利斯，我希望你能仔细考虑一下这个问题，然后给我你的建议。

菲利斯：　我认为我们不会经常举办高级导师培训课程。我们现在所学的内容可能
　　　　　不会推广到后续工作安排中。我们将学习一些关于员工专业培训的一般
　　　　　知识，但这不仅仅只是一个简单的概括。我们所做的是教我们自己更多一
　　　　　点关于培训的东西，也许是关于指导的持续支持。我再申明一次，这次培
　　　　　训应该不会再次举办。

萨格雷多：我想我找到了一个例子。威胁性语言是一种可以改变我们对培训和评价
　　　　　看法的方式。

菲利斯：　当然，还有"戴维斯事件"。

（未完待续）

第五章　数据收集

即使是在特定的时间和预算下对一个特定的项目进行探究,世界上也没有单一的最佳评价方案。

——李·克龙巴赫,1982,p.321

指标性数据收集不同于解释性数据收集。对于指标性数据收集,我们要先对所需数据确定许多标准,例如针对实习生表现、现场项目支持、问责制相关看法或是有关雇主需求的标准。我们把数据聚合起来以获得统计概要。通过枚举、求平均数、计算相关性和画图这些方式,我们可以从数据集合中获取对单一数据观察时无法获取到的关键信息。

为了收集解释性数据,我们会进行个体观察,或者发掘一些可以反映主要议题的片段,例如反映部分实习生语言问题、现场项目支持问题、问责制中"全方位服务"内涵如何重新界定,或是与雇主需求相关的片段。解释性数据常常在叙述性文字、快照和录像带中出现,它们通过个体观察把关键信息传达给我们。

通过指标性数据,我们希望获得能证明项目成功或失败的数据统计分布情况;通过解释性数据,我们希望从专门设置的观测者那里得到有关项目成功与失败的认知。几乎对所有的评价研究,我们都会收集指标性数据和解释性数据,既进行整合分析也进行解释性分析。然而在通常情况下,评价者会更多地依赖于其中一种分析。

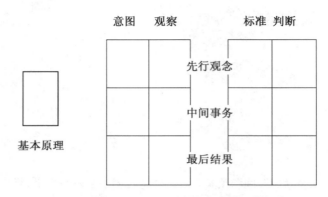

图 5.1　支持矩阵：每个单元格都是一组数据，这些数据符合对项目进行评价的指标

　　收集数据是为了保证评价质量。长期以来，我一直相信质量就是评价的目标，但当时作为一个年轻的评价者，我并无资格这么说。我觉得这听起来既无力又带有感情色彩，并且显得十分主观。在读完罗伯特·佩尔西的《禅与摩托车修理技术》（1974）后，我了解到关于质量的定义是多么可望而不可即，但这也让我明白评价背后的意义。其实，我们寻找的是目标达成情况，或是生产改进情况，或是项目有效性，抑或是测试一个假设。很多评价者会继续选用某些专业术语来表示脑中的抽象概念，而不是用更加具体的词汇来描绘评价对象的优缺点。（换作是你，你会选用什么词汇呢？）

　　接下来，请允许我继续讨论评价质量的问题。实际上，我想讨论的是可以用强弱来测评评价对象的那些方面。当我撰写第一篇关于评价学的论文时（Stake，1967），提出了这样一个观点：许多可采集数据都可用于评价，但绝大部分评价者收集到的数据所属种类极少。除了结果数据之外，我还特别关注评价对先行数据和转换数据的需求（见图 5.1）。

　　项目运营总会涉及许多条款、条件或背景，而这其中的每一个因素都与评价对象的质量相关。我将这些背景条件和投入称为先行观念（antecedents）。有些先行观念数据由项目成员负责给出，有些则不是。在许多评价研究中，我们需要收集关于目的、现实性和部分先行观念中有关质量感知的数据。

另外，我们应该收集关于项目活动、运营、功能和过程的数据。我将这部分数据

称为中间事务（transactions）。有时，我们能找到的最佳数据是过程数据和活动数据。作为评价者，我们一般会按照合同完成"过程评价"。这也许是因为评价报告要在结果数据可用之前提交，或因为我们不太可能得到好的结果数据。又或者是因为对于员工和利益相关者来说，评价只需要告知他们项目的实施并未达到预期。人们也许并不想知道不符合预期的项目结果质量和数量到底如何。

在现实世界中，评价项目的实际交付并不完全和评价者所签订的合同相一致。实际交付往往应好于合同预期。我们应该评价某个组织当前已经准备就绪的项目，以及它有待被发掘提升的质量，但通常人们总是对项目的成就、影响和结果感兴趣。人们往往认为获得许多相关数据以支撑评价值得投入大量资金预算。一个工具只可用于收集一种数据的观点与企图通过单一的工具来获取评价所需的所有信息都是错误的。

在图 5.1 中，潜在的可用数据根据不同种类可以被划分为意图、观察、标准和判断。一个评价者可能会选择收集这十三块内容中的每一块。但通常情况下，评价设计只会强调这些分块里的某些数据，而且几乎没有必要对十三块内容全部进行分析。有关先行、转换和结果数据的明确标准很难建立，以至于大部分评价者会在提出一两个问题之后，仅仅依赖于模糊的标准就继续开展工作。

如同克朗代克（Klondike）所说的黄金矿工一样，我们梦想着发现"金块"。"金块"就是指那些内容丰富且显著的数据，这些观察数据反映了我们想要了解的问题。这些"金块"所含有的信息可能极具说服力。例如，这些实习生既通情达理又很有能力，或者因为公园主管大力支持将英语作为官方语言，几乎所有的拉丁美洲人、拉丁美洲裔的人都否决了那个公园的活动项目。这类评价研究报告通常会留下数个未解决的议题，并保留对项目完成情况颇具争议的看法。评价者所使用的调查问卷中有一些条目可以生成一个拥有很多重要信息的数据图表，从而显示出项目的深度与复杂性。这才是我们需要的"金块"。

选择数据来源

在询问他人相关评价问题之前，你需要先想他人之所想，而不是按照自己的想法凭空推测。实际上，你需要先整合数据，再设定问题。比如，在某些情况下，如果要了解项目性质，熟悉项目流程并与他人交流分享类似经验，你需要先整合数据，再设想出一些问题。项目质量需要由相关人员进行阐释，而不是单单从冷冰冰的分析中直接得出。正如夏洛克（Sherlock）对华生（Watson）所说："这并非易事。"的确，这是一件很复杂的事情。

有些人深知项目的重要性，于是对其方方面面都进行了评价。为了那些会受到项目影响的利益相关者，评价者需要全面地对项目质量做出进一步判断。但某些时候，尤其是在项目本身较为复杂、规模较大且只有少数人知晓其来龙去脉时，评价者就需要有大局观。但是，项目的效果往往难以在全局中被把握，它们可能很微妙地被其他变化着的事物所缓慢覆盖，以至于结果测评并不能带给我们太多信息。但是无论如何，我们仍然需要探究项目结果所带来的影响，无论是预测影响还是实际已发生的影响，寻找合适的受访者是评价工作的首要关键步骤之一。

人们可以从知识渊博的人那里学习到有用的知识。但是，不排除他们也会受到误导或误导别人。我们经常会问管理者或从业者一些问题，少部分问题与工作进展情况有关，大部分问题与已经发生的具体事情有关。他们需要向我们描述项目整体情况，我们需要了解他们对需求、目标、过程、背景、出现的问题以及成果的看法，我们还需要收集相关数据来证实他们的观点。尽管有时他们在采访中已经介绍了项目概况，但有很多关系仍待梳理。比如，为什么现在的男性参与者比例与原来相比有所下降？冒着让投资贬值的风险去改变项目名称的意义何在？某些人已经知道内在原因了吗？抑或是他人所拥有的知识会对你有所帮助吗？还有很多诸如此类的问题亟待解决。我们究竟该去问谁呢？

在选择数据源时，我们还需要考虑其他问题：鉴于没有充足的时间把每件事都做得面面俱到，我们需要依靠合作的力量来收集大部分数据源。除此之外，当你选择了一个数据提供群体，你就需要得到群体内每一个人的答复，比如，顾问、部长或者快餐店经理，至少是他们的简短答复。之后，你可以从他们中选择部分人进行深度访谈。但如果每个人都有单独回答问题的机会，群体的见解会更完整，可信度也会更高。当然，我们需要考虑成本问题。我们不能指望一个样本就能有效地说明所有问题，所以样本容量一定要足够大，但这势必会增加成本。不过，我们可以通过谨慎开发数据源来节省时间和金钱。

工具

112

　　正如我在第三章开头所说，对于许多评价者来说，评价工具的作用就是弄清楚"问题的核心所在"。很多人认为对同一件事物做出评价，建立一个虚拟的或现实的场景是一件很享受的事情。他们也许会利用大量的个人观察或小组访谈来进行场景阐释。但是，只有大范围的组内比较和联系才会起到一定的效果。所以评价者在一些优良的评价工具的选择上会花费相当大一部分预算。[①]　一些变量被称为指标（indicators）。

> 　　在一本详细介绍指标变量的原始资料［由沙沃森（Shavelson）、麦克唐纳（Mcdonnell）和奥克斯（Oakes），1989 年编辑］中，琳达·达玲-哈蒙德（Linda Darling-Hammond）和丽莎·哈德逊（Lisa Hudson）选择的教师资格指标变量（中学数学和科学）如下：大学主修专业和辅修专业；专科/大学出席率；本科平均绩点；数学、生命和物理科学、计算机科学和教学课程（特别是数学和科学教育课程）的课程时数；高等学位和课程（课程类型和数量，包括必修课程和选修课程，近期教育培训）和认证状态（认证领域）。

　　经济世界采用国民生产总值（GNP）和道琼斯工业平均指数（DJA）来表明商业和工业的生机；棒球队将击球（RBI）和防御率（ERA）作为攻击和防御能力的指标；荣登

---

　　① 托马斯·施万特（2003）强调评价者要讲究评价工具的使用，而不是一味地进行对话和开展自我学习实践活动。

《纽约时报》(*New York Times*)畅销书排行榜数周表明了书籍的流行度。一些关于健康和善良的指标虽然存在问题，但已得到专家和公众的广泛认可。指标变量可能误导我们，正如它们误导林登·约翰逊(Lyndon Johnson)总统和他的军队在越南发动战争一样(Halberstam，1972)。失业率指标也很难表明少数民族青年所遭遇的困境。但是如果没有指标变量，我们将无法管理大规模的社会系统。

113　　　　一个指标变量可能对一个目标有效，对另一个则无效，其有效性取决于我们用它来表示的内容。SAT 分数通常用于表明哪些学生在大学中会取得更好的成绩，但是 SAT 并不是学生在特定学区所接受教学质量的有效指标。指标有效性的确定需要评价者研究它的不同用途。事实上，很多标准没有得到充分验证。① 但它们都已经被使用，并获得了人们的信赖。

评价研究中使用的指标变量也是如此。查尔斯·默里(1981)对城市学校的评价显示，城市青年的良好行为可以通过他的在校成绩和旷课情况充分体现出来。这似乎是合理的，但没有研究表明这些标准变量对该方案的适用性到底如何(Stake，1986)。客户、公众和专业人士在把未经验证的指标变量作为评价研究的标准时常常过于宽容。预算可能会限制我们开展验证工作，但在解释结果时我们需要保持谨慎。

对使用工具有效性的担忧并不仅仅出现在大规模研究中。每一次数据收集工作，甚至是对受访者提出的每一个问题，评价者都需要谨慎对待。因为它所表达的可能不只是字面意思。对于某些工具，我们希望得到其有效使用的正规指导。对于另外一些工具，我们希望看到使用它得出的结果与观察其他数据得出的结果一致。同时，我们也要认真思考有可能出现的其他结论。我们希望将调查结果归纳为不同形式的元评价以满足工作需要，同时也希望调查结果能够提高读者对评价的信赖。（这

---

① 评价测试的技术标准内容可见美国心理学协会的《教育和心理测试标准》(*Standards for Educational and Psychological Testing*)(1999)。

个期望值太高了吗？但是，期待孙女能够自己扣紧安全带是不是也要求太高了呢?）

受访者回复

通过采访接受服务的人（诸如病人、学生、学员），评价者可以了解有关项目质量的信息。也许你会在很多场合看见最常见的项目评价工具——会议反馈评价表。会议反馈评价表往往只有一页，但它不仅证实了受访者的存在，还能收集一些受访者的反馈情况。大部分项目能够反映参与者的普遍情感，比如，与人友善、表达感激或内心表现祥和。艾伦·诺克斯（Alan Knox）曾经证明，如果提高午餐服务员的友善度，评价表的得分会更高。受访者经常想发表评论，无论你问他们什么，他们都会提供给你一些信息。有效采访的诀窍在于问题的编写方式，它能够帮助你获取你所希望收集到的信息。

114

在美国教育研究协会 1967 年的会议举办之前，吉恩·格拉斯（Gene Glass）、肯·霍普金斯（Ken Hopkins）和杰森·米尔曼（Jason Millman）（1967）组织了一场为期五天的关于比较实验设计的会前讨论。此次讨论在纽约市郊外的波科诺山度假胜地举行。在 140 份申请参与预备会议的材料中有 68 份通过，68 位申请人出席了预备会议。会议助手是汤姆·马奎尔（Tom Maguire）、安迪·波特（Andy Porter）和娄·平格尔（Lou Pingel）。对于他们来说，选择预备会议的地点是一个重大问题，该地点既要在度假胜地，又要远离主会议的举办地。为开展形成性评价，第三天的会上使用了含有 14 项条目的李克特量表（Likert scale）。在为期一周的时间里，每个讲座都进行了一次演讲后掌握程度测验（形成性，匿名）。在最后一天，14 个主要概念的不同语义和参与者的评论（图 5.2）都被回收上去。为了节约空间，这张评价表在这里已经被缩略；大家可以在表单上留下评论。六名工作人员也填写了自己的评论。全体会议和个人会议前后一周内讨论的所见所闻也都将被纳入，这样一来，员工会对预备会议了解得更为透彻。

关于那次美国教育研究协会的预备会议，参与者的信息可以被评价者提前获取。这通常需要利用一些工具来获取人口统计信息和个人历史记录。图 5.2 所示问卷中的 21 个问题是关于工作人员想要了解的会议情况。他们只做出了简单答案，因为他们几乎没有时间阅读大量的公众评论。请注意第一项内容，它的技术性较强，且关注参与者的舒适性和动机。（看看这些问题，你觉得还需要补充什么？）

115

1a. 假设没有相关书籍和期刊的指导与借鉴，这是否会妨碍您对会议内容的理解？	□是　□否
1b. 您认为员工给你的复印材料有用吗？	□是　□否
2a. 您是否缺少一个地方工作？	□是　□否
2b. 您对房间满意吗？	□是　□否
3a. 您认为会议室的哪些设施不完善？	
□通风口	
□音响	
□空间太大而且分散	
□在头顶的麦克风	
3b. 您认为以下哪项有利于学习？	
□能够放材料的空间	
□冰水	
□广播系统	
□隔音系统	
□游泳池和蒸汽浴室	
□黑板	
□演讲台	
4a. 您认为五天时间会不会太长？	□是　□否
4b. 您认为五天时间会不会太短？	□是　□否
5a. 你有时间来安排自己的活动吗？	□是　□否
5b. 你是否愿意在晚上开会？	□是　□否
5c. 您认为每天两场会议是否合适？	□是　□否

5d. 您是否同意在现有基础上增加会议次数？	☐是 ☐否
6a. 您认为讲座时间是否太长？	☐是 ☐否
6b. 您认为时间表设置是否合理？	☐是 ☐否
7. 您是否有充足的时间与同事交流？	☐是 ☐否
8a. 您能够与导师们进行交流吗？	☐是 ☐否
8b. 您认为研究生助教在解决个人研究问题上是否有作用？	☐是 ☐否
9a. 您认为评价问题影响了您的工作了吗？	☐是 ☐否
9b. 您是否反对花时间做评价？	☐是 ☐否
10. 您认为预备会议组织得很好吗？	☐是 ☐否
11a. 您是否认为演讲者比您预期的讲了更多关于数学以及数据方面的内容？	☐是 ☐有一点 ☐否
11b. 您认为训练是应该多一点还是少一点？	☐更少 ☐更多 ☐正好
12. 您认为演讲的内容与您预期的内容相关吗？	☐相关 ☐不相关
13a. 您认为演讲者很有趣吗？	☐是 ☐否
13b. 您认为讨论成功吗？	☐是 ☐否
13c. 您认为演讲者能够胜任其演讲内容吗？	☐是 ☐否
13d. 您认为演讲者精心准备了吗？	☐是 ☐否
14. 您对参与者有什么不满意的地方吗？	☐是 ☐否
15. 如果可能的话，您会再次申请参加预备会议吗？	☐是 ☐否
16. 如果下次再举办预备会议，您会邀请其他人来一同参加吗？	☐是 ☐否
17. 您是否希望今后和预备会议的员工保持联系？	☐是 ☐否
18. 您是否认为经过这五天的学习，您的研究设计和/或数据分析能力有相应提高？	☐是 ☐否
19. 您是否认为美国教育研究学会通过赞助预备会议等类似会议是在为教育做贡献？	☐是 ☐否
20. 参加本次会议后，您是否有离开你现在的工作岗位的想法？	☐是 ☐否
21. 您是否有可能与其他与会者共同参与调查研究？	☐是 ☐否 ☐不确定

116

图 5.2   参与者评价表：对比较实验设计的探讨

原作者：吉恩·格拉斯，已经作者允许转载。

117　　　　在这份问卷（图 5.2）中，参与者无需对讲座的内容进行过多描述。实验设计、效度威胁和取样——这些对于一个 1967 年的研究者而言都是十分重要的课题。显然，为参与者提供能向预备课程提出质疑或表示赞同的机会在过去并未受到重视。难道这就和当前美国教育研究协会认可的经验主义一样，是如此具有说服力（或者说具有威慑力）以至于有关教育的定性研究发展又被推迟了十到十五年吗？一个评价者能否满足于参与者的测试答案和问卷评论是一个问题，或者说，培训主题的价值是否应当被审查更是一个问题。

　　　　图 5.3 中的问卷由彭哈·特雷斯（Penha Tres）设计，用于评价罗切斯特理工学院（RIT）失聪学生的教师培训项目（Stake，Michael，Tres，Lichtenstein，& Kennedy，1985）。这是一项联邦合同所要求进行的评价项目。评价主题是该项目对学生实际阅读能力和成熟度的敏感性，以及将聋哑儿童纳入主流的利弊的调查研究。教室的情况被评价者密切观察。基础数据源是近期的毕业生和他们的雇主，以及罗切斯特理工学院（RIT）的教员们。三十一名毕业生中有二十八名对此做出了反馈。

　　　　仔细阅读图 5.3 之后，你可能无法猜测反馈的实际分布情况，但是你心中一定有一个预期结果。你应该使用原始计数还是采用百分比来呈现分布？用百分比表示更便于我们阅读，但实际上，"百分比"这个术语并不完全准确，因为它仅局限于一百以内。在总数已知的情况下，采用原始计数可以更加清楚地显示信息。你会如何展现第 15 题的反馈结果？计算中位数有用吗？反馈分布可能比数据集中趋势提供了更多信息，但是我们无法清楚了解这些反馈者在为期数月的项目中所观察的具体内容。对于评价者而言，试图获取在罗切斯特理工学院项目中学生的体验感受是否重要？为什么重要？或者，为什么不重要？

　　　　当创建一个评价表时，我会尽量只用一页纸的篇幅，以确保人们可以一眼看到它的全部内容。这样做的目的在于告知受访者他们的任务量有多少，同时降低他们对需要填写内容的多少的担心程度。而且，快速浏览表格可以让受访者识别有希望完成任务的关键词。快速浏览图 5.3 你发现了什么？同事特雷斯期望浏览者看到我们

想了解他们的一些情况,看到我们做出了很多质量评级,看到主流问题的重要性。有

一个不那么明显但确实存在的麻烦事:罗切斯特理工学院课程导师在项目中的整体

参与度不足。

1. 名字＿＿＿＿＿＿＿＿(选填)

2. 毕业年份＿＿＿＿＿

3. 主修专业＿＿＿＿＿

4. 您现在是否在教育领域任职?＿＿＿＿＿

5. 您的职位名称＿＿＿＿＿

6. ＿＿＿＿兼职＿＿＿＿全职

7. 单位类型:＿＿＿＿私人＿＿＿＿公共

8. 教学层次:＿＿＿＿高等＿＿＿＿中等＿＿＿＿基础
＿＿＿＿＿其他(详细)＿＿＿＿＿＿＿＿＿＿＿

9. 教室类型:＿＿＿失聪＿＿＿＿听力障碍＿＿＿＿混合

10. 学生数量以及与他们相处的每周平均时间:＿＿＿＿学生;平均每人＿＿＿＿小时每周

11. 您现在使用手语吗?
＿＿＿＿完全不用
＿＿＿＿使用一些
＿＿＿＿使用很多

12. 总的来说,如何评价此项目为您的职位所提供的准备工作?
＿＿＿＿非常好
＿＿＿＿好
＿＿＿＿一般
＿＿＿＿不足
＿＿＿＿很差

13. 您认为可以如何改进本项目?
＿＿＿＿＿＿＿＿＿＿＿＿＿＿＿＿＿＿＿＿＿＿＿＿＿＿＿＿

＿＿＿＿＿＿＿＿＿＿＿＿＿＿＿＿＿＿＿＿＿＿＿＿＿＿＿＿

14. 您在失聪教育中担任过以下角色吗?
＿＿＿＿顾问
＿＿＿＿律师
＿＿＿＿其他教师的指导教师
＿＿＿＿研讨会主持人
＿＿＿＿本地委员会或其他组织的成员
＿＿＿＿出版物的作者(请详细注明)
＿＿＿＿专业组织的成员(请详细注明)＿＿＿＿＿＿＿＿＿
＿＿＿＿其他(请详细注明)＿＿＿＿＿＿＿＿＿＿＿＿＿＿

119

15. 请估计您会将剩下的职业生涯贡献给失聪教育的概率：_____0％_____20％
_____50％_____80％_____100％

16. 请对您的手语能力等级按照以下三个时间点做出评价

	无	基础	中级	高级
加入 JESP 项目时	_____	_____	_____	_____
离开 JESP 项目时	_____	_____	_____	_____
目前	_____	_____	_____	_____

请用以下分值来回答 17～19 题：

非常好＝5
好＝4
一般＝3
不足＝2
很差＝1

17. 您认为为实践课程做准备的课程质量如何？_____
18. 请根据您从课程中所学习到的知识来评价实践课程。_____
19. 请根据准备实习对您的帮助程度来评价课程排序。_____
20. 请针对提升课程的排序和体验提出您的建议。

_____
_____
_____

21. 请针对本项目需要改进的方面提出您的建议。

_____
_____
_____
_____

22. 与其把实习课程安排在罗切斯特理工学院附近的学校里，我们是否应该把课程安排在学术氛围不是那么浓厚的地方呢？
_____是_____否

120

23. 您认为本项目中最吸引人的是什么？

_____
_____
_____
_____

24. 您是否因为本项目的实施而遇到过困难?
_____
_____

25. 鉴于当前国家的主流利益,在几乎没有为失聪群体培训中学教师项目的形势下,您是否认为这些项目应该被更加强调:
X—直接教导失聪儿童所需的教学技巧
Y—帮助教导失聪儿童的教师融入课堂的咨询技能

选择一条
_____应该对 X 给予最大可能的强调。
_____总体来说应更强调 X 但也应有一些项目突出 Y。
_____应对 X 和 Y 同等强调。
_____总体来说应更强调 Y 但也应有一些项目突出 X。
_____应该对 Y 给予最大可能的强调。

图 5.3 联合专家项目(失聪教育)毕业生调查表

我通常采用短问卷调查的方式将受益人作为大数据源,从他们那里获取综合数据。为进行更有深度的提问或观察,我选择了少量罗切斯特理工学院案例中接受调查的学生,将八个毕业生来作为研究对象。图 5.4 是梅伦·肯尼迪(Mellen Kennedy)对玛丽·海耶斯(Mary Hayes)的评价。请留意,通过阅读一个小型案例研究,读者可以了解多少关于 JESP 实践经验的质量;通过肯尼迪的案例报道,读者可以获取多少间接经验。当然,我们并不知道玛丽是否具有代表性,但这一点也并不重要。

当我们需要提出更多问题,而内容已经超出一篇简短问卷的范围,同时又有大量的可用受访者群体,那我们就可以采用条目抽样这种方式进行提问。我们可以将题库和受访者群体按小组划分,例如,三分之一的受访者需要填写三分之一的条目。这样 A 组填写的是前三分之一的条目,B 组填写中间三分之一,而 C 组则填写剩下的条目。[1]

---

[1] 条目取样可能会阻碍一些相关分析,因为并非所有条目都是同一个受访者小组回答的。参见 Jaeger,*Complementary Methods*(1997)。

玛丽·海耶斯是本项目中主修英语的 83 届毕业生。她是我五月末所拜访的马萨诸塞州牛顿市无寄宿初中里唯一一名失聪学生教师。

我首先采访了她的指导教师埃德·穆里根（Ed Mulligan），他强调道："我认为她的技能以及她为这个项目所做的贡献非常突出"，他表示玛丽非常自信且有活力。

根据我对玛丽的观察，他的描述非常正确。在教室里，她给五名失聪学生上了一节设备齐全的社会研究课。他们的课桌被排成一个半圆形。当天玛丽给他们讲授的内容是越南战争，她通过投影仪完成了课堂任务和教学内容。她对学生边鼓励边循循善诱，表扬学生们所做出的努力。她的课堂行为展现出她对学生以及失聪教育的关心。举个例子来说，加劳德特学院的校历上专门有一天用来纪念"美国历史上曾做出杰出贡献的失聪者"。布告栏中，一则名为"失聪者的世界"中作者曾这样写道："里根总统因一只耳朵失聪戴上了耳内助听器。"另一块展板上是学生们的作品，包括下面这首诗：

　　　　吉恩，
　　　　独立，失聪。
　　　　他拍电影、做剪辑、还导演，
　　　　他快乐又疲惫，兴奋又紧张。
　　　　吉恩

我们移步到一节有 17 名学生参与的社会研究课堂中，其中有一位叫特里（Terry）的失聪学生。玛丽和普通教师乔（Joe）一起合作授课。由于社会研究不是她的专业领域，因此她很少参与到课程的筹备中，她主要负责给特里授课。

今天，乔放映了一段关于中国的影片。玛丽坐在屏幕旁的凳子上。她按照投影的内容进行手语翻译。特里坐在前排，同时看着电影和玛丽的手语。其他的学生似乎没有注意玛丽的存在。

除了教授以上课程之外，玛丽还教授英语和数学。她努力协调好一般英语学科教授的要求与实际工作情况之间的矛盾。换句话说，她需要在课堂上教授更加切合实际的英语知识，而不仅仅是抽象的理论知识。当然，她自己也意识到这种做法与联合专家项目的初衷相悖。但是她认为："实际上，几乎没有项目允许你去做一个全职英语教师，做全职的想法会使得你只能参与完全为失聪群体设计的项目。"她的工作也要求她在业余时间去做翻译，就如同她在乔的社会研究课堂里所做的工作那样。"我并不期望去成为一个专业翻译，但是我每天都要做这项工作……我在这里就是为了教学。"她之前所接受的培训内容中也没有明确地教她如何与初中生打交道，但她已经习惯并享受这样的挑战，同时她也期待能继续做下去，并在某天能够重新回到教授高年级学生的工作中去，这样可以更大程度地发挥好她的英语知识。

她反思在接受该项目的训练时，她所给出的评价基本都是正面的。"虽然对现实世界而言，这个训练对我而言还是缺乏一些必要的准备……但是我并不知道如何解决这个问题，因为每个人的经历和境况都有很大差异。"但是，她认为在项目中应该增加熟练掌握手语这一项技能。

　　玛丽认为这个项目还有很多工作要做。她对教职员们印象深刻，并为能和其中一些"业界顶尖人士"合作感到很高兴。尽管她的实习经历充满压力，但回想起来，她仍然觉得获益良多。

　　玛丽认为自己很有可能继续参与到失聪教育当中，如果不承担实际教学工作的话，她可能会去管理一个项目、写材料或是做一些相关的事情。在课堂之外，她乐于帮助学生，并为家长和其他教师提供咨询。埃德·穆里根提及她时，认为她远远超出了职业对她提出的要求。他同时指出，玛丽目前正在参加 ESL 课程。反观他多年的教育生涯，埃德感叹说像玛丽这样的人"不常出现！"(Mellen Kennedy，1985，p. 48)

图 5.4　玛丽·海耶斯，RIT 项目的毕业生
由梅伦·肯尼迪撰写，已经作者允许转载。

　　当克雷格·杰德(Craig Gjerde)和我(Stake & Gjerde，1974)在评价一个由特温城天才青年研究所(Twin City Institute for Talented Youth)举办的为期六周的校内夏令营时，我们对每周发生的变化都特别感兴趣，希望每周都能得到大量的反馈问题。我们把这些问题打印在 IBM 标签卡上(如图 5.5 所示)，并请老师在每个周三上

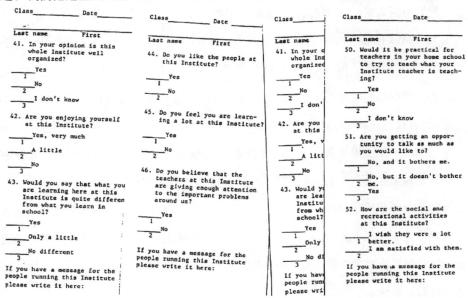

图 5.5　1970 年夏天，650 名高中生参加了明尼阿波利斯(Minneapolis)特温城的天才青年研究所的项目，以上是他们所使用的周反馈卡片

123

午的第一节课上将卡片随机发放给学生。然后，由此我们获得了十二份反馈。每周如此，每一份反馈上都至少有 150 名学生的反馈信息。因此，我们可以追踪许多问题。例如，参与者是否觉得"在这个研究所学到了许多东西"。图 5.5 很容易给人留下深刻印象，但请注意，它将评价者的注意力从"学习水平"转移到了"学习水平的变化"上。这是值得我们思考的问题，评价者必须明确哪些问题是最值得回答的。

员工和管理层的反馈

大部分项目主管都是有趣的人，我遇到的主管一般人都很不错。即使是刚上任，他们也知晓很多我们想了解的问题答案。我们试图表现得比他们更友善以获得大量信息。因此，我们几乎不会去问那些很难让人回答或有可能使人难堪的问题。我们并不会完全相信他们所说的一切，但其中有很多内容能够得到证实。所以，主管们提供的内容往往是我们报告中最出彩的部分。

但有时报告最出彩的部分可能来自工作人员、团队成员，甚至来自主管的"敌人"。有时我们在组织中四处乱窜，表现得就像一个员工。如同人类学专家所说，我们已经"入乡随俗"。换句话说，我们开始像陪伴我们时间最长的那群人一样思考。我们也会感叹他们所做的工作是如此艰难，而报酬相对他们的努力而言是如此微不足道，然后我们开始向他们表达歉意。

124

迈克尔·斯克里文有关以上内容的观点，是他对无目标评价理念的延伸（参见第二章），是为了让评价人员、项目管理员和其他倡议者之间保持更大的距离（1995）。这有时是个好建议，但我没有去密切关注它。因为评价对象很复杂，其背景在某些方面对评价者而言也十分陌生。我试着接近现实，挑战主流思维，想让这些差异帮助我更好地理解评价对象。但在最终报告中，我可能只会描述项目主管和员工是如何努力在做对的事情。

大部分经理和职员说话很啰唆，但这对我们来说却是件好事。有时，他们会把想评论的内容、发表的建议写下来，这在一定程度上减轻了评价者的工作量。不过，他们不会把内容写得恰好能让我们轻松获取的程度，而是按照他们自己所喜欢的方式去写。但当我自行阅读时，我能更容易对文章内容进行批判性思考。这是个消磨时间的好差事。卡莱尔（Carlyle）（1828）说道："在每一个人的书写里，写作者的人格也一定被记录其中。"这同样适用于项目和人吗？

我通过采访项目管理层和项目运营人员来获得大量信息，采用的方法常常是非正式谈话。我很少会询问他们为众多受访群体精心设计的问题，因为我需要从统计的角度收集并分析数据。我所提出的问题都是通过谨慎考虑并且紧扣主题的。这些问题探索、证实（或推翻）了我之前所学习到的知识。有时，我会做出一些带有挑衅意味的评论，例如，"很难相信你居然告知了你的审计员。"我尝试从我所观察或阅读到的行动中找到问题的根源。我需要对员工行为进行直观描述，也需要了解事情发生的起因。所以我一直在精练表述项目中正在发生的一切，包括其中所有的项目价值和不足。

我想让每个职员在评价记录上留下痕迹，这痕迹可以是对我所提出问题的回答，也可以是对他/她志愿完成事情的记录。我经常采用一个简单的调查方法来得到每一个职员的反馈。尽管我几乎从来没有批量地细细查看过这些调查反馈，但我至少会简要地浏览每一份返回的调查表或电子邮件。我经常让别人帮我统计回复信息，但是我更想看到的是旁注[1]和一些开放式回复。

接下来的一个案例采用了量化方法，它可以快速地从老师那里获得相对复杂的答案。我们请老师来告诉我们当前实施标准化成绩测试对他们学校产生的影响。[2]从对老师的早期采访来看，我记录了许多关于学校变迁的陈述，包括越来越多的测试所带来的影响。为得到一份统计记录，我构建了如图 5.6 所示的表单。你可以看到

125

---

[1]　尤其是在匿名的调查回复中会有旁注出现。受访者因我们所提的问题不相关、不敏感和无用而感到恼怒。调查的发起者应当保持谦和，从那些带有辱骂字眼的评论中提炼出有用的建议，同时无视那些粗鲁的话语。

[2]　对项目管理的评价应该从组织研究领域和学校领导层方面考虑。赫克（Heck）和哈林格（Hallinger）的《教育管理研究手册》（*Handbook of Research on Educational Administration*）（1999）就是参考来源之一。另一本先锋期刊是《组织，理论和社会的跨学科期刊》（*The Interdisciplinary Journal of Organization，Theory, and Society*）

一份有 34 位老师参与的关于测试带来的课堂效果的评论。保罗·西奥博尔德（Paul Theobald）和我（Stake & Theobald，1991）请 271 位老师着重对测试最近发生的变化进行评论，并选出符合他们所在学校的陈述。

126

SURVEY ON SCHOOL TESTING

Studies of Assessment Policy >>>>>>>>>>> CIRCE <<<<<<<<<<< University of Illinois

N= 271 teachers in MD. NC, MN, SD + IL

This section is for teachers. Within the classrooms of any school district different kinds of tests are used. Some are quizzes and examination authored by a teacher or group of teachers. Some are aptitude tests not intended to indicate understanding of subject matter but to predict how well students will do in later coursework. Standardized achievement tests are different from all of these. They are being developed at the state or national level to indicate how well students have achieved basic skills or obtained course-related knowledge. These standardized achievement tests are the only tests we are talking about in this questionnaire.

First it is important for us to get your observation of the present level of standardized testing in the schools. For each of the items below please make TWO check marks:

1. In U.S. education generally, the present emphasis on testing is	2. In you own district the present emphasis on testing is	3. In your own school the present emphasis on standardized testing is
138 strong and/but 161 getting stronger	121 strong and/but 123 getting stronger	100 strong and/but 108 getting stronger
123 moderate " 91 holding steady	132 moderate " 133 holding steady	156 moderate " 147 holding steady
6 weak " 9 getting weaker.	6 weak " 5 getting weaker.	12 weak " 6 getting weaker.
4 omit " 10 omit	5 omit " 11 omit	3 omit " 10 omit

4. Next we want to identify the statements below which describe what is happening at your school. This part is like a True-False test. CIRCLE the letter in front of each statement which describes conditions which have been changing in your school during the last year or two. Your circle means the statement describes your school.

CHANGING CONDITIONS IN YOUR SCHOOL IN THE LAST YEAR OR TWO

- 216 A. Teachers are increasingly required to pursue stated goals.
- 67 B. Teachers are increasingly free to pursue unstated goals.
- 85 C. Generally there is a narrowing of the curriculum.
- 192 D. Generally there is a broadening of the curriculum.
- 163 E. Attention to the education of gifted children is increasing.
- 56 F. Attention to the education of gifted children is decreasing.
- 177 G. We are giving increasing time to teaching the basic skills.
- 83 H. We are diminishing the time given to teaching the basic skills.
- 173 I. Teachers are greatly encouraged to enrich the basic syllabus.
- 47 J. Teachers are discouraged from going beyond the basic syllabus.
- 176 K. Increasingly teachers draw interpretation from their own experience.
- 66 L. Decreasingly teachers draw interpretation from their own experience.
- 87 M. It is becoming easier to find grounds for rejecting contract offers.
- 81 N. It is becoming harder to find grounds for demanding better contracts.
- 62 O. We are seeing a drop in emphasis on problem solving & critical thinking.
- 205 P. We are seeing a gain in emphasis on problem solving & critical thinking.
- 125 Q. Trivial classroom activities are being eliminated.
- 87 R. Trivial classroom activities are becoming more common.
- 176 S. Homework and class time spent preparing for tests is on the rise.
- 59 T. Homework and class time spent preparing for tests is on the wane.
- 149 U. The marginal learner has become the norm for setting what to teach.
- 76 V. The marginal learner certainly is not the norm for setting what to teach.
- 192 W. Teachers increasingly watch for "teachable moments."
- 48 X. Teachers less frequently watch for "teachable moments."
- 67 Y. The hopes for all children getting a broad education are diminishing.
- 169 Z. The hopes for all children getting a broad education are increasing.
- 86 a. The image of the teacher as an effective person is improving.
- 94 b. The image of the teacher as an effective person is getting worse.
- 193 c. Attention is increasingly given to differences in individual students.
- 51 d. Attention is decreasingly given to differences in individual students.
- 48 e. There is more pressure to get everything taught.
- 2 f. There is less pressure to get things taught.
- 42 g. There is diminishing time for individual help and student interests.
- 9 h. There is increasing time for individual help and students interests.

Only 51 teachers got these four items

2/8 = 37

图 5.6　对学校测试的调查

注释：没有被划掉的陈述是至少被 179 名（2/3）老师圈选的内容。

从图 5.6 中可以看到,我删除了那些少于三分之二的老师选择的陈述,这是一个很主观的捷径。本以为很难让老师们花时间参与,但我很高兴地发现老师们说他们非常关心这些问题,他们也没有像其他被采访的老师那样对测试表现出过多抗拒和批评。以下是他们认为在学校实施标准化成绩测试所造成影响的最佳表述:

- 教师们逐渐被要求达成明确的目标
- 总体而言,课程范围有所扩大
- 我们对于学生的问题解决能力和批判性思维越来越重视
- 教师们更加注意"可教学时间"
- 学校越来越重视学生间的个体差异

通过解读老师们的反馈,西奥博尔德和我也都认为提高对考试的重视程度给学校本身带来了积极的影响。我认为造成这一影响的可能原因是,他们表现出了"应对机制"。虽然许多老师说出了消极影响,但是大多数老师认为有必要强调测试积极的一面。这一问题虽然具有复杂性,但学校里每一位老师都有了参与表达的机会。

相较于一般问题,工作人员、主管和其他每一个人在面对特殊问题时都会给出更加严肃的回应,比如社区环境质量的提升或者员工发展成顾问的能力。一些评价者担心特殊问题不如普通问题具有普遍性,所以评价应坚持采用全球化和通用化手段。(你能理解这种看法吗? 你对此有何想法?)

利益相关者和公众的回复

为了得到大量利益相关者或普通大众的回复,评价者需要使用一些手段。因为受访者通常来自不同层次或地位,而且许多人对于评价项目并不熟悉。因此,评价者需要为受访者提供关于评价对象的信息。

　　莱斯·麦克莱恩(Les McLean)(2000)在一家私营企业工作时,评价过一个为期六个月的青年网络新闻(Youth Network News,以下简称 YNN)试点项目,它是蒙特利尔电视台和加拿大中学之间的电视转播链接。在他研究的五所学校中,每个班级都接收到了 10～12 分钟的日常节目,包括两分半钟的商业广告或者"社会倡议信息"。电视台为学校提供挂壁电视和一个最先进的计算机实验室作为回报(没有向其收费)。已有人对电视转播表示出强烈的公众抗议,热议的话题包括教育价值、社会宣传片的政治取向、伦理取向、强制观看节目以及占用教学时间等。在每一所学校,麦克莱恩调查了 100 名家长(使用了如图 5.7 所示的问卷),获得了一份老师们的匿名投票,观察了电视转播时学生的状态,还采访了校长、教师团队和学生团体。他发现对节目表现出积极态度的人占上风。在电视转播中,特殊社会话题越来越多地取代新闻和广告,而且电视节目的内容和日常工作之间几乎没有什么联系。其中有两所学校非常需要电脑,另外三所则不然。节目制作被视为高度情境化的工作,很容易向更具有功利性或者更具有攻击性的方向转变。(http://www. oise. utoronto. ca/-oiseynn/oiseynn/cgi)

　　图 5.7 中的内容表达了一个观点——可以用相对简单的数据收集计划来检查一些非常复杂的问题,报告的质量取决于使用评价者是否运用了好的问题和条目,并附有详尽解释。(评价者在家长调查中是否也提出了好问题?)麦克莱恩的报告,运用采访深入探讨了这些问题。

您是如何了解到 YNN 项目的?（请检查所有适用的内容。）

　○ 这是我第一次听说这个项目
　○ 参加了一次学校的会议才了解到这个项目
　○ 在报纸上看到了这个项目
　○ 在电台听说了这个项目
　○ 从学校的学生那里了解到这个项目

○ 阅读学校的一则通知时了解到这个项目
○ 我加入了学校的 YNN 项目
○ 其他

您了解这个项目后的第一反应是什么?(请选择一项。)
○ 这是个好主意
○ 我决定先观望看看
○ 我反对这个项目

您现在的观点是什么?(请选择所有适用项。可以使用反面。)
○ 和我之前想的一样
○ 我需要得到更多信息
○ 现在对我来说为时过早
○ 这是个好/坏主意(圈一个),因为

你对学校有什么建议?
○ 对 YNN 项目多加利用
○ 维持现状
○ 停止展示 YNN 项目
○ 多加利用电脑
○ 像现在一样继续使用电脑
○ 退还电脑
○ 更多地使用电视系统进行教学
○ 像现在一样使用电视系统进行教学
○ 减少利用电视系统进行教学
○ 更好地使用 YNN 项目(请在下面详细说明)
○ 与 YNN 签订五年的合同
○ 不与 YNN 签订五年的合同

有什么要补充的?

图 5.7　青年新闻网(加拿大)家长和受托人问卷

当项目成为公众关注的焦点时,或当项目被利益相关者团体攻击(或积极倡导)时,外部群体的观点就变得尤其重要,而评价者做好数据收集工作更为重要。调查发现学生从 YNN 电视节目中获得了重要的社会观点,但这个发现在评价中并没有受到重视。另外,调查发现虽然学生们很少关注商业广告,但是商业广告潜移默化地对

129

学生产生的影响是一个问题。我们的项目评价方法很少能精确到标明教育效果的微妙变化。当这些问题具有争议时，我们能够展现出它们的复杂性和受欢迎程度方面的显著差异。通常情况下，项目评价只能做到这些。很少有评价人员具备民意调查方面的专业知识，但我们可以从民意调查者那里了解到更多有用信息。

为了衡量课堂上商业电视对学生的影响，评价者需要将多方面信息汇集在一起。例如，为了评价一辆汽车，《消费者报告》会让我们考虑以下因素：

发动机	冷却系统	汽油	点火装置
变速箱	电气系统	空调	悬浮液
制动器	排气系统	车身防锈	涂料/装饰
	系统完整性	硬件	

汽车的每个组件或易损部分可能涉及好几个问题。询问公众对城市规划委员会的看法也需要了解多个问题。无论我们将问题归纳为单项评分、描述性术语还是多维描述，我们都需要提出多个问题。部分原因在于评价对象具有复杂性，因为即使是面对简单的评价对象，我们也没有一个通用的完美提问方式，更重要的是，我们需要更多问题来保证信息的持续反馈。

数据编码和记录处理

在进行数据编码和记录处理之前，我们要回顾综合性数据和解释性数据之间的区别（回顾第三章中的绩效表现可能很有用）。评价者在评价过程中往往需要对很多东西进行分类，让我们先看一个修理工排除故障的例子。

约翰·西利·布朗（John Seely Brown）（1995）对照片复印机修理师的培训进行了示范性评价研究。研究人员通过查看修理师保存的"故障排除记录"获得有用数据。当照片复印机新机型出现时，许多维修人员会继续使用旧机器的维修程序，通过反复试验找到新机型的维修程序。他们（像我们一样)不愿阅读新机型手册,而是会询问可能知道怎么维修新机器的人。换言之,他们通过这种非文献资料的方式(即个人方式)获取维修信息。因此布朗为他们寻找更多的个人方式,以帮助他们获取更多信息。(Brown & Duguid,2000)

通过查看分析布朗的研究设计,项目评价者可能会认识到,评价对象有效性的相关信息可以从诊断人员保存的故障排除日志中获得。变量包括问题描述的完整性、诊断的正确性、任务时间以及监督员信息的可读性。诊断人员记录日志的风格非常有趣,他们使用相关策略的频率也会被记录。评价者将总频率和相关频率与修理工接受的培训类型和数量进行比较,并进行编码和汇总。

> 编码(coding):对数据或工件进行分类和标记,以此作为分类、存储或统计分析的过程。

编码是对要综合或归档的数据进行排序或分级的技术名称。一切事物都可以被编码。无所作为也可以是一种分类,再比如,个人退休账户的使用、自闭症儿童矫正不成功的案例,它们都可以作为一种分类。(你知道你需要对哪些事物进行编码吗?)

基于标准的评价需要收集案例并对其进行编码。在设计研究和收集数据时,评价者会在完成数据汇总之后再进行数据解释工作。查看个人日志的过程可能会很有趣,但是对日志材料汇总的分析才具有重要意义。当我们了解了评价对象的表现时,我们可以通过综合数据进行比较,发现数据间的相互关系来探讨评价对象的质量。例如,使用新项目来培训复印机故障排查人员,帮助他们比前任工作者写下更好的记录。我们之所以能感知事物,部分原因在于我们在编码方面做得很好。

对于回应式评价而言,编码就是将故事汇总在一起的过程。有关每项观察或访谈的解释既存在于编码信息中,也存在于描述每种情况特有的细节记录中。一次对修理工的采访可能会将他编码为使用 B 型方法,但也要注意,他是早期使用手机与同事保持联系的人，评价人员随后可能会特别注意手机的使用。

定性研究的大量案例通常依赖于详细的编码，以便评价者观察类别。马修·迈尔斯(Matthew Miles)和迈克尔·休伯曼(Michael Huberman)(1984)专注研究全面的编码列表。其中一个编码列表如图5.8所示，这是一份关于国家数学教师理事会(National Council of Teachers of Mathematics，以下简称NCTM)的标准发展研究(McLeod，Stake，Schappelle，Mellissinos，& Gierl，1997)。例如，编码名称INHST-CHRON将被应用于所有采用了NCTM标准的任何注释或材料中，并被记录在主文件中。因为不是所有统计数据都能进行统计分析，所以评价者需要经常审查主文件来决定所需数据。编码方案的作用类似于交通管制中心和信息定位器，它提高了评价者在准备报告时能记住类似情况的可能性。

131

主题		观察、面试、试卷编码
1	**背景与历史**	
1.1	NCTM标准制定的情况？编年史？被采纳了吗？编年史？	INHST-CHRON＝采用编年史
1.2	"倡导者"？管理员、TCHR等的角色	INHST-ADV＋活动，倡导者的行动
1.3	NCTM在国家和地方采纳中的作用是什么？	
1.4	当时的背景？社会，经济，政治等；现在的背景呢？学校，区域，邻里的特征	INHST-CON＝背景因素
		INHST-CON＝背景因素
		INHST-CON＝背景因素
2	**评价和开发过程**	
2.1	动机和激励：	TAD-MOT＝采用的动机，激励机制
	决策符合实际吗？	INHST-TRAJ＝倡导者职业发展轨迹
	决策是战略性的吗？	
	决策是内在的吗？	
	决策适合教学吗？	

（续表）

主题		观察、面试、试卷编码
2.2	标准被视为解决问题的方法吗？	TAD-NEED＝标准需要哪些解决方案
	最初对标准的看法是什么？	
	提出了什么样的期望？	INHS-PERC＝最初的看法，期望
2.3	用户的特点，方向？	TAD-STAT＝采纳者的状态
	用户的教学立场？建构主义等	TAD-STAT＝采纳者的状态
	年龄，经验，背景，高科技的倡导者？	TAD-STAT＝采纳者的状态
	年龄，经验，背景，高科技的反对者？	TAD-STAT＝采纳者的状态
2.4	最初的看法：	TAO-MOO＝初步了解如何使用
	如何在课堂上使用标准：	TAO-MOO＝初步了解如何使用
	标准的复杂程度：	
	对教师技能和能力的要求：	
	标准的明确性：	
	适应现有的教师风格，为学生做好准备；	
2.5	发展和采用过程中的财务问题；	
	成本、材料的可用性是否有问题？	
3	**开发者的视角和生产**	
3.1	NCTM 面向数学教育？	
3.2	创新的关键组成部分？	
	NCTM 对"忠实执行"的要求？	
3.3	NCTM 如何看待这个网站？	
	它与其他试点、观测点相似吗？	INHST-USE＝还在使用的学校数量

132

	主题	观察、面试、试卷编码
3.4	NCTM 和网站之间的连接是什么？	INHST-DEV ＝ 开发人员在使用过程中的角色
	目前两者之间是否存在相互作用？	INHST-DEV ＝ 开发人员在使用过程中的角色
	组织合适吗？	
4.1	标准是否适用于改善项目的大计划？	
4.2	标准是否嵌套到了其他工作中？	
4.3	标准是否符合现有的数学和科学课程？标准是否符合相关政策和人们的愿景？	

图 5.8　NCTM 标准案例研究的前几页研究问题和编码示例，

与迈克尔·休伯曼的网络研究问题相一致（1993 年 4 月 6 日）

133　　　　　评价项目日志是对评价者工作程序的另一种保障。记录项目日志相当重要也相当困难，但保持日志整洁和清晰并不重要。在撰写报告和完成元评价时，了解联系人的姓名、开始日期、会议记录和谈判节点很重要，项目决策和制定缘由尤为重要，评价者应尽早保存相关草稿。每月将电子邮件和备忘录的副本放入信封只是保存工作的开始。评价者需要时刻提醒自己不要忘记保存这些信息，就这一点而言，计算机的日常记录比我们人类做得更好。

日志按时间顺序记录有助于对记忆进行排序。编码系统提供了助记符：人、地点、引文、照片。为了统计频率，一个条目只能计数一次；但为了帮助检索，一个条目可以被复制并存储在多个位置。请参阅图 7.1（第七章）所示的字段注释。至于编码，我们可以将一个编码副本存储在咨询委员会文件夹中，第二个副本按日期存储，第三个存储在道德规范文件夹中，第四个可能存储在堪萨斯城会议的文件夹中。（你觉得编码副本还可以存储在何处？）

根据图 7.1，我们十个评价团队可以一起讨论这个问题。我们在芝加哥开展的工作看似有些不尊重对方的劳动成果，但我们的主要任务只是对他们的项目进行评价,而不需要考虑他们对评价的新定义。我们开始对董事会和当地主管之间的独裁关系提出质疑,这一点也反映在当地的组织风格上。我们注意到董事会的行为已经超出了赞助商 NCAA 的视线和规则。在制定答复计划之前 我们被告知在之后的两到三年内,该评价项目将不被资助。我们完成了第一年的工作,并发表了一份报告(现在可以在网站 http://www.ed.uiuc.edu/CIRCE/NYSP.Index.htm 上找到),指出 NYSP 项目在每个校园的运作方式都有所不同,但总体而言,该项目相当成功。虽然没有进行彻底的调查,但是认为它仍可能存在管理方面的问题。之后,我们向 NCAA 提供了几百份副本。虽然资助人已经支付了我们这一年的经费,但他们并没有对我们的报告或工作做出确认反馈(请参阅第七章中客户关系的相关内容)。在堪萨斯城会议期间,在背负着压力的情况下,我们还是做了一些笔记。此后不久,我们将该会议所记录的内容如图 7.1 所示,发送给比尔进行检查,但是他没有回复我们。记录观察和访谈是一项重要的技能,它通过与导师、团队成员的实践和合作发展起来。记笔记的利弊在巴里·麦克唐纳的教学中有明确说明(参见图 5.9)。

134

数据生成	特点	优点	缺点
有效性	结构化的作用;工作关系;问答方式;碎片化的交流;采访者担任着知情的提问者和传播民族学者的角色。	只记录已完成并且重要的内容,去除或改进了受访者的磕巴、混淆、语无伦次、答非所问的回答。专人控制录音;凸显意义与特点;简洁。	还原主义者;受访者受制于录音,限制了自然对话,寻致回答闭塞和保守;结果缺乏渗透力;减少了非语言的接触。
公平性	除非必要,一般情况下要保证受访人的隐私;开放式笔记本为受访者提供了数据的累积证据(个人不公开的笔记也表明了选择标准);有时间写作并检查记录,加强对受访者证词的控制程度。	证词多符合标准;保证了常规记录载体的安全性;重视个人绩效而非个人经验,可以保证人们享有公平性。	没有机会重新考虑证词或其表现形式;采访者倾向于组织结构化数据;依赖于采访者的速记/编码技巧。

（续表）

数据生成	特点	优点	缺点
可信性	强调结果公开可以提高证词的可信度；但不能保证客观记录；仅限于一字不漏的数据。	考虑到了交流中非语言部分和语言部分；采访者用知识与技巧进行交叉检验，并从其他角度盘问受访者证词。	保存少量原始数据，大多数据已经在源头上被处理；往往忽视了非正式的、非命题形式的知识和见解。

135

数据处理	特点	优点	缺点
有效性	以书面形式协商，注明概要以便改进和发布；受访者被邀请：a）授权代表；b）重写；c）添加。	概要有助于更快协商和清除数据；节约时间和开销；概要与事件回顾相似，有助于清除无效数据。	除非用个人采访包，否则难以使用数据；缺乏原始数据；过早固化对数据的理解；没有重新选择原始数据的可能。
公平性	高风险数据的缺失减少了保密性的需求；对处理后的账户进行联合仲裁；受访者完全可以因与他对事件的回忆不符而拒绝该叙述。	概要的本质使得叙述不具有威胁性；概要体现了评价者的倾向和使用数据的偏好；简洁、清楚的形式有助于谈判间隙的采访任务。	概要形式防止了人们随意对叙述进行删除/增加；受访者的个人利益没有被充分代表；对受访者的同情心/同理心任凭作者摆布；缺少独立记录可能导致：a）强硬的受访者否认记录；b）软弱的受访者接受记录。
可信性	重视采访者的技巧、选择的完整性，以及数据的整合；按照他们对项目概要有效性的贡献，组织特定的证词。	回应式数据丰富；采访者的技巧、兴趣及综合知识使数据评价、验证和合理化成为可能。	采访者的过失/偏见在后处理阶段会混淆；缺少实证分析的客观证据；对草率随意的推理缺乏敏感性；将自述视为传记。

136

数据报告	特点	优点	缺点
有效性	通过个人描述，对项目经验进行传记式叙述或记叙式记录；主题或议题组织；访谈被零碎地处理，或被看作项目叙述的缩影。	凝练且易受概要影响；记录复杂但完整；强调共性；很少使用原始数据来支撑或阐述观点；提供了一种综合"理解"。	个人观点被概述淹没，或消失在"团队"观点中；局外人对内部人的描述。

（续表）

数据报告	特点	优点	缺点
公平性	削弱了对个人证词的重视；可能出现的评论、被报道或批注的反对意见通常被放置在附录。	个人受到保护，因为他们的证词被归纳到了理解框架中。	受访者依靠具有同情心的评价者替他们讲述所谓的真相；个人作为参与者的重要性削弱；受访者由于缺乏文学建构基础和源数据记录而被贬为批评家。
可信性	强调语境化、一致性、偶然性。概要的内在逻辑形式提供了批判。结构明确。	具有技巧、兴趣和知识的采访者最有资格判断数据的真实性和相关性，以及数据的重要性级别。采访者的义务就是得到"最毋庸置疑的真相"。采访者要对学术同行负责。	缺乏个人观点；最终报告是对概述的表述，极有可能是化约主义（Gross Reductionism）、混合误差和重度曲解。依靠采访者讲述故事会加剧系统偏见；没有客观原始数据支撑记述。

图 5.9　做笔记 作者:巴里・麦克唐纳

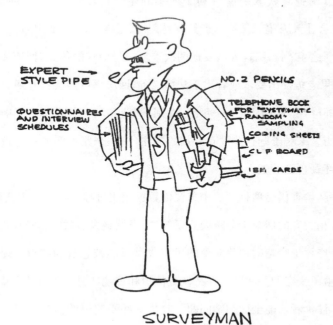

137

《评价着色书》（*Evaluation Coloring Book*）

作者:欧内斯特・奥尔森(Ernest Olson),引用已经作者允许。

调查

　　从技术上说，调查是通过对数据来源用户正式提问并获得信息的过程，包括非正式的口头访谈，但是"调查"这一术语通常用来表示一份书面问卷。当一个大型的专业意见抽样组织，如盖洛普（Gallup Poll）民意检测或者国家意见研究中心（National Opinion Research Center）开展调查工作时，项目内容会被反复处理以减少错误，避免时间上的浪费。对于需要工作人员意见的组织来说，调查是一项重要的业务。有些人认为调查工作耗时耗力，代价太高。在一些管理者眼中，一百个员工进行一小时的调查意味着一百个小时的生产力损失。

138　　一个调查新手经常认为，"参与"是一种重要的劝服人们相信信息将会十分有用的方式。许多人认为这是在浪费时间，而那些愿意参与调查提供帮助的人也许是因为他们需要评价者的帮助，他们需要的可能是金钱，也可能是信息。即使有很多调查对象想要通过调查来获取一些有利于或不利于自己项目的信息，回应率（Return Rate）也可能会让人失望。虽然调查具有易读性、正当性、及时性和简短性，但是回应率往往很难到达 40%。调查人员发送两次重复参与请求的信息，回应率可能会爬升到 50%。如果老板提出要求或者出于法律义务，回应率可能会爬升到 70%。正如你可以猜到的那样，有很多因素——年龄、性别、职业和政治关系都会影响回应率。大量的研究表明大家对于调查并没有特别的关注，一些来路不明的琐碎评论甚至常常让调查人员怀疑自己的能力。

　　尽管如此，调查仍是项目评价中重要的数据收集过程。在调查中获得许多员工、受益者、利益相关者的回应十分重要。要知道，虽然绝大多数的恶意评论都是没有根据的，但是有些评论会指向评价对象的优点或是可能被忽视的缺点。评价者对于这些评论应该给予一定的关注度。保持调查简短和重视项目样本也非常重要。只有经过仔细调查，评价者才能全面归纳问题。收集一些不起眼的信息有时也可以发挥重要作用。如果调查回应率低于 66%，评价者是否应该对调查反馈多加注意呢？这取决于报告的读者。对于他们来说什么是可信的呢？这在一定程度上取决于调查目的是否是建立一个事实，比如调查雇佣期限或者原产国。评价者并不能保证回收样本的质量，因为在通常情况下，样本本身就不完美。当你认为有关群体的真实描述很重要时，66％的回应率难以具备评价价值。当你感觉到一个回收样本可以提供值得思考的信息时，特别是与描述另外一个样本或群体不相关时，40％的回应率可能就具备了足够的评价价值。一个人可以通过考察某个案例或样本来更好地了解社会现象，无论它是否具有代表性。当然，如果十几个人或者更多人经过深思熟虑回答了有关某一现象的几个重要问题，那么这一现象可以变得更容易理解。回应率越小，评价者在将信息视为其他未回应案例的描述信息时越要谨慎。

　　另一个问题是，用简单、直接的问题进行简短调查，调查人员很少能深入了解复杂的重要问题。如果有一个关于评价对象准入权政策所产生效果的问题，调查人员要怎样简单地提问呢？即使你询问被调查者，诸如以往受训时间长短之类简单的问题，你也需要详细解释培训的定义和分类等内容。调查人员需要对问卷调查进行编写、改写、试行、分析与综合。

　　1976年，美国国家科学基金会（National Science Foundation）的官员想要评价国内公立学校的科学教育现状。其中一位官员决定采取差异评价方法（Discrepancy Evaluation）：确认国内科教现状，单独检视标准（科学教育的理想状态）并基于二者差异制定政策。

139

　　当时，由美国国家科学基金会资助的名为《人类：一项研究课程》（Man：A Course of Study）的社会研究课程，描绘了远古文化中形形色色的家庭生活图景。相关描述惹恼了一些保守派议员，他们暴跳如雷，猛烈抨击了美国国家科学基金会。议员们指责基金会完全不了解美国学校的课堂礼仪。面对批评，基金会发起了三次学校教育的全国现状调查，其中一次使用了案例研究法。CIRCE在向基金会审查小组确保了我们会证实原案例研究结果后，才获得了再次进行全美学校教育现状调查的准许。不出意料，科学教育案例研究的结果是动态的，依调查情境和语境而变化。标准的调查问卷很难给出这样的调查结果。我们精心设计问卷，以求研究成果能对当前美国学校的教学发展提供经验借鉴，图 5.11 即为示例。这些特定条目是分发给中学高年级学生和学区督导作答的一部分内容。（Stake & Easley，1919）

请注意图 5.10 所示的科学教育案例研究(CSSE)问卷首先讲述了老师设法引导学生对社会问题进行科学分析，接着给了 7 个可用于机评的多选题，最后附上可供问卷作答者填写开放意见的空白处。通常来说，被试者会花两分多钟回答这 8 道题的每一题。这个和常规调查不同，该调查每分钟从被试者身上搜集的信息量并不多。这八个问题为我们提供了有趣的数据，但这些数据并不代表调查结果能够佐证基金会先前的案例研究发现。也就是说，定性数据和定量数据互为补充，但不能证实案例研究的发现。也许一项研究的特殊性、相关研究结果和标准、综合研究结果所具备的意义并不一致。（对此，你是怎么看的呢？）

140

请思考下列场景：

在美罗高中的课堂上，罗宾逊老师在上美国历史课，讲解着美国外来移民及其定居历史，重点关注移民如何影响美国城市发展。以下是周一历史课上发生的一段对话：

罗宾逊老师：十九世纪四十年代，爱尔兰人移居美国，此后中国劳工又涌入美国，在这两波移民热潮之后，又发生了哪些移民热？莎莉你来谈谈？

莎莉：　　　1890 年前后欧洲人移民美国，一战后又再次大量涌入。

罗宾逊老师：很好。我猜想，那时我们就有了嘲笑波兰人的笑话了，对吧？（无人被逗笑）好吧，让我们来看看，我们讨论的长期移民趋势是什么样的？

谢尔曼：　　都是外来移民赴美的历史。

罗宾逊老师：那他们为什么要来美国呢？塔米你回答下？

塔米：　　　来美国寻找自由。

道格：　　　（讽刺地）来美国觅得摘棉花做苦力的自由吗？

罗宾逊老师：对此，我们不妨思考一下。一些早期移民者是来美洲大陆寻找自由。南北战争后，中国人来此也是为了寻求自由吗？（无人回答）这些中国人来美国希望得到什么呢？（无人回答）那些爱尔兰人来此移民又是为何？

温迪:他们都是来寻找食物的!

罗宾逊老师:食物比自由重要? 那就让我们罗列出他们移民的可能原因,然而逐个
　　　　　思考。

艾瑞克:我爸爸说我们应该研究怎么让他们回到原来的地方,而不是研究他们是怎么
　　　　来的。

罗宾逊老师:这主意不错。我们先列好移民原因,然后弄明白谁想让移民留下来,谁又
　　　　　想送他们回去。最后我们来决定,要不要将他们送回非洲或欧洲。

————————————————————

1. 罗宾逊老师在询问学生有关美国历史的问题时,开了玩笑。你怎样看待他这样的教
　 学方式?

　　　_____ 这样教学是可取的,能引起学生注意。

　　　_____ 开别人玩笑很没礼貌。

　　　_____ 我不介意,但他这样似乎不能完成教学任务。

　　　_____ 其他意见:(请在此写明)_____

2. 在你所在的学校,老师会和学生这样讲话吗?

　　　_____ 会,很多老师这样教课。

　　　_____ 会,有些老师会这样开玩笑。

　　　_____ 不会。

3. 在你所在的学校,老师教授学生科学分析社会问题有多普遍?(请自由作答。)

　　　_____

　　　_____

4. 罗宾逊老师似乎并不情愿接受这样一种观点:大部分人移民到美国是为了追寻自
　 由。让我们来假设这是他的一种偏见。对于社会学教师来说,你认为隐藏他们自身
　 的偏见有多么重要?

　　　_____ 他们应该意识到自己存在的偏见并隐藏。

　　　_____ 他们应该诚实地说出他们对事情的看法。

　　　_____ 他们应该说出自己的感受,但同时也鼓励学生提出多样的观点。

　　　_____ 其他:_____

5. 假设罗宾逊老师正在主导一个关于自由企业制度的批判性分析。他打算说这个制
　 度毫无人道主义关怀,从国外引进廉价劳动力来美国打工是无情的剥削。对于罗宾
　 逊老师来说,他在使学生认识他关于早期美国的自由企业制度的结论,你觉得这种
　 方式是否合适?

　　　_____ 这是正确的,坦诚也是他的责任。

　　　_____ 只要他表明他的价值倾向就可以。

　　　_____ 道德上正确,但是他要是真的这么做就会很愚蠢。

　　　_____ 他利用自己的职权来教这些内容,这是完全错误的。

　　　_____ 其他:(请解释)_____

6. 一些父母相信,科学和社会学课程应当忽略某些话题,比如物种进化、人类繁殖、家庭观念和习俗。另一些父母则希望孩子们在课堂上能深入了解这些内容。关于使用联邦基金来教授包含了这些有争议性课题的教学内容,你是如何看待的?

_____联邦基金永远不应该花费在这些课题上面。

_____如果不会引起麻烦,这样花费联邦基金是可以的。

_____为发展这些课题而提供联邦支持很重要。

_____其他:_____

7. 在你所在的地区,预算削减是如何严重影响社会研究课程的?(选一个或者更多)

_____我们最近没有预算削减。

_____社会学课程并没有被任何方式严重影响。

_____班级规模变大。

_____重要岗位的高质量教师离任并且没有找到替补老师。

_____我们更多地学习书本上的知识,很少使用其他材料或者进行实践。

_____我们再也不能为每位学生单独提供教材了。

_____正在进行的培训课程被大幅度地削减了。

_____其他:(请说明)_____

8. 当你审视社会研究课程时,你可能会关注以下哪些问题?(您选择的越多越好)

_____太重视事实,忽视了概念理论。

_____太重视概念理论,忽视了事实。

_____太重视教授个人价值。

_____合格的老师数量不够。

_____认为教同样课程的老师应该教同样内容的观念。

图 5.10　科学教育案例研究(CSSE)中使用的问题问卷

人工制品(artifact):人造物品,通常是指一种文化的物品。

　　我们应该将这种条目式的写作看作是采访和问卷。你可以给调查对象提供可供选择的事物,它可能是一个物品或者一段陈述、一个引用、一篇杂志文章。受访者对这些事物会有独到见解,而该事物可能与一个特殊的评价问题密切关联。如图 5.10所示,评价问题可能是移民原因,或者是一个国家社会的发展状况。你也许想知道历史和社会研究课程的安排是否遵从传统的时间线、递进线或其他。你将设计一些问题来了解受访者的想法。也许你会问他们在生活或工作中是否见到过这样的一些论述;也许你想知道他们的看法是否和年龄、性别、学校经历或其他的人口或教育特征相关。请注意问题 5 和问题 6,尽管评价合同中并没有涉及这类话题,且是它们几乎完全就是美国国家科学基金会之前参与过的政治话题。

问题 8 可以让受访者做出多重选择。因此,这个问题就变成了一套二元对立问题。选择或者不选择,对于大部分人来说,这跟抛硬币并不一样,因为人们面对问题的时候,不选择的倾向总是大于选择。(你会怎么统计问题 8 的结果?)

观察记录表

越是相似的场景越需要评价者重复观察,越需要评价者对数据进行批判性思考,对观察者所做的观察记录表的要求也就越高。

学生交谈		老师交谈	
		直接影响	间接影响
回应型学生交谈:学生交谈是对老师的回应。老师主导双方的交流,期待学生的回答。 **主导型学生交谈:**学生主动进行交谈。如果主导交谈的学生只是暗示下一个谁来讲,观察者必须决定学生是否愿意来说。如果他愿意,观察者就使用这个分类。	**沉默或者困惑:**停顿,短时间的沉默和长时间的困惑,将导致观察者无法理解交流。	**演讲型:**给出有关内容或者过程的事实和观点;表达观点,提出问题。 **指导型:**学生应该遵从的指令、命令和规则。 **批判型/权威型:**老师试图转变学生行为,从无法接受行为提升到可接受行为;训斥学生;说明老师这么做的理由;极其相信自己。	**接受情感:**以一种不具威胁的方式接受并阐明学生的情感基调。这种情感可能是积极的,或是消极的。预测或回想这种情感也包含在内。 **表扬或者夸奖:**表扬或者鼓励学生的动作或者行为。玩笑可以缓解压力但又不可以牺牲另一个个体为代价,点头或者说"嗯"或"继续"也包含在内。 **接受或者借用学生的想法:**阐明、确立,或者发展由学生提出的观点。如果老师在课堂中带入了很多他个人的观点,请转向种类 5。 **提问:**询问有关内容和过程的问题,试图让学生来回答。

图 5.11　弗兰德斯互动分析(Flanders Interaction Analyses)中的数据种类

来源:节选自莫德利和米策尔(Modley & Mitzel)(1963)对弗兰德斯(1960,附录 F,p.52)的修改。

143

　　尽管使用了各种方法,但是观测计划书的编制和现场测试都存在着困难。有的时候,我们会发现一些有用的东西在学术研究中早已出现。最著名的是弗兰德斯互动分析,它用于记录教室中老师与学生的对话。数以百计的研究论文都是根据弗兰德斯数据撰写的,但是这种观测计划书很少被用于评价,这很有可能是因为它的关注点并不在于老师的教授内容。尽管如此,许多评价研究还是会深入到课堂进程中。所以弗兰德斯理论在指出教师在课堂的知识交流中占据怎样的主导地位时起到了很大的作用。

144

　　图 5.11 展示了弗兰德斯分类。观察者大约每分钟都会简单地计数,用单一符号将对话进行编码。他们所谈论的内容和说话方式都没有被记录下来。我们可以通过一系列重要的教学问答来比较教师、课堂、项目和评价对象的不同,也可以在相关教学研究著作中找到另外的课堂观察记录表,但是如果想要找到完美契合的数据,需要的评价标准或问题的概率并不高。[①] 所以我们可以在已有的模型基础上构建属于自己的观察记录表。

　　使用检查表和观察记录表可以帮助研究者们安排访问团队,这不仅能确保关键画面能被观察到,也能提醒研究者应该注意的问题。同时,它们也起到了记录作用。当个体观察员访问了很多地点,一些机制(如观察记录表或结构化日志)对于防止记录地点相互混淆来说非常重要。我们应该认识到,在观察期间和观察之后,时间地点等信息应被及时记录。

　　20 世纪 60 年代后期,伊利诺伊州资优教育项目十分盛行,该项目由欧内斯特·豪斯牵头(House, Steele, & Kerins, 1971),进行了为期四年的外部评价。该团队使用了很多弗兰德斯数据。州长鲍勃·哈代(Bob Hardy)对该项目非常引以为傲,但对数百所学校不能上交所需的项目年度评价报告而感到惋惜,即使

---

　　① 有一些评价者会为了能利用他们手头的评价工具而修改他们的研究问题。你认为这样做合理吗?

合同已经写明要求他们必须上交。哈代（Hardy）与伊利诺伊大学教学研究与课程评价中心签订协议，共同设计一份能让管理者上交报告的方案。在戈登·霍克（Gordon Hoke）、史提夫·拉潘（Steve LaPan）和特里·丹尼（Terry Denny）的帮助下，我完成了课堂观察方案，由 3 份装帧精美的预印本组成，可折叠至 5.5×8.5。这份协议让人满意是因为它在第一页就明确了参与项目的学生和教师，并承诺上交至教育部（State Department of Education）。在表 2 和表 3（pp. 3 - 10）中，当地主管可以提供简短的说明和评价资料，并可以将它们作为宣传材料使用。上面两页的信息也包含在图 5.12 中。机会和义务被忽略的部分原因是芝加哥学校认为项目基金是一种应得权益，并不需要评价报告。如果芝加哥不服从协议不进行评价，为什么其他学校应该被评价呢？

145

班级主要活动:（大致描述）

学校时间分配

该饼图大致描述了学生在学校的时间分配。当然,每天的活动时间分配不可能与图中完全一样。

Ⅰ. 学生个人作业
　　指定阅读
　　做项目
　　练习,考试
Ⅱ. 教师讲解
Ⅲ. 交流观点
　　引述
　　提问
　　讨论
Ⅳ. 社会性,再创造性活动
Ⅴ. 管理活动

员工对课堂的评价

数名资优项目小组成员已经讨论了教学本身的优缺点。此处是他们的意见汇总。右边的标记是他们认为需要改进和保持的地方。
　　以上意见从_____人中收集而来。每个被询问者都需要列举出三个优点和三个需要改进的方面。

	课堂上最好的特点	需要改进的特点
研究思维过程	_____	_____
主题覆盖面	_____	_____
教学过程的透明度	_____	_____
学生积极性	_____	_____
与"真实世界"的关联	_____	_____
课后作业的效果	_____	_____
任务时间表的完成速度	_____	_____
学业负担	_____	_____
自行决定的工作	_____	_____
设备;材料	_____	_____
班级活动	_____	_____
小组氛围	_____	_____
个人接受度	_____	_____
教师素质	_____	_____
学生素质	_____	_____
学生评价	_____	_____
项目的自我评价	_____	_____
学校支持	_____	_____
社区帮助	_____	_____

图 5.12　伊利诺伊州资优教育项目预印评价表

纳内特·凯泽（Nanette Keiser）与弗朗西斯·劳伦斯（Frances Lawrenz）为研究　　146
全美社区大学地区技术现代化课程而撰写了现场访问团队协议，图 5.13 是对该协议
的总结。这是他们对国家科学基金会组织的先进技术教育项目（Advanced
Technology Education）（Gullickson，Lawrenz，& Keiser，2002）（ATE；http://www.
wmich. edu/evalctr/ate/ate. html)进行评价的一部分。访问者们的注意力主要集中在
教育发展上，检查表帮助他们注意到许多重要因素的同时，也导致他们没有太多的时
间去寻找机会，他们也会遇到与校园或技术相关的复杂问题，这使他们感到压力。①

看待任何事物

看待任何事物，

如果你要了解它，

你必须观察甚久：

若你看见了一块绿色就断言，

"我从林中望见了春天"

是万万不可的

你定要化为你所见之物：

你定要变成茎和蕨羽上的黑蛇。

你定要将自己融入树叶间

在这微小的寂静中

你必须有耐性

感受这完全的宁静

感受它们从何而来。

——约翰·莫菲特（John Moffitt）

来源：《活种》（*The Living Seed*）

约翰·莫菲特（John Moffitt）著，版权所有 1962 年。经哈考特公司（Harcourt, Inc.）准许引用。

---

① 关于这一大规模项目的评价研究记录可查询网址 www. wmich. edu/evalctr/ate/。CIRCE 对
ATE 网站访问的元评价可查询网址 www. wmich. edu/evalctr/ate/sitevisitmeta. final. pdf。

147

1. 站点和团队描述及记录表
2. 提示。例如,当采访学生、合作者、教职员等时,可让项目人员离开房间
3. 术语
4. 驱动(ATE 支持课程再开发的主要标准)
　　a. 与企业、行业以及其他组织的合作项目
　　b. 课程与员工指导方针的标准统一
　　c. 课程、教材与材料的准备、调整与测试
　　d. 专业的发展计划以改进指导和支持
　　e. 与学位或证书密切相关的项目改进、课程、现场经验
　　f. 学生招新,包括代表性不足的少数派学生
　　g. 学生服务使得参与该项目的学生有所成就
　　h. 可持续性、可移植性和传播导致更广泛的使用
5. 现场访问报告准备的重要问题
　　a. 你认为在你的报告中最重要的目标和成果是什么? 你有何证据证明?
　　b. 你的项目中,最强有力的部分/成果是什么? 证据是什么?
　　c. 你的项目中哪部分需要改进?
　　d. 补助金在你的项目中发挥了什么作用? 如果没有它会如何?
　　e. 设想将来,你的项目会怎么样?
　　f. 目前是否已经存在能够支持你观点的事物?
　　g. 这方面有何障碍?
　　h. 这一项目如何满足劳动力的需要?
　　i. 评价在你的项目中发挥了什么作用?
　　j. 关于你的项目,我还需要了解或学习什么其他知识吗?
6. 陈述现场访问的目的
7. 现场访问者关注的要点。例如,现场访问报告的受众是密歇根西部访问站点的工作者和评价者。NSF 仅收集跨站点的综合信息。
8. 一般现场访问计划,例如团队领导应该负责协调现场访问活动,以确保所有活动都是由团队内部的某一个具有一定专业知识的人组织的,并负责提交最终的现场访问报告。
9. 现场访问活动:现场记录、会议策划、现场演示、采访/观察、任务报告、汇报
10. 数据采集
11. 现场访问报告
12. 付款
13. 现场访问报告概述
14. 采访协议:行业合作者、学生或教员讨论组、主要观察者、教员个体、管理者
15. 现场笔记格式
16. 课堂观察协议,包括对课堂质量的描述

148

更多关于现场访问团队协议的细节请参考:http://www.wmich.edu/evalctr/ate/sltevlsltguide.html.

图 5.13　ATE 评价现场访问团队协议的总结

访谈

我认为访谈有三个重要用途：一是了解人们的经历，二是更准确地描述事物，三是获得人们对于某种事物的评价。初入评价领域的新手倾向于强调后者，但就我而言，评价中最有价值的访谈是获得经验描述。人们可以耐心地进行面对面交流，也可以通过电话、邮件进行访谈。访谈一定要围绕评价进行，这样采访才能获取充分信息，否则访谈就变成了无目的的闲谈。受访者应当有提出其他问题的机会，但是采访者不应该将访谈时间浪费在受访谈者谈论对他/她所重视的事情上。采访者一定要有引导受访者回归"目标主题"的能力。否则，采访者将很快面临采访即将结束的痛苦。

我初次经历大型访谈是作为研究生助教的时候，当时就控制 17～18 岁的"儿童"工资这一问题采访了内布拉斯加州人。话题兜兜转转，一个回答者会说"不，不应该允许家长拿走他们的收入"，另一个说"不，不应该由法律来保护孩子，这是个家庭问题"。当时，受访者是一位女士，我们对她的采访时间已超过三小时，她的丈夫已在焦急等待晚饭上桌，而她仍在滔滔不绝地诉说它是如何看待和处理这一问题的。

这是一次关于"社会学与法律"的长时间综合性调查。采访的问题需要逐字逐句询问，采访者需要为数据进行编码生成频率和相关性数据。也就是说，采访以逐字逐句为始，以直观深入探究为准则，以寻找国家责任为目标。那时我们正跨越着尚未成型的知识/法律领域。当采用解释性采访时，有些问题根据采访者的经验与判断变得更加个性化，但责任依旧与评价对象密切相关。

总结报告的正文通常很少引用访谈内容，但当评价者想引用部分访谈时，他/她会对这些内容进行二次编辑，清除有误的语法、补全语义清晰但未完成的句子，避免产生歧义。同时，他们会给受访者发送一份引用的抄写副本以获得他们的许可。当然，如果采访是用录音记录，引用访谈内容时则需要更加精确。如果副本包括所有的访谈内容，那么成本将会非常高（参见图 5.14 中磁带录音的其他特性）。我很少录音，但会在采访过程中记笔记并且在结束后迅速对采访内容详细补充。对于受访者表示自己没有说过我所引用内容的情况，我几乎从不使用"参与者校验"的方式。许多评价新手如果不对采访进行录音会感到非常不适应，他们可以在一段时间内使用录音机，但在此后他们应该学会重建访谈内容，否则有可能造成副本内容的本末倒置。即使评价报告将包含大量的受访者评论样本，但它对语言精确度的要求却不高。当引用内容对正在做出的评判至关重要时，采访者应该采用参与者校检。

150

数据生成	特点	优点	缺点
有效性	个性化关联；对话风格；连续交谈；持续性多感知交流；采访者即听众。	自然；丰富；经验渗透；容忍歧义，轶事，不确定性。	有选择性但仍然是盲目记录；数据过载；发音必须清晰；机器不适应性；可见数据丢失。
公平性	机密但有记录；受访者控制访谈重点，但危险性不可知，有可能降低数据的价值和使用性。	证词可作为"草稿"；属于客观记录；强调代际关系使作证的机会最大化。	鼓励高风险证词；披露的结果很难评价；对采访者的正直品行和对受访者的评判过于依赖。
可信性	结果隔离；被真理持有者组织；告知个人；	初始数据以可检验的形式保存；采访者的激励和受访者的回应会被记录；花费时间寻求真相；言论自由；可靠的回答迅速被耗尽和取代；在持续性观察下伪装难以持续。	实时数据；说谎不受限制；受访者所承受的压力不可知；机器不适应性；对受访者的自我认知过于依赖。

数据处理	特点	优点	缺点
有效性	记录转录；副本发送给受访者进行改进和发布；邀请受访者：a）修改或删除；b）扩展，开发；c）优先排序，指明高风险数据；无争议的数据也许会被概括；约定了回复截止时间。	数据依旧是原始形式；经过深思熟虑的证词；不精确之处得以纠正；可以获得额外的数据；受访者对结果负有的责任分明。	费用高；耗时；陈旧；有价值的数据流失；口头记录不足。

（续表）

数据处理	特点	优点	缺点
公平性	沟通是保密的；由受访者仲裁；记录可获取；受约定规则管制；但是"发行"可以看作是对蛮干者的"小鸡快跑"（Chicken Run）测试	尊重受访者的权利；有时间和机会修改证词，计算风险和收益；受访者可咨询其他人，获取建议；持有副本和协议，防止数据滥用。	要求受访者声明对以下内容将不知情：a）数据将如何被报告；b）公开准则；受访者也许会对自身利益做出拙劣的判断。
可信性	以一系列动作为特征；基于客观记录	取决于一种论点，这种论点基于受访者清楚自身的权利和责任。一旦清楚，受访者会更加努力做到这一点。	没有回应式数据；过多依赖于受访者对研究任务的信任和承诺。

数据报告	特点	优点	缺点
有效性	希望采用戏剧形式的口述历史；采访提供了节目戏剧中的脚注，按时间顺序，逐景构建；草稿显示出与受访者保持一致的上下文数据；重写草稿以回应受访者的评论，最终报告公之于众。	自然主义自传数据固有的戏剧形式；罗生门效应（Rashomon Effect）——多维视角；戏剧彰显比受访者冲动行事更重要；代替读者的经验；更好地理解发生了什么，挑战社会信念下的项目政策和行动	传送慢；缺乏科学尊重；尚未定论；由于个人不可减少的义务而过于冗长；生产、传播成本高。
公平性	报告草稿对受访群体保密；重写以回应受访者的批评；但在沟通中，研究者强调：a）受众关注点及其需求；b）戏剧价值。	受访者参与；采访形式预示了报告形式；高度重视个人证言；自然语言最大化贴近非专家读者和主题。	研究者分配"示星"和"支持"状态；研究者独占所有数据；受访者无法撤回已经发布的数据。
可信性	个人偏见、审查制度、不准确之处，须经与知识渊博及多元化的评价相关人员咨询后作出更正。根据所引用的证词或备份磁带，对外部挑战公开信息。	"多元论者"认可准确、相关及多源的记录；口述历史的推论；自传重点；吸引读者的自身经历。	时代背景消失；评价者的角色和影响得不到重视；正式命令取代实际意义；体裁不同导致其叙述的故事被当作可以驳斥的事实。

图 5.14　由巴里·麦克唐纳提供的录音

访谈是一项高级技能，既需要实践，也需要经验。人们需要敏锐地听取、抓取含义的要点，适时地插入"你并非此意"。采访者会对没有被充分告知的内容而感到沮丧，对具有高信息量的叙述感到愉悦。戈登·霍克是进行电话访谈的大师，但他同样遵守着采访协议。特里·丹尼（Terry Denny）曾告诉我，他需要反复听录音，才能感知和理解其中的微妙含义。在采访中听到细微之处时，特里会巧妙地试探受访者以求得到更多信息。丹尼、鲍勃·沃尔夫（Bob Wolf）曾和笔录采访者斯塔·特克尔（Studs Terkel）一起工作［参见他的作品《工作》（*Working*），1972］，寻找巧妙地套出回答的例子，以寻求提升他们的采访技巧。公共广播公司（Public Broadcasting Service）的查理·罗斯（Charlie Rose）（www. charlierose. com/biography. shtm）和国家公共广播电台（National Public Radio）的特里·格罗斯（Terry Gross）（www. whyy. org/freshair）是我崇拜的两个媒体采访者，他们擅长挑选话题、进行试探提问并精彩地讲述故事。

我的访谈工作做得并不好，有时会过于冗长，但这也不是毫无用处。有一年春天，我在加利福尼亚的国家艺术教育研究中心（National Arts Education Research Center）研究四年级班级时，特别关注未经培训的老师们是如何教授艺术课程的。尽管加州的教育预算削减使许多专业教师深受打击，但课堂艺术和音乐还是必不可少。我们想知道老师是否会在课堂上教授一些他们自己的业余爱好，比如民族舞、合唱、摄影（更多关于加利福尼亚州的实地考察工作可参见下一节以及第十章的人类受试者保护）。我们也对家长认为老师应该做的事情感兴趣。我将以下访谈综合在一起，对它们进行了现场测试，并询问了四年级学生的父母有关课堂观察的情况。[1] 为了作亲子对比，我将组员限定于那些在社区中成长的父母。

我们从图 5.15 中可看出一些具体的问题。你在设计问题的时候也需要像它一样详细。在采访完一位父亲之后，我立刻回到自己的车上，马上写下了如图 5.16 所

---

[1] 报告在斯塔克 1991 年撰写的书稿中的 235 - 262 页。

示的报告。

153

1. 如今的学校和您上学时有什么不同？尤其是四年级。
2. 其他各个方面几乎一致吗？
3. 四年级的艺术和音乐课怎么样？（它是如何改变的？您如何看待如今孩子们对于艺术和音乐的学习？）
4. 您对重视音乐、艺术课程或是不重视这些课程有何感想？
5. 您是否愿意看见更多人对小学戏剧和舞蹈的重视？
6. 您的孩子对艺术中的哪一方面感兴趣？对于工艺呢？是否上过私人课程？
7. 他/她的艺术作品完成得怎么样？
8. 您是否能描述一项特定的项目？
9. 您对弗利(Free)先生这位老师印象如何？
10. 弗利先生有多强调艺术？（教学艺术？）您是否认识强调艺术的老师？
11. 您是否知道弗利先生特别强调的主题或话题？
12. 您的孩子是否谈论过他们正致力于研究的野生动物项目？

图 5.15　采访家长关于艺术老师的问题

154

　　这位父亲于 1969 年毕业于附近的一所高中。他的小学与初中时光都在这里度过。由于他的母亲也在这里接受了所有学校教育，所以他们一家在这一社区居住了很长时间。

　　据说，如今的学校与他当时上的学校已经完全不同了。教师和校长对孩子接受基础学科教育的责任较小。如今，这种责任已经更多地转嫁到家长身上。孩子回到家中还有一大堆任务需要家长配合完成。这些任务完成后无须交回到学校和老师。学校对此并不关注，也不会就这些任务与家长沟通。

　　当今的思维方式与 60 年代不同了。现在的学习材料与方法是适合当下的。因为以前采用的材料已经过时了(历史书出版于 1961 年)，而且当时物质条件很差。如果经济上允许，他会将自己的儿子送去私立学校。

　　他不满意以年龄而非成就为基础来促进儿童发展的政策。由于表现不好，他要求儿子在早年留级。

　　在这位父亲还是孩子时，并没有真正注意到学校缺少艺术课程。他记忆中学校有一个乐队，但他没有参加。同时，他很疑惑一些孩子是如何被选上这支乐队的并好奇乐器如何被分配的。

　　他认为应该加强艺术教育。虽然他自己也并非艺术从业者，但他的家庭中有一个当音乐老师的父亲，和一个当商业艺术家的母亲。他自己也会演奏几首钢琴曲。相比而言，别的男孩在艺术上的天分更多。他的儿子有一个手风琴，并且会弹钢琴。当他和妻子逼着儿子在其他方面学习时，却没有逼孩子练习音乐。为了孩子学校里的乐器教学课程，他给儿子买过一个长号，重新买了音乐书，因为旧的那本已经被孩子弄丢了。

这部分费用需要由孩子自行承担，这是为了让孩子知道父母不是赚钱的机器。这一对夫妻很在意儿子的音乐学习，并认为他必须要学有所成，学有所用。

儿子也想参与到成人世界中。他对电子产品有兴趣。这位父亲给他买过一套装备，孩子用此做成了许多项目，并想将这些项目解释给每个人听，尤其是在这一方面不太熟悉的母亲。父亲试图将孩子送进 GATE 项目，但他在测试中表现得并不好。

实际上，学校对于艺术还不够重视，他们需要将艺术与教学相结合。这里再以医生为例进行说明（这位父亲是一名护士）。有些医生是学术研究中的佼佼者，但由于仅专注于学术，他们可能会缺乏生活经验，艺术是自尊以及自我满足的需要。将上述案例中的儿子作为例子，虽然他在其他领域没有取得成功，但其父母在音乐方面的大力鼓励抵消了其他方面的负面影响。

155　　这位父亲最近才发现儿子对糖过敏。在知道这一病症后，儿子愿意不再吃糖。但是当他与两百多个愿意与他分享糖果的孩子吃饭时，拒绝他人变得十分痛苦。这种过敏症状曾影响孩子在学校的表现，但父母知道自己的孩子很聪明，并且孩子已经做过一些心理治疗和言语治疗了。

弗利先生是他儿子最好的老师。他是第一个能够给孩子带来乐趣的老师。其他家长和他在一起也会感到舒服。弗利先生会记笔记，同时会花很多时间与孩子进行私下交谈。通常是家长们提问题，老师做出回答。但是班级里的孩子太多了，老师没办法只关注一个，也没时间回想孩子以前做了什么。

图 5.16　对一位父母的回答的即时略写记录

如图 5.17 所示，在最终综合报告中，我最先评价了儿子[将其化名为安迪·诺曼（Andy Norman）]，继而在他父亲的访谈中加了几句话。

156　　当我第一次和安迪交谈时，他马上就想向我展示教室里的电脑。我们一直等到课间休息，他兴高采烈地向我解释如何操作。他看到电脑上为数不多的软件时有点失望，但还是对每一个软件都进行了操作。在班级里，安迪是最晚接触计算机的孩子，同时又是最早对计算机失去兴趣的孩子们中的一员。他的自我描述很简单：

"我今年九岁，我最喜欢的颜色是橘色。我最喜欢的运动是网球。我有一头棕色的头发。我最喜欢的数字是 10，我有两只猫，一条狗和……"

他的父亲，弗雷德·诺曼是附近乡村医院的护士。他和安迪的母亲对儿子悉心照料，密切关注他的进步。弗雷德告诉我：

"我们在艺术方面没有给予孩子太多的关注，这块内容需要全面教育。以医生为例，有些医生在学术研究中是佼佼者，但由于仅仅关注学术，他们在生活技能方面比较欠缺。艺术是自尊以及自我满足的需要，安迪就是一个例子。他在其他方面并不优秀，但是他从音乐中得到的鼓励能补偿他在其他方面受到的消极影响。"

图 5.17　描述安迪的最终报告，数据源于安迪父亲

我们很少看到从一个完整的访谈里摘取这么少的语句。虽然安迪的许多描述与主旨并不相关,但在为读者提供间接经验时很有用。它为读者创造了将这一问题与自己所了解的其他家庭进行联想的机会。

在很多评价研究中,访谈提供了重要数据。有时利用部分受访者的感知来判断项目质量很重要,但受访者的真正贡献在于帮助评价者认识和理解评价对象。有时焦点小组①也有所裨益,好的访谈有助于将错误最小化。

部分访谈需要对项目赞助者和管理者进行采访。虽然萨克雷多先生问的问题比菲利斯多,但是后者一直在学习前者的问题,并重视两人之间的对话。(也许你应该重读她的很多语句,思考你将如何回答。)

历史与人工制品

通常一些基于主题的项目近期历史的介绍可以促进评价研究。一些项目准备期间和实施期间的经验在回应式评价中尤其有用。许多历史信息可通过与管理者和工作人员的正式访谈或闲谈获得,但是所做的调查应该要为文件服务。宣传资料、短暂会议、备忘录、邮件回复、规章制度、工作描述、道歉声明、题词、照片、磁带和收据都是构成项目历史的文件资源。虽然这其中的大部分内容都无法轻而易举地获得,但它们确实能对口述历史进行有效补充。评价者应该保存好文本,因为它们往往在建立一连串事件的过程中发挥着关键作用。

在回应式评价中,描述活动和项目背景都非常重要。项目成功与失败的意义随着时间和情境不断变化。这并不取决于制定成功标准的评价者,而取决于项目赞助者和社会。对于成功的定义可能会有争议。人们对项目成功的官方标准可能会提出异议,于是某些实践就会与标准不一致。很多评价报告的读者期望评价者们能解决

---

① 小组式访问,称为焦点小组,允许受访者互相之间畅所欲言,但也受到一些不愿意表达想法的受访者的影响(Morgan,1998)。

有关项目的复杂议题,但评价者对此无能为力。这些复杂议题都是暂时现象和社会
环境的一部分。评价者学习它们,有时深入探讨一两个议题(如第八章所描述的那
样),然后让读者更好地理解项目的优缺点。但评价者需要注意,切忌简单处理项目
相关议题。

对当代活动的描述和对未来的预示因为相关历史记录和人工制品的产生而得到
加强。借鉴民族学家和文化人类学家的专长可以使评价研究更具有说服力
(Hodder,2000)。在研究设计的早期,预测证据是评价者的重要工作。评价者需要
预测,机构是否有机会来举办与项目有关的展览? 相关的照片、录像带、录音和音乐
会不会派上用场? 大部分的项目经历可以通过叙述和插图记录下来。

项目评价者既像是文化学者,又像是剧院导演。他们梳理项目有关事件和活动,
将其围绕主题和议题组织并发展起来,并以受众能够接受的方式予以展示,这一点非
常重要。通常受众包括经理、员工、受益人与其他利益相关者,他们已经了解了项目
的部分优缺点,但当评价者把故事描述得更加充分之后,他们会更加敏锐地意识到项
目的复杂性。

◆ 小故事(五)

菲利斯的电话响了。

萨格雷多:我现在正在开车,在去上班的路上,我突然想到一个关于什么是良师益友
　　　　　的问题,但现在没有一点头绪。你有什么想法吗?

菲利斯:　哇,你让我一点准备也没有。等你到了办公室,我应该能想出点什么。

(过了一会儿)

萨格雷多:离开会还有几分钟的时间,我现在很想知道什么是良师益友。

菲利斯:　我们需要知道两点。首先我们要知道什么是良师益友,然后我们需要知道
　　　　　对于导师来说,什么才是优质的培训。这两点是相互关联的,但是成为一

名优秀的导师或者了解什么是良师益友并不能确保培训的高质量。一位当语言学家的母亲不一定会帮助她的孩子成为优秀的演说家。

萨格雷多：我认同这个观点，但是怎样才算是一名优秀的导师呢？

菲利斯：　我认为有两位导师界的大神——劳伦特·达洛兹（Laurent Daloz）和约翰·史立·布朗（John Seely Brown）。他们指出，指导是一项高度情境化的工作，其质量高低取决于学员，他们把受训者称为学员（mentees）。

158

萨格雷多：那么如果那些学员不是特别聪明呢？

菲利斯：　无论如何，这都取决于学员、双方关系、组织，当然还有导师的能力与个性。

萨格雷多：如果这其中总是有差异存在，那应该怎么进行培训呢？

菲利斯：　这就好比咨询服务、养育子女或者经营管理等。我们需要了解一些事情，培养一些技能。即使你必须在不同的情况下以不同的方式工作，也需要获取一些经验、了解如何避免危险，并知道评价自己工作的方法。

萨格雷多：如果在工作中，我知道的比我能做的要多，那该怎么办？

菲利斯：　导师就是帮助人们了解自己的工作和自身的优缺点，拥有资源和机会。这些都是因人而异的。大部分的学习都不能被标准化，而且我们不能用标准化测试来检查受训者到底学到了多少内容。

萨格雷多：我们可以测试他们的基础水平如何。

菲利斯：　我们没有找到任何有用的测试。为了解培训质量，我想我们必须了解受训者的经历。不仅是了解经历的好与坏，还要了解学员的背景、能力、道德和职业规划。

萨格雷多：但是每个人都是不同的。

菲利斯：　没错。培训的成功也是因人因情况而异的。一份好的评价会在不同背景下显示成功的分布。评价者需要观察训练过程，进入讲师的思维深处，理解透彻其中部分受训者的体会和经历，然后了解他们是如何在工作中运用自己所学到的知识。

萨格雷多：我们没有足够的预算。即使如此，这也太无意义了。

菲利斯：　假设我们能确定一个导师需要知道的五件最重要的事情，我们能通过测试来观察是否所有的学员都掌握了导师所教授的内容。那我们可以说这是项目成功的证据。但如果我们真的关心培训对导师能力提升的贡献，难道我们不想知道实践中的变化吗？是的，但我们不能监控他们的行为。所以我们需要去询问，用多种巧妙的办法来问，然后看看他们是否能用比以往更深刻、更人性化与更坚韧的精神来帮助同事，这是主观的。我们所追求的是一种知识的深度，而这种深度实际上是无法客观认识的。

萨格雷多：我开会要迟到了，我会仔细思考一下你所说的内容。

（未完待续）

第六章　分析、综合推理与元评价

一个世纪以前，瑞士历史学家雅各布·布克哈特（Jacob Burckhardt）曾预言，我们所处的时代会是"极度简化的时代"，其核心就是拒绝一切复杂的形式。事实证明，他是正确的。"简化"成了这个时代最具诱惑力的东西，它是一个强有力的腐蚀者，我们必须用意志和努力去抵制它。

——丹尼尔·帕特里克·莫里安（Daniel Patrick Moynihan）

如果评价研究的设计与数据收集过程毫无瑕疵，那么评价者的分析和报告撰写工作或许会变得容易些。但在现实世界中，设计往往难以达标，数据往往令人疑惑，这导致评价者要花费大量时间去做分析，所做的报告也需要我们用全部的脑力去理解。这的确很困难，但对大部分人来说，这也充满趣味[①]，有时甚至是充满美感的。

> 分析（analysis）：将事物分解成组成部分或元素；或者说，对事物进行检查，单独或从整体关系上对其组成部分进行区分。

对多数人来说，对某一事物进行评价并不容易，评价结果的质量也存在差异。我们可以用单一的评级或描述来概括一个项目的质量，例如，"勉强过关"或者"非常优秀"等类似评价。评价工作的复杂性及其价值不容忽视，否则评价者就是在曲解事

[①] 有些客户并不会因为评价者表现得享受工作而感到愉快，我们也会在报告中避免使用开玩笑的轻松口吻。欧内斯特·豪斯是一个例外，他曾用儿童七巧板的形式撰写了一份关于伊利诺伊州资优教育项目（Illinois Gifted Education Program）评价的摘要。

160　实、欺骗大众。即使合同只要求声明评价对象中哪一部分最佳，评价者也不一定会很直接地给出答案。

　　或许你会对本章或本书感到失望，因为我在书中几乎没有提供什么技巧和详细的步骤以供参考。我写作此书的目的是从概念（而非技术）上阐明数据收集与分析工作的主要任务，而很多专业评价工作只需要一般常识，再加上评价者的细心和经验即可。在评价工作中，技术方面的工作步骤的确重要，但它们与其他领域所需技术步骤几乎相同，所以我没有对此进行过多阐述。真正把评价研究与其他研究方法区分开来的是评价工作的意图，即辨别评价对象的优缺点。

分析

　　在字典里，"分析"的意思是把整体拆分成各个部分以便获得更好的理解。对评价者而言，"分析"意味着要仔细考察项目的相关因素。第三章已定义了这些因素：

1. 受益者需求
2. 项目目标
3. 评价指标
4. 评价标准
5. 综合权重
6. 员工和参与者绩效
7. 项目成本

　　对许多人来说，"分析"还意味着把所有部分重新还原在一起。他们希望对项目可能含有的意义进行最全面的了解。评价领域通常把这个"还原"的过程称为"综合推理"。在研究中，我们几乎是同时并反复地进行着分析和综合推理工作，把事件分解并进行还原，寻找有价值的模式和信息，找出描述和解读评价对象的方式。在完成大部分数据收集和组织最终报告期间，我认为有两个工作阶段很重要——"分析"和"综合推理"。两者互有重叠，不断反复。

作为基于标准的评价者，在分析阶段我们会使用数值数据去进行统计分布的计算、对比和相关性分析工作，去验证各种假设。在完成设计阶段之后，我们会设法得到能反映所研究问题的指标和图表。举例来说，我们有报告显示，在某个县城中，24户寄养家庭中有 22 户都在学习并履行某项义务。同样地，作为回应式评价者，我们会重新审视叙事和引用，对解释进行三角分析。在完成分析阶段后，我们可以为项目质量的论断找到具有指导意义的支撑数据，包括每个家庭的父母与一立社会工作者的长篇对话。这一过程就是将数据的总结结果作为证据来回答特定的问题，所有研究工作都是围绕这些问题展开的。

161

图 6.1 二维空间中项目价值的隐喻表达

项目的真正价值不能被简化为一张规格表，因为不是所有事情都有明确的规定和说明。价值，有时就像烟雾，是一种无定形的、模糊不清的存在。我们或许能识别出项目的部分价值，但绝不会是全部。对于一些项目而言，它们的价值是模糊的、不明确的概念，这不仅代表着它们难以观察、令人费解，而且还不具备实体形式。那么，一个评价者要如何表现这种价值呢？假设我们能得到的关于价值的最主表达十分模糊，如图 6.1 左边所示。假设左边的这片阴影是项目价值的真实面貌。也许我们通过技术能给这片阴影划定一个形状，让它看上去更清晰，就像图 6.1 右边那样。

实际上，因为我们要让它变得更加清晰可见，导致项目价值表达的有效性有所缺损。（你认同这种说法吗？）

我第一次重读上面这两段时，曾担心这样说会不会太令人沮丧。当我们必须去考虑自己会不会把价值描述得比它本身还要清晰时，我们又怎么能拥有进一步分析的热情呢？[①] 探究事物中暗含的精确性和有效性已经足以让人感到压力，但评价者还是希望把它们分析得越清楚越好。即使真相难以把握，评价者也会用近似或概括性的结果去满足客户和利益相关者们的需求。我们可以预见评价对象会在不同方面拥有优势和劣势，在评价报告中我们也会对此进行清楚阐释。

162 通过分析有关评价对象的观察和采访我们识别出一些因素，这些因素会让我们思考观察或采访的普遍性，或者它与哪些事情相关。换言之，我们寻找的是模式。模式就是一致性，是重复发生的事件，是偶发和共变事件，有时也是一种因果关系。我们可以用统计学方法来表示模式的强度和非随机性。模式对任何一种分析都很重要。对数据进行归类和编码有助于我们进行模式识别。注意图 6.2 中的四篇参考文献，每一篇都包含若干话题，以及评价者在每个数据源中发现的模式。[②]

参考文献	话题	模式
特雷西·基德尔（Tracy Kidder），《在学生之中》（*Among schoolchildren*）(1989)，p. 46	教师的狭隘。教学中的人格解体。	艾尔反复地说"哪一个是好的"，或许表明其不愿面对现实。没有来自家长的记录。
杰奎塔·希尔（Jacquetta Hill），《档案馆》（*Archipolis*）(1978)，pp. 9 - 14	那些妨碍教学的学生们不顺从的表现。	学生上课迟到。偷窃财物。破坏显微镜。

① 有些人把价值看作人为构造的产物而非评价对象固有的性质。他们认为，价值的实质和明确性是来自人对价值的认知。如果项目中每一个人都对项目优势和劣势有一个清晰认知，那么价值就不可能是模糊的[把表面上真实的事物当作现实的人被称为现实主义者；把现实当作假设的人被称为构成主义（constructivists）]。就像路易斯·卡罗尔（Lewis Carroll）[《爱丽丝梦游仙境》（*Alice's Adventures in Wonderland*），1865]所写的："爱丽丝笑道：'这样做是没有意义的，谁会去相信不可能的事呢？'皇后说：'我敢说，你并没有好好试过，在我还是个孩子时，我每天都花半个小时这样做。你知道吗？有时在早餐前我就能让自己相信六件不可能的事。'"

② 在拉里·埃克尔（Larry Ecker）描写的片段里，模式单元就是一个典型的四列联表（fourfold contingency table），其中每个单元格里都是回应频率的累积，同时也计算了模式强度的相依系数，此外，还可以通过卡方检验来确认模式强度。

（续表）

参考文献	话题	模式		
戴，艾斯纳，斯塔克，威尔森和威尔森（Day, Eisner, Stake, Wilson, and Wilson）(1984)：拉里·埃克尔（Larry Ecker）的片段，pp. 4 - 32	学生对教学重要性不信任，学习道德低下。教师对待学生的方式与职业道德之间的偶然性。	课堂参与度建立缓慢。学生对社会的渴望。		
		学生们会：	教师鼓励	教师不鼓励
		逃避学习		
		参与学习		
鲍勃·斯塔克，《安静的变革》(1986)：比尔·米利肯（Bill Milliken），p. 100	对评价报告的使用。	对"学校中的城市"项目评价和推广同时进行感兴趣。		

图 6.2　四个参考文献中的话题与模式

在最简单的评价研究中我们如何分析评价对象？我们会观察员工的绩效模式，或者以预先设定的成功作为标准来观察受益者的新绩效。同时，我们会利用那些围绕项目展开工作的同事或顾问对项目优势的认知来研究评价标准。若有可能，我们也会参考主流专业期刊对于项目绩效和优势的看法。通过引入这些观点，我们不断完善对项目质量的判定。评价者会去认真思考评价的需求、目标、成本和主题，并关注哪些内容可以作为证据，哪些只能当作猜想。有时我们会反复修改有关项目质量的概括与总结，会在不同组别间或不同情境下研究比较评价标准，会思考所用工具和流程的长处与短处。自始至终，我们都在斟酌最终报告的词句，包括所用的表格和引用的文字。这体现着评价者思考的过程，而这一过程就称为分析。评价者完成分析之后，紧接着就是进行综合推理，即把所有信息聚合在一起的关键工作。

在更大型的研究中，评价者也差不多是做上述工作，只不过研究规模更大，也存

163

在更大的不确定性。同时，我们也会努力收集不同层面的绩效数据。此外，三角检测法、元评价，或者批判评价等方法也会在评价工作早期阶段使用，并且持续时间更长，要求更高，这样会提高评价的意义和声明的可信性。我们在进行分析与综合推理时会关注很多问题，比如，评价结果中所含证据的归因问题，以及对项目运营（评价对象或其他相关项目的运营）观测发现的归纳问题。我们会在第九章进一步探讨归因和归纳问题。

一些大型的评价研究会专注于单一的绩效标准。因此，有些客户会十分乐观地认为只要一种评价工具就足以测量项目质量了。曾经在得克萨斯州教师文化水平评价研究中就出现过这样的例子：

在 80 年代中期，詹姆斯·波帕姆（James Popham）与得州政府签订协议，对该州所有公立学校教师的英文水平进行评价。官员们认为，教师们的英文水平允许存在差异，但是必须要制定一个最低标准，低于该标准的教师将不能继续执教。波帕姆提供了一个标准化的文化测试，并据此拟定了一份写作样例。他事先规定最低的标准是要达到 75% 的正确率。结果有相当大一部分教师没有达到这一标准。因此，他们把标准改为得分最低的 5 000 名教师会被取消执教资格。一位观察家称，这其中有相当一部分教师是在特殊教育和实用技术领域工作，还有一部分老师教授的是以西班牙语为母语的学生，这些教育内容都供不应求。因此，得州政府实际上并没有授权进行有效的研究来决定有多少教师应该被取消资格，有多少教师是真正的文化水平低下。[1]（Popham，1989）

---

① 在这种分类中出现的错误可分为漏报——即把合格人员判为不合格，以及误报——即把不合格人员判定为合格。

　　从这个例子中我们可以看到,尽管该测试高度客观,但用作界定区分数线却是主观划定的。那么,单一指标是否足以用于评价呢? 根据伊娃·贝克(Eva Baker)(Baker, Linn, Herman, & Koretz ,2002),鲍勃·林恩(Bob Linn)(Linn, Baker, & Betebenner,2002)以及他们在 CRESST 的合伙人们一同提出的可计量体系的标准,任何评价工作(包括教师文化水平)都应该使用多个数据源的不同种类数据开展。

　　大部分的评价者都想在拿到数据的第一时间着手进行统计学分析。通常,他们已经设计好了编码体系,想进行组间性质的比较。还有许多人会把检验的前半部分分数和后半部分分数进行关联分析,以便预估检验的可靠性。也有许多人把加权分量组合成一个综合测度。评价者使用统计推断时,需要在处理数据之前就决定什么能构成项目成功的证据。然而,大多数评价者并没有提前设置好这些标准。

　　也许因为人们想要更快地看到评价工作的进展,所以基于标准的分析可能也会运用于回应式评价研究中。此外,通过指标性思考所得到的初步发现也可能在开展定性分析方面发挥作用。就像我之前说的,这两方面的研究工作互相重合,随着时间推移,这种重合可能增强,也可能减弱。评价者通过对重要访谈进行组织、转录和编码,对员工备忘录仔细检查,来确认早先识别出的关于评价对象的模式。

　　显然,评价者和主要调查员必须对评价领域内一系列研究方法十分熟悉,如果他们经验丰富就更好了。但是,从许多方面来讲,每一次研究对于评价者来说都是一次全新的经历。即使内部评价者执行的是具有重复性的质量评价,我们也会发现组织在变化,评价工具需要修改,新的统计软件也正在安装,总之许多事情都需要从头再学一遍。即使有时工作可以变得程序化,我们的好奇心也会抗拒墨守成规的老套路。

　　我们必须为评价工作设置流程管理。如果没有常规流程,没有计划、大纲、模型、检查清单或是流程图(不管是在脑子里还是写在纸上),我们的工作都将无法继续。当我还是研究生助理时,我曾经辅助过一个心理学课题的开展,该课题研究的是将年轻的成年男子置于完全剥夺感官(他们在一个隔音的房间里,眼睛被蒙住,手放在管子里)的环境下一周会产生什么影响。我们招募了志愿者(报酬是 75 美元),并且还撒了个谎，称他们可以在不受打扰的环境下好好规划学位论文。然而结果是，所有人的学位论文在被剥夺感官期间内没有任何的进展，这也许是因为他们需要通过书写才能组织自己的思考。当感官被剥夺时，他们将无法进行这一行为。

诚然，我们需要概念上的框架结构来帮助我们始终保持正轨，或者防止我们偏离正道。但是我们之中只有极少数人具有精神上的纪律性，能够完全只在脑海中组织事物。科学和人文探究的职责之一，就是给人们提供一套又一套不停的常规流程。而你需要学习的就是何时遵循以及何时脱离这些流程。下文是对历史上一个伟大科学家工作的描述，摘自卢·史密斯（Lou Smith）的《查尔斯·达尔文：传记肖像》（*Charles Darwin, a Biographical Portrait*）：

> 他的思维方式和研究方法存在诸多争议。其中一个极端是倡导通过大量观察和逐渐归纳来获得理论新知。达尔文时常表示，这就是他的研究方法。另一个极端是，从他的日记和笔记来看，他所展开的工作差异性极大。最近，一位名叫格鲁柏（Gruber）的分析师曾对此评价："达尔文凌乱的笔记和他真实的工作方式说明，他会让许多不同的过程以混乱的顺序交织在一起，包括理论阐述、实验操作、随意观察、谨慎求证、阅读等"（Gruber，1969，p. 123）。关于科学求证的帕特（Pat）公式在达尔文的故事里土崩瓦解了。（Smith，2000，p. 8）

有时分析工作量太大，会导致评价者的注意力从研究问题本身转向方法论问题上。因为这种现象太普遍，所以有必要建立一些机制（例如，给自己发送备忘录、建立文本档案等），这样我们才能时常发现新数据里隐藏的信息。比如，评价者们可以在每周四下午四点和一些"具有批判性思维的朋友"开会讨论，他们可以是同事，可以是项目人员，或是利益相关者们的代理人，提出的问题可以是"这个代表什么意思？"或者"也许我们上周过于匆忙，才会认为该组织过于关注其人事政策。让我们看看是否能想到反对这一主张的论点吧"。当然，三点开会也许会更好。此外，评价者也应该仔细检查项目日志。

　　在此我要强调项目日志的作用。虽然，现在很少有人会坚持写项目日志，但是写日志的评价者的绩效会比不写的人的绩效高 15％，也可能是 35％。在图 6.3 中，我提供了一个站点管理者日志，它将站点的数据返还给评价者，以帮助管理者记录事件的发展。需要注意的是，项目日志需要根据变化进行重新设计，它可以帮助人们记录事件开始和结束的时间，标明目标、活动、人员、外部支持和环境等最重要的观察因素。当然，你也可以在这张图里替换其他因素。填写项目日志的目的不在于进行完整的记录，而在于提醒我们事物如何在不同时期里变化或者不变。我们以为自己不会忘记变化或不变之处，但事实并非如此。评价者们可以根据实际项目修改这个日志，让它更适用。

月度项目变化观察记录

166

包含月份：_____	开始日期：_____	观察者：_____
本月主要项目事件：_____	描述其中和周围发生的事：_____	
在本月目标有什么变化？ 主要变化：_____ _____ 次要变化：_____ _____	导致什么问题？ _____ _____ _____	带来什么机会？ _____ _____ _____ _____

（续表）

在本月活动有什么变化？ 主要变化：＿＿＿＿＿＿ 次要变化：＿＿＿＿＿＿ ＿＿＿＿＿＿＿＿＿＿	导致什么问题？ ＿＿＿＿＿＿＿＿＿ ＿＿＿＿＿＿＿＿＿ ＿＿＿＿＿＿＿＿＿ ＿＿＿＿＿＿＿＿＿	带来什么机会？ ＿＿＿＿＿＿＿＿＿ ＿＿＿＿＿＿＿＿＿ ＿＿＿＿＿＿＿＿＿ ＿＿＿＿＿＿＿＿＿
本月员工与客户有何变化？ 主要变化：＿＿＿＿＿＿＿ ＿＿＿＿＿＿＿＿＿＿ 次要变化：＿＿＿＿＿＿ ＿＿＿＿＿＿＿＿＿＿	导致什么问题？ ＿＿＿＿＿＿＿＿＿ ＿＿＿＿＿＿＿＿＿ ＿＿＿＿＿＿＿＿＿ ＿＿＿＿＿＿＿＿＿	带来什么机会？ ＿＿＿＿＿＿＿＿＿ ＿＿＿＿＿＿＿＿＿ ＿＿＿＿＿＿＿＿＿ ＿＿＿＿＿＿＿＿＿
在本月跨部门支持有什么变化？ 主要变化：＿＿＿＿＿＿ ＿＿＿＿＿＿＿＿＿＿ 次要变化：＿＿＿＿＿＿ ＿＿＿＿＿＿＿＿＿＿	导致什么问题？ ＿＿＿＿＿＿＿＿＿ ＿＿＿＿＿＿＿＿＿ ＿＿＿＿＿＿＿＿＿ ＿＿＿＿＿＿＿＿＿	带来什么机会？ ＿＿＿＿＿＿＿＿＿ ＿＿＿＿＿＿＿＿＿ ＿＿＿＿＿＿＿＿＿ ＿＿＿＿＿＿＿＿＿
在本月项目环境有什么变化？ 主要变化：＿＿＿＿＿＿ ＿＿＿＿＿＿＿＿＿＿ 次要变化：＿＿＿＿＿＿ ＿＿＿＿＿＿＿＿＿＿	导致什么问题？ ＿＿＿＿＿＿＿＿＿ ＿＿＿＿＿＿＿＿＿ ＿＿＿＿＿＿＿＿＿ ＿＿＿＿＿＿＿＿＿	带来什么机会？ ＿＿＿＿＿＿＿＿＿ ＿＿＿＿＿＿＿＿＿ ＿＿＿＿＿＿＿＿＿ ＿＿＿＿＿＿＿＿＿

正式评价计划是否需要改变？＿＿＿＿＿是＿＿＿＿＿否
是否需要与项目领导进行沟通？
哪些问题需要额外信息？谁能获取信息？
其中哪些变化需要进一步与员工讨论？讨论还需邀请谁？
哪些评论和事件应该被记录以激发讨论？

图 6.3　项目管理/评价日志

即便记录完备，分析工作也需要评价者进行大量回忆。"这张照片是什么意思?""这个片段有没有改变我们对评价对象质量的认知?"评价者应该将类似的思考立刻记录在草稿纸上。评价者留给每张表格解释的页面空间应该是表格本身的几倍大。

假设你正在评价一个旨在改善教师和校长沟通的员工发展项目，并且你已经对教师进行了观察。假设你所做的观察和图 6.4 中的内容［摘自穆里尔·斯帕克(Muriel Spark)的《布罗迪小姐的青春》(*The Prime of Miss Jean Brodie*)］或多或少是相同的。对此，你需要思考两个主要问题——这个片段能很好地说明关于沟通的问题吗? 你能否从布罗迪小姐的话中总结出麦基小姐(Miss Mackay)的地位和职责呢? 在分析过程中，我们不断挖掘出数据的含义。这个关于布罗迪小姐的片段或许只是一个单独的数据，但你也能从中获得多种含义。评价者要把这些含义速记下来并汇入文件中，可能有时还需要立刻写出相关分析。

你有仔细阅读这个片段吗? 我认为其中最重要的话题就是孩子们在学习老师要教授的内容前已经有所准备。我们可以作出推论，孩子们在接受老师教导的同时，也在学习其他东西，就像桑迪一样，她把能唤起自己同感的经历进行了延伸，同时又超越了自己此前对于个人情感的理解。这种延伸性和超越性理解是否涉及员工沟通的预期问题? 或者说，它是否妨碍了评价学校在改善沟通方面的进展?

我们必须做多少次详细观察才能确信我们完全理解了教师的教学? 为此，我们需要在报告中记录多少个片段? 关于吉恩·布罗迪的这一个片段是否能帮助你在脑海中描述出学校在改善员工关系方面取得的进展? 当然，你还不能对这所学校的专业教育有效性下结论，但你可能会比你在阅读这个片段之前更仔细地考虑该问题的复杂性。你的读者也可以这样做。

我并不会因为发现了太多与良好教学有关的概念而烦恼，因为它们都是可以被处理的复杂表现。让我真正烦恼的是，人们经常意识不到，整体并不等于其各部分的总和。对于奥运跳水来说，垂直入水和小水花的总和并不足以表示跳水的质量;对于创造性写作来说，语法、顺序、插图和结尾并不能说明文章的质量。同样地，对前因、处理方法和结果的描述与判断也难以表明评价工作的质量。比起跳水、写作或者评价工作的复杂操作等复杂的事情，人们还是对简单的事物更感兴趣。

168

> 　　她们走着走着，来到了宽敞的钱伯利大街。这队人变换了队列，现在是三人并排走着，布罗迪小姐走在前面，走在桑迪和罗斯中间。"星期一早晨休息时，我被召去见校长，"布罗迪小姐说，"我毫不怀疑，麦基小姐想要询问我的教学方法。过去有过这样的事，以后还会再发生。我遵循自己的教育原则，在我的黄金时代做着最大的努力。'education(教育)'这个词是从 ex, out 和 duco 中的字根 e 来的。引导意味着一种引出。对我来说，教育是把已经存在于学生心灵中的东西引导出来。对麦基小姐来说，是把某种不在其中的东西放进去，那不是所谓的'教育'，我称它为入侵，是从拉丁字根的前缀 in 来的，意思是在里面，语干 trudo 意味着推入。麦基小姐的方法是把一大堆知识强塞进学生的头脑；我的方法是把知识引导出来，而这才是真正的教育，如字根的意思所证明的那样。现在麦基小姐指责我把一些思想装进了姑娘们的头脑，但其实那是她的做法，我的做法则完全相反。永远不要说我把思想灌进了你们的头脑里。教育的意思是什么，桑迪？"
>
> 　　"引导出来。"桑迪说，她那时正在构思一张艾伦·布雷克的正式请束，那天正好时隔他们穿过石楠树丛的惊人飞行一年零一天。
>
> 　　桑迪小姐愉快地邀请艾伦·布雷克先生光临一月六日星期二晚八点的晚宴。
>
> 　　"这会使《诱拐》(Kidnapped)中的主人公大吃一惊，这位不期而至的主人公来自桑迪在法夫海边那孤零零的港口房子的新住址(约翰·巴肯的女儿所写的一部小说中描述过)。现在桑迪以不正当的方法成了那地方的女主人。艾伦·布雷克会以全身苏格兰高地人的打扮到来。假如在晚上那段时间里，两人突然都产生了那种感情，感情又支配着他俩发生了性关系怎么办？桑迪在想象中看到了那件事发生的情景，但她可不能容忍这样龌龊的事。她和自己争辩：人们当然会有时间去思考，在他们脱衣服的时候，他们就应该停下来想一想，如果他们停下来想过，又怎么会受感情驱使呢？"
>
> 　　"那是辆'雪铁龙'，"罗斯·斯坦莉指着一辆路过的汽车说，"它们是法国产的。"
>
> 　　"桑迪，亲爱的，别急。拉住我的手，"布罗迪说，"罗斯，你满脑子都是汽车。当然，汽车也没什么错，但是还有更高级的东西。我肯定，桑迪的脑子没想汽车，她像一个举止端庄的女孩儿，在注意听我讲话。"
>
> 　　"桑迪想，如果人们当着彼此的面脱掉衣服，这太粗野了，所以他们必须得把感情放一放。即使他们停下来片刻，那他们又怎么能在冲动时不被感情左右呢？如果一切都在刹那间发生……"布罗迪小姐说，"所以我只想向麦基小姐指出，我们在教育原则上存在根本分歧。分歧的根本是一个附在词根上的字——拉丁文 radix，这个词根。对于我们是受雇来教育女孩子们，还是要强加给她们些什么的这个问题上，校长和我有根本分歧。以前我们有过这种争论，但是我可以说，麦基小姐不是一个出色的逻辑学家。一个逻辑学家一定是个精通逻辑的人。逻辑学是推理的艺术。什么是逻辑学，罗斯？"

图 6.4　摘自穆里尔·斯帕克撰写的《布罗迪小姐的青春》(1962 年)
引用已获哈珀柯林斯出版社有限公司(HarperCollins Publishers, Inc.)授权。

引用已获论坛媒体服务集团（Tribune Media Services）授权。

三十年过去了，我们喜欢的仍然是投票后民调、道琼斯指数、插曲片段、新闻原声摘要和数不清的代表简单的东西。可以说，所有的陈述在某种程度上都是错误的陈述，但比错误陈述更糟糕的是，许多陈述麻木了人们对了解事情真正含义的好奇心。即便是我们做出的最好陈述，也是在鼓吹人们错误地相信它所代表的是一项没有任何限制和约束的评价。但事实却是，我们只看到了被选择过的部分。

我们不应满足于用受训者打分、用表现作为成绩，用同行评议或用年度教练奖这样的东西来反映培训质量。培训、咨询和领导是情境反应行为。事物本身比评价者所使用的检查表或标准集合要复杂一百倍，并且它们的意义和质量是由紧密参与其中的人来构建，这就像儿童故事的意义是由故事的听众，也就是孩子们来定义一样。价值嵌入在情境中，而评价人员、主管或其他专业人员可以感知到的只是价值的一小部分。最好的分析也不能把零碎的"布料"变成完整的"衣服"。一个只有一半的故事或许能称得上好，但它总应该带有这样的警告：即使是最好的分析方法也不能将一堆零碎的测量结果拼凑成一个完整结果。优秀的评价者会告诉读者评价中未包括的事物。

综合推理

综合推理需要在存在明显差异的指标性思维和解释性思维之间开展工作。同时，我们还需要审视基于标准的评价方法和回应式评价之间的区别。

> **综合推理**（synthesis）：将各部分聚集、整合在一起的行为，是对复杂问题的理解。

170　　　德博拉·福尼尔（Deborah Fournier）（1995，p. 16）曾经就评价者的普通逻辑这样写道：

　　1. 建立价值标准。哪些维度是一项评价工作必须做好的？

　　2. 建立标准。这项评价工作需要做到多好？

　　3. 衡量绩效和标准对比。这项评价工作的成果达到了什么水平？

　　4. 将数据进行综合，用于价值判断。这项评价工作的优点或者说价值是什么？

　　这的确是很有益的启发。消费者协会就这样检测许多产品。但是，大多数项目评价者并未按照福涅尔和尼克·史密斯（Nick Smith）（1993）的说法开展工作。许多人首先尝试获取大量的项目细节和背景，以供综合推理时使用。也有许多人试着去收集项目员工或者受益人的经历和感受。只有少数的项目评价者会事先设定好绩效评价标准。他们这样做主要是因为客户提出了相关要求。当评价完成之后，评价者会因为曾经将标准设置得过高而尴尬。因为这会让有能力的人显得不称职。在评价者不是非常了解评价工具和项目工作人员的情况下，评价者应该寻找已经存在的标准。事实上，他们确实这么做了，他们认真地想要理解在当前情境下项目质量的本质，并明确如何从优势与价值的角度对项目绩效进行归类，但成果甚微。不过这是一个循环往复的过程，它涉及对评价指标进行修改，对绩效进行反思，以及对标准的思考。即使采用最基于心理测量标准的评价，质量标准的概念化也需要通过多次反复讨论来一点点明确。

> **认识论**（epistemology）：对知识本质的研究。认识论的目的是对知识所声明的内容进行验证。

我们的评价方式体现出我们对评价对象优点的认知,同时我们也受制于这种认知。① 想一想,你如何理解"质量"? 质量又该从何处寻找? 根据你对事物的认识和理解,你是否认为一个评价对象有内在价值? 这样说或许会让你更容易理解:草莓本身是好的吗? 它的好是否可以不依赖于人们对它持有的观点? 一场滋润森林万物的春雨有内在价值吗? 要求对犯有某些罪行的人提供社区服务的政策是否具有内在价值,这与人的价值是否相关? 优点是评价对象的固有属性,还是完全由人来决定的性质,抑或是二者兼而有之? 是否存在一个项目,不管人们如何看待,它都是出色的? 或者反过来,它的价值完全由人类构建吗? 最后,如果我们综合这两种观点来考察一件事物,就能做出最好的评价吗? 这些问题都没有标准答案,但我们所做的评价各自有其答案。

我们谈论一个评价对象所具有的优点或是价值时,不应该局限于评价指标或标准,还应该考虑人们对其绩效的认知。因为人们对评价对象的看法不能忽略。我们想探讨评价对象本身的质量时,只能将它部分独立于人们的看法。如果我们说评价对象具有内在价值,那么这就意味着不论人们对其看法如何,我们都要以客观方式去探寻内在价值。当然,评价者也可以接受一部分主观想法,因为它们或多或少有助于基于标准的评价策略形成。

如果你认为一个评价对象的价值或多或少是由人们通过他们的认知、选择和判断来构建的,那么你进行综合推理的策略很可能与其他人不同。即便你同意一个项目或方案具有内在价值,你也很难发现这种价值。因为你把精力更多地放在了那些提出看法、选择和判断的人身上,而忽视了指标性绩效。

认识论的差异部分决定了我们的评价设计,包括方法、观察、分析和综合推理等。基于标准的评价测度的是那些不言自明的高绩效项目,假设在一个评介项目中,一群社区健康专业的学生在毕业后都找到好工作,并且获得了升迁,那么评价者即使不具

---

① 用理性和分析性的方式去认识优良性十分困难,但是从直觉上认识优良性就容易多了。

备任何社区健康方面的专业知识也可以下结论说，这是一个高绩效的项目。当然，其中涉及的老师、招聘者、监察人都在进行评价与选择，他们可能对这一结果感到高兴，也可能感到失望，但从表面上来说，这个训练项目是成功的。在采用基于标准的评价策略时，评价者会寻找与标准相对应的良好表现。他们可能会详细研究项目测试、工作安排和评分方案，但这样做是为了让他们在最客观、最独立的判断过程中感到自信。

　　最大限度地减少人在评价中的个性和判断，就是在最大限度地减少参与者和观察者的偏见。带有偏见的评价会歪曲甚至破坏评价的结果。按照迈克尔·斯克里文（1998）的说法，"评价者的首要任务就是从行动和实践中剔除偏见"。在本章后面的内容以及第九章中，我们会讨论关于偏见的控制问题。评价者拥有识别标准和设计数据收集方法的能力并且能最大限度地减少人类主观性，这才是良好的基于标准的评价标志。

　　但是，许多项目的性质会让我们难以识别其中的标准，也难以收集那些能客观证明项目质量的数据。评价者可能面临一个选择：衡量标准绩效的弱相关性还是依靠人们的认知来证明项目质量。在人们所提供的证词中，他们可以独立于自身对项目质量的判断来对项目绩效进行描述。但通常情况下，支持或反对该项目的偏见至少会在一定程度上使他们的描述和判断无效。

172

备选教师教育

　　1998 年，由于密尔沃基（Milwaukee）公立学校的教师职位长期空缺，该校实施了一项备选教师培训项目。该项目由马丁·哈伯曼（Martin Haberman）先生设计，他一直是城市教师特殊培训的倡导者。他们招募的人员需要具有学士学位，有数年商业、农业和工业等方面的非教学工作经验。在经过细致筛选后，招募人员参与了为期数周的暑期培训，接着他们被分配到初级班级里。在接下来几年，该校为这些教师提供的服务包括每周一次的晚间小组作业，每十人由一位

> 经验丰富的导师进行指导。CIRCE 参与了该项目的评价工作。我们观察了许多
> 教师在课堂、培训和其他活动中的表现。虽然导师们也十分用心地建立了对教
> 师和该项目的评价标准，但他们并不能客观地判定教师的表现是否高于或低于
> 这些标准。(Chandler et al.，2000)

在 CIRCE 对密尔沃基公立学校备选教师教育项目的评价中，项目主管指派了一位内部评价员，他们的职责是根据导师提供的检查表去观察每位受训者的教学情况。尽管他们想做到标准化并维持公平性，结果却并不如主办方所希望的那么客观。你看到其中的替代标准了吗？国家专业教学标准委员会（The National Board for Professional Teaching Standards）(Ingvarson，1998)有一套更好的流程来评价教师能力，他们采用一批训练有素的评价员来进行评价，但它比起之前的评价更加昂贵、耗时。

当评价者使用回应式评价策略时，他们选择关注个人、环境和项目运作风格等特殊情况。环境可用来详细解释项目运作的意义及其产生的真实但尚存疑问的结果。个性化数据收集帮助人们了解项目服务提供者和接受者的经验，这些经验是只关注标准化措施和群体比较的评价人员所无法获得的。但是，当评价者利用标准来衡量这些经验时会发现它们的可信度不高。

我一再强调，大多数评价者都试图使他们的工作既具有指标性的特征，又兼具解释性特征。然而，他们的认知信念，所处的政治环境以及完成工作的压力都会促使他们把综合推理的重心放在基于标准的数据或回应式数据这二者之一上，极少情况能让这两种数据发挥同等的作用。综合推理依赖于标准，而标准能用来评判一个评价对象的表现。但标准是谁定的？是许许多多的人，以及许许多多的先例。很多时候，人们的预期或者说期望，都能成为标准。评价者根据他/她自己以及其他许多人心中模糊的标准来评判所观察到的评价对象的表现。虽然这很难做到，但若有良好的数据、缜密的思考，并与他人一起合作对想法进行改进，评价者们还是有望做到这一

点的。

　　一个作为评价对象的项目，也可以被当作一个学习案例。在我职业生涯的中期，我意识到几乎全部的项目评价都可以用作学习案例，这一认识有部分归功于李·克龙巴赫的建议。有时，案例中有许多站点、许多服务提供者和多项功能，就像阿伦·克森（Arlen Gullickson）曾评价过的 ATE 社区学院项目（Migotsky & Stake，2001），该项目的评价结论把以上许多要素集合当成了一个实体或案例。有时，评价对象只是单独的一个项目和案例。除社会科学传统的研究方法之外，我们还应该采用多种案例学习方法（Stake，1995；Yin，1994）。

　　作为一个案例研究者，我用了超过二十年的时间去发展该领域的研究技巧，并更多地关注每个案例的特性而非共性。案例不是"某种一般事物"的具体例子，而是有其独特的利益点。在前面的章节中我提到过，我与杰克·伊斯利等人主持过一个国家级大型研究项目，叫作"科学教育案例研究"（1979）。在该项目中，我们参考的对象是全美所有的公立学校。实际上，我们观察过案例的只有十一个，即十一个社区，每个社区选择了一所中学，以及为其提供生源的小学。我们需要以此为基础，总结美国学校的科学教育质量。我们没有设定标准，也没有一致的意见去定义构成良好科学教育的要素。即使我们发现了一个理想的测量教育质量的方法，我们也不知道测量的结果该参考怎样的标准。另一方面，即使我们能将测量结果与十年前的教育质量做比较，或是与同时期其他国家的教育质量做比较，我们也无法明确地说现在美国学校的科教水平到底有多好。我们可以在 10000 分的分数尺度上测量这种差异，但没有一个基准告诉我们这种差异是否重要。因此，我们唯一拥有的标准，并且也是通常存在的标准就是人们对教育质量的认知，包括赞助者、员工、受益人、大众、专家以及评价者们的认知。

174　　　鉴赏评价（Eisner，1979）解决了这一关于标准的难题，它认为项目所在领域内有声望的专家所认可的质量就是标准。也就是说，我们需要谨慎地把评价对象的绩效展现给专家，让他们来评判质量。他们可能会关注其他因素（比如受益人的需求、项目目标、评价指标或是项目成本），也可能参考某种绩效类型［他们可能会引用特定的基准绩效，比如汤姆·斯托帕德（Tom Stoppard）的剧作作品，或是弗兰克·劳埃德·赖特（Frank Lloyd Wright）的建筑设计作品］。他们会向人们陈述或暗示评价对象的质量，并从他们对质量的理解中得出结论。[①]

评价者的工作最终展现的是评价对象的质量。当评价者比较了所有数据，完成了三角测量和元评价的工作，并逐个复查每个问题后，就可以用直白或隐晦的方式（即含蓄地暗示）对评价对象的优缺点做出论断。他们可以展示评价对象大量的优点，也可以指出评价对象的质量会因具体情况不同而有所差异。但无论如何，评价工作的亮点总是关于评价对象优缺点的表述。评价者也可以做出推荐，且推荐可能被认为是他们分外的工作。另外，评价者也可以提供项目补救措施，这也可能被认为是与评价无关的工作。从根本上说，评价基本结束于对评价质量拥有了清晰认知。

综合推理就是完成对评价对象质量的认知。其目的通常是为了报告项目结果已经产生了一定程度的价值。我们可以认为该项目的结果比同时期其他项目或者早期项目的结果更有价值。综合推理的目的还在于，它可以保证评价者在准确遵循计划的基础上开展工作，并尽可能获得相关管理者、员工和受益人的理解。另外，评价者也应该对项目的先行条件进行价值评判。心理学家山姆·梅西克（Sam Messick）（1970）曾评价过乳品店里包装黄油的店员，他认为如果店员需要舔舔大拇指来拿起包装纸，就不能被视作具有非凡的生产力。如何把质量的不同方面整合在一起是综合推理的部分工作。按照"补偿"方法，有时可以通过加权因子来整合项目质量；而按照"多重临界"方法，有时一个低效表现就会被视作项目失败的原因。

175

---

① 大多数评价者相信，当一个一流专家组中每个成员都按照共同的方针来工作时，其工作成果会更好，但实际情况并非如此。虽然成员们按照共同方针工作时会得到同样的回应（因为评价者之间的一致性更高），但他们对于质量的认识还是不同的，而且将评价工作局限在既定目标或标准化指标下不一定会更好。因此，有时候专家组不采用统一的方针，而是带着对评价对象优势与劣势的不同观点进行评价反而会更好。

> **自然主义归纳**（naturalistic generalization）：主要从个人主观经验或替代性经验中（而非从正式知识中）得出宽泛结论的行为，并且不限制这类经验的来源。

经验与证明推理

除评价者以外，阅读评价报告的读者们也会对评价对象的含义和价值进行综合推理。不管是技术人员、企业管理人员还是官员，他们都会依赖自己的经验对项目做出判断。他们不仅会利用评价者提供的数据，还会根据自己的经验与阅读进行判断。即使他们的经验存在局限性，甚至带有偏见，但经验仍然是他们进行大多数决策时的依据。此时，评价者扮演着引导者的角色（Cronbach et al.，1980），读者们会在已有的信息和经验之上，加入新的信息和替代性经验（vicarious experience）来进行判断。

人们采取行动的基础主要来自自身经验，我把这一行为称为自然归纳。如果伯纳丁（Bernadine）在一月份来西雅图看望我们的孙子孙女们，她会选择带上雨伞，这并不是因为家人建议或她看过天气预报，而是因为她以前在这里被雨淋过，那么她带伞这一行为就是基于自然归纳。我们做许多决策时，既会考虑根据正式信息做出逻辑推理，也会考虑根据个人经验做出自然归纳。[1] 项目评价者的责任就是提供正式的概括信息（即结论、论断），并为读者提供辅助信息帮助他们自行决定项目质量。这些辅助信息包括了从叙述、故事和片段中提取的替代性经验。评价者对相关人物、地点和事件的生动描绘则可以强化评价报告中的替代性经验。这并非是提倡评价者去迎合读者对项目优势做出结论。评价者应该以不同的方式概述项目优势，而读者则需要进行独立思考。

迈克尔·斯克里文（1994b）在他的论文《最后的综合推理》（*The Final Synthesis*）中提出了一种最不可能依赖于判断的情况。他非常关注偏见对质量认知造成的影

---

① 在第九章的"小型归纳与大型归纳"一节中有更多关于自然归纳的内容。

响，偏见不仅表现在一贯错误的答案中，也表现在偏离标准的倾向中。也督促评价者们使用证明推理来识别评价对象的绩效，以便客观判定绩效是否有价值。斯克里文这样描述证明推理：

> （证明推理）是为了得出结论而提出的表面证据：……是一种具有强烈环境性的推理。它是"思考的逻辑"……它所依赖的复杂缺失前提一致为如下形式：如果在 A、B、C 等标准下（这些是主要的标准），X 的绩效很高，并且没有关于 Q、R 或 S 的证据（这些都是会严重影响推理的证据）……那么我们就可以下结论说，X 从表面上看是一个好的／更好／最好／胜任的／……腕表／裁判／诊所／学校／止痛剂。（p. 371）

按照以上观点，项目绩效就有了很明确的评价指标，以至于我们根本不需要"判断"项目质量。我们只需要一个或多个指标，项目质量就不言自明了。其他观察者也都会得出同样的结论。因为一个项目有没有达到标准是很明显的。斯克里文列举了大部分关于产品评价的例子，比如手表的时间精度或汽车的加速度，但我们也会想到其他诸如信件写作或社区服务的例子。我们常举的一个关于"初步证据"的案例就是培训项目，这类项目能帮助所有参与者更好地完成自己在组织中的工作。另外，如果我们认为一个有效果的项目不会让受益人蒙受损失，但一些受益人却确实蒙受了损失，那么这就是一个有关项目劣势的"初步证据"案例。标准可以利用遭受损失的实例来定义，或者用受损程度来定义，比如，使 1% 的受益人蒙受严重损失。但是，我主张对项目质量进行判断，并且是有规则的判断。

不论评价者如何描述评价对象都不能减少判断其价值的必要性。对评价对象的损失进行定义是一个判断问题，定义其效果、生产力或社会效益都是判断问题，而非"初步证据"问题。选定评价指标也是判断问题。从利用直接观察者的判断到使用绩效评价指标，判断的轨迹发生了变化。但我们仍然需要对项目质量进行判断。我们头脑里形成的指标和标准的确存在问题，但我们对被观察绩效的选择，以及手表时间精度和培训期间受伤等概念的定义同样存在着问题。这些问题是评价者必须面对的选择，他们不能独自冥思苦想，而应该利用关键资源，并像斯克里文说的那样，尽量使评价工作切实可行。为了尽可能降低主观影响，评价者们或许可以从专业文献，或利益相关者和同事那里寻求帮助。但从最根本的实践层面来说，决定采用某种特定标准的还是评价者本人。诚然，客户设定的标准或公认的定律不应被忽视，但评价者必须决定是否要将这些作为主要或唯一标准。

177　　　大多数评价者都认为对评价对象的详细解释与分析（即详解）非常重要。评价者有时会被称为高效的详解人，因为他们能够有效地描述项目的目的、活动与成就。如果评价对象里有"笔杆子"或健谈者这类人的话，评价者的工作会轻松许多。在我看来，评价者倾向于喜欢那些力求解释清楚的评价对象。

　　　但是，详细的解答或者描述也可能无效或者有误导性。有时人们在描述自己所承担的项目及其标准时也可能会出错。因此，评价者们需要对详解进行严格的审视。[①] 现有的项目说明不一定是进行评价方案设计的基石。我们评价的对象是存在于现实中的项目。[②] 那些被观察到的绩效是项目执行的结果，或者是受益人或外界因素影响导致的自然变化结果，而不是其他人随意所说的项目结果。[③] 稍后我将详细介绍归因。

---

　　　① 斯塔弗尔比姆和库巴提出的 CIPP 评价模型（Stufflebeam, Madaus, & Kellaghan, 2000, p. 279）包含了对环境、输入、过程和产品的关注。其中的环境部分需要对项目的目标、决策、障碍和标准进行评价。库巴为该模型制定了一个指导性的方向（即待验证的假说），而斯塔弗尔比姆则制定了一个管理性的方向（即未来要做的决策）。这个模型严格基于标准，同时也关注各部门和媒体的评论，并会对此作出回应。该模型在世界范围内被广泛使用，尽管它通常不太会关注关于项目目标与标准的评价。

　　　② 这是迈克尔·斯克里文（1973）在介绍"无目标评价"时提出的观点。

　　　③ 我们应该关心项目本身发展的结果，而不是外界人员（包括外部评价者）所希望的结果。传统认证评价最好的一点在于，即使评价团队是由组织或政府的中央委员所建立，它仍然以局部单元的既定目标为导向。同时，它使用了一些通用标准，比如员工培训或者财务审计的最低要求。不管是局部标准还是中央标准都有明确的说明。多年来，认证既是项目运行的保护措施，也是评价措施。它为管理者提供了改善局部单元和组织整体标准的机会。

项目说明中的陈述总是存在错误,因此我们不能完全依赖详解去捕捉真相。评价者对项目所做出的陈述有可能比项目本身要复杂得多,但现实往往主是相反的情况。一个复杂项目很可能被它的"代言人"和评价者过于简单地描述,特别是当它们在不同地点和情况下运作时,例如洛杉矶的公立学校或罗马天主教堂的运作。

因此,我们需要对评价对象的陈述进行权衡。我们越是强调详解,就越容易把事情过分简化。为了避免过度简化的发生,评价者必须更重视项目先例、项目执行过程以及项目结果。换言之,评价者要更重视项目经验。这也意味着,评价者应该仔细检查与项目有关的详细记录,还应该向参与过项目的人讨教,获取他们对该项目的认知。因此,本书向评价者们介绍了一种更具有价值的权衡方法,运用这种方法可以获得更好的详解与变量选择,或是获取与项目更紧密关联的知识。评介者更多地使用回应式评价可以更好地获知项目进程,更多地使用基于标准的评价方法可以更准确地描述指标和绩效。但应该注意的是,这两者都无法保证标准能在综合推理中被准确地运用。

178

评价者会在研究早期阶段做出关键选择。确定回应式评价的重点能让我们更好地认识被评价的项目;基于标准的评价能让我们更关注评价指标的选择以及数据收集工具的构建。每一个评价者都会对项目质量有一个初步的印象。通过交谈、阅读和观察,他们会不断运用头脑中形成的标准去感受项目的优势和劣势。这种印象应该被视作财富还是障碍呢? 其实,回应式评价领域里的综合推理理论将它们视为一种财富,并且鼓励评价者带着这种印象开展工作,同时扩充它、质疑它,再修正它、精练它,这项工作是主观且循序渐进的。

基于标准的评价领域则相反,该领域的综合推理理论将个人印象和观点视为偏见。该理论试图用正式数据替代非正式数据,用客观数据替代主观数据。它通过均值、标准差和相关系数等方式得到统计数据,避免了从非正式观察和访谈中获得主观的项目绩效与价值。项目绩效的测量、相关因素的解释和证明推理都充满技术性和严谨性,它们强调基于方法论的质量控制。基于标准的评价方法没有把经验记录和专家证词排除在外，但只是将它们视为背景，而不作为测量项目优缺点的因素。此外，评价者还需要进行元评价。元评价具有客观性，它致力于将项目绩效与标准进行最终比较。

综合推理理论和评价认识论的观点并不会让有经验的评价者感到不安。当他们按照协议开始工作时，会很快忙于寻找和处理任务所需的信息。不过，当他们发现项目成功的可能性不高之后，他们就会开始忙于寻找解决信息冲突的办法。这时，他们可能会担心评价技术和认知能否正常发挥作用。幸运的是，如果评价者并未承诺会向客户提供一个总结性判断，那么他们可以只辨析项目的利弊，而不必建议采取其他行动。不过，有些人会质疑评价者这种间接承认自己对项目关键因素犹豫不决的做法。在我看来，评价者的任务并不是下一个定论，而是有效地对项目质量的各个方面进行描述。

分析与综合推理有助于认识评价对象。我们对评价对象的看法各不相同，这不仅体现在对其质量的看法上，还体现在对评价指标和绩效的看法上。某种程度上，我们对于项目优点的定义也会发生改变。项目评价的经历可以使我们识别优势与劣势的能力逐渐成熟或逐渐退化。测量方法和项目绩效相互影响，评价者和项目绩效也相互影响。

基于标准的综合推理其实是一个变形体，它让我们对价值的认知像蝴蝶一样，从分析的蝶蛹里破茧而出。这虽在意料之中，却还是像个奇迹。在可预见的未来，综合推理的工作还是不能被计算机取代，因为它需要人类的思考来权衡各种因素，重演各种情形，并发现其中的矛盾和遗漏。对评价对象优势和价值的认知是每个人思维的一部分，这种从测量与逻辑中散发出的认知光辉，带着精确的洞察和怀疑，成就了我们所看到的评价之美。

回应式评价的综合推理也同样多姿多彩，但它更像是一个渐变而非突变的过程。在最开始，几乎人人都能看到项目价值的闪光点，价值伴随着项目意义而产生。有技巧的评价者会放大它们并发现项目更多的闪光点，找到很多其他人看不见的意义。

他会把这些意义、闪光点与构建评价方案的重要问题连接起来,就像一个对水晶了如指掌的人,让价值所散发的光辉更加耀眼,并且不断囊括更多元的文化观点和现实意义。回应式综合推理中也存在某些事物突然浮现和转变的时刻,但总的来说,它是一个渐进的过程。这两种综合推理在本书的前后部分都有展现。

评价者或评价团队会同时采用基于标准和回应式的评价方法,也同时采用证明与经验推理。因此可以说,他们同时利用了"蝴蝶"和描述—判断的"光谱"。综合推理在评价研究里贯穿始终,直到接近评价工作的尾声时才会有最终的综合推理。在编写最终报告的过程中,人们已经认识到评价对象的价值,并且认识到价值是一直在转变的。如果评价是一个长期的客观过程,能把人的主观判断排除在外,并把这种客观精神贯穿始终,评价质量将会得到显著提升。但实际情况往往不是这样。不管我们如何严格遵循标准以保持评价的客观性,这一过程总是会受到主观影响。

元评价   180

科学的标志之一,就是人们希望确切地知道自己能在多大程度上信任自己所做的测量和结论。比如,当我们用基于科学设计的抽样调查来预测选举结果时,我们得到的信息会包括误差区间,或者说一个包含真实选举结果的区间。统计分析是一种有效方法,它能告诉我们分析数据与随机数据之间的差异有多大。反之,定性研究还没有发展出一套系统的方法来确定置信度。不过,任何探究和调查评价的方法都能提高我们对所评价结果的认知和信心。在评价学里,我们将这些方法称之为元评价。

元评价(meta-evaluation):对评价工作质量的评价;对评价研究结果的优势与劣势所做的判断。其形式可以是正式或非正式;可以由原评价人员、评价人员的同事或第三方人员执行元评价。

就像评价者关注评价对象的运作过程和产生结果一样,元评价关注的是评价过程本身的运作和结果。元评价更加严格地遵循标准,同时更能体现回应式。

基于标准的元评价可以通过多种形式呈现，其中一种形式是由斯塔弗尔比姆（Stufflebeam et al.，2000）提出的。这种元评价会检查①评价者的各项评价活动是否关注到了它们应满足的标准。最常见的标准来自《联合标准》（Joint Committee，1980）。例如，A3 标准内容如下：

> 收集的信息应该在以下范围，并按照以下方法进行选择：信息能够被处理，能够被用于与评价项目有关的问题中，并且能够回应特定群体的利益和需求。

此外，元评价还要检查项目评价的实施过程是否正在满足或已经满足了标准。《联合标准》细分出的四个部分——真实性、可行性、适当性和准确性，十分适用于元评价。

另一种基于标准的元评价方法则由迈克尔·斯克里文（1969）提出，该方法会单独收集和重新分析少量的关键结果数据，查看是否能发现关于项目优势和劣势的相似结论或陈述。这种元评价通常会严格地遵从心理学计量程序来评价测试的有效性。心理学计量验证方法是将从少量标准数据中学到的知识，与通过对相同案例的大量深入研究所学到的知识进行比较。②

举例来说，为了证实一个培训项目效果检验的准确性，评价者可以把 30 个该项目受训者的测试分数，与另外 30 个接受同一项目但受训时间更长、经验更丰富的人的测试分数相比较。比起计算两次学员的成绩（即进行两次相同的测试）再查看两组分数是否高度相关的标准，这种方法显得更有效。③ 因此，这种标准被称作可靠性标准。使用可靠的评价工具很重要，但更重要的是确保评价结果的有效性。不管是用

---

① 斯塔弗尔比姆收集和制作的其他检查表可在这里找到：www.wmich.edu/evalctr/checklists.

② 这种对测试的验证方式，对大多数测试设计者来说都是成本高昂的。同时，大多数评价者也无法保证他们所用的评价工具与流程得到的信息，与通过更深入研究得到的信息会大致相同。

③ 从心理测量角度对测试的有效性和可靠性进行估算的方法可参见 Mehrens & Lehmann（1984），Payne（2003）。

心理学测量方法还是其他方法，数据的可靠性和有效性都是元评价要努力达到的主要目标。

对回应式评价进行元评价是评价计划的一部分。元评价者们需要熟悉评价活动的主要内容，并在前期工作中理解这些评价活动及其优缺点。这直接依赖于元评价者个人对评价工作所涉及的人员、评价事件及评价者所做判断的熟知程度。我对查尔斯·默里所做的"学校中的城市"（CIS，在本书第三章末尾提到）这一评价项目进行过元评价，该成果已经出版，名为《安静的变革》（1986）。

1983 年，美国国家教育学院（National Institute of Education）资助默里完成一项以利益相关者为导向的评价项目，并通过 CIRCE 邀请我们为此做一个以利益相关者为导向的元评价。我分别到亚特兰大市、纽约市和印第安纳波利斯参访考察了该项目，从而形成我自己对工作质量的评价，同时也近距离地观察了默里的小团队是如何工作的。我详细观察了评价者与利益相关者（特别是主办学校中为参与项目的学生家庭提供社会服务的员工）之间的互动。在一位 CIS 项目内部评价者乔伊斯·麦克威廉斯（Joyce McWilliams）的帮助下，我感受到默里的质疑与日俱增：他认为联邦政府能够也应该提供这样的服务。我描述了他如何不能再继续设计一个计划缜密的评价项目，这在他 1984 年出版的《失地》（*Losing Ground*）中也有所提及。

该回应式元评价中的议题由 CIS 项目的评价者和利益相关者提出。很多父母认为学校所做的努力在教育层面上是合理的，从伦理道德层面上看学校关心学生的家庭也是有价值的，但实际上这种努力并没有优于传统的社会服务。默里（即评价者）没能履行合同规定的职责，因为他没有按照承诺通过学校收集到有关学生和家庭的数据。因此，该项元评价工作进行综合推理的依据不是项目生产力的指标或合同的完成度，而是依据利益相关者的经验。

自 1990 年以来，在 CIRCE 所做的大多数评价项目中，我们都会设置一个简单但正式的元评价程序。在即将完成最终评价报告时，我们会聘请未参与该项目评价的同事来严格审查我们已完成的工作。他们审查的方式多种多样，比如来到 CIRCE 与我们面谈，阅读我们的草案，与我们的数据源进行交谈，或者提出问题来质疑我们。虽然我们会选择那些熟悉我们工作风格和过往研究的同事，但他们非常严格，甚至会问我们一些刁钻的问题。每位元评价者都会写一份报告。其中一个例子是詹妮弗·格林(Jennifer Greene)的元评价报告，你可以在本书的网络附录中找到它。其评价对象是我们在退伍军人福利评级的基础上对退伍军人福利管理局的培训所做的评价。

　　另外一些由外部评价者进行的元评价报告出版在《美国评价杂志》(1999)上。首先由丽塔·戴维斯(Rita Davis)和我对评价项目进行描述(Stake & Davis，1999)，它是一个由退伍军人福利管理局发起的"以读者为中心"的写作培训项目评价，它旨在提高退伍军人福利管理局工作人员的写作能力。在学报编辑布莱恩·沃森(Blaine Worthen)对该项目进行解释说明后，两位专业的评价者，洛伊丝-埃琳·达塔(Lois-ellin Datta)(1999)和帕特里克·格拉索(Patrick Grasso)(1999)展示了他们所做的元评价。通常，我们会把元评价者所写的内容保留在我们的最终报告中。尽管我们的本意是在综合推理过程中，激发更多对我们这部分工作的深层次思考。图 6.5 为指导元评价的一些焦点问题提供了建议参考。

183

为了设计元评价研究，研究者应关注：	过程：评价者对过程检查工作的完成质量如何？	结果：可以证实哪些研究发现呢？
项目质量		
项目操作		
内容/话题		
项目环境		
项目影响		

在元评价报告展示方面，研究者应关注：	在该方面有什么关键数据？	关于该方面应该得出什么结论？
评价研究质量		
研究的理论依据；偏见		
评价研究操作		
评价研究话题		
评价研究应用		
研究的普适性		

图 6.5　用于指导项目元评价的重点及相关问题

元评价的任务是确认项目评价所取得的发现，这对基于标准的评价和回应式评价来说都一样。一些更偏向于定性研究的评价者用"三角测量"这个词来显示他们为阐明和证实项目含义所做出的努力。随着后现代思维在项目评价中体现得越来越明显（Mabry，1997；Flick，2002；Schwandt，2002），确认项目单一价值的重要性有所减弱，而显示项目文化差异性和价值情境依赖性的重要程度却增强了。因此，三角测量和元评价扩大了评价者寻找额外信息的范围，[1]信息范围的扩大也有助于评价者对信息进行确认和分类。举例来说，评价者们预期结论或许是：越来越多老员工反对某项重建工程。但元评价者可能会指出即使在老员工中也存在意见分歧，这就表明有必要进一步梳理和分析这些老员工的意见。再举个例子，元评价或许会认为之前的评价忽视了城市与乡下社会工作者的差异。三角测量同样可以证实新出现的论断，并促使我们重新思考这些论断。

在《研究行为》（*The Research Act*）中，诺曼·邓金（Norman Denzin）（1970）描述了三角测量中的几种观察方式，其得到的发现也遵循这个框架。在图 6.6 中，我重构了邓金的框架。

---

① 评价者们并不十分擅长对自己所做的三角测量进行描述，并且读起来也会很枯燥。但是，读者们却可以从中知道自己对所得的发现可以抱有多大的信心。

185

可以从以下六点中的任意一点出发对数据进行三角测量：

　　1. 时间。（观察结果的含义在一天、一周或一年中的任何时候都是一样的吗？）

　　2. 空间。（观察结果的含义在任何地点都是一样的吗？）

　　3. 人员。（观察不同的群体得到的观察结果所代表的含义是一样的吗？）

其中人员方面的差别可从三个层次考虑：

　　a. 单个人员之间。（对不同的个体进行解读，结果会有不同吗？）

　　b. 互动群体之间。（对不同的家庭或小组进行解读，结果会有不同吗？）

　　c. 更大的集体之间。（对不同的组织进行解读，结果会有不同吗？）

　　4. 研究者。（不同的研究者得到的观察结果的含义是一样的吗？）

　　5. 理论。（当研究针对不同的理论观点，如特殊教育与残疾观点时，观察结果的含义是否相同？）

　　6. 方法。（用不同的数据收集方法，如观察和访谈，观察结果的含义是否相同？）

图 6.6　用于明确观察意义的六个元评价问题

　　图 6.6 中的问题可同时用于证实观察数据和证明结果释义。有人会认为这是在"排除敌对假说"。如果我们明确项目含义没有发生改变，那么我们就有自信认为解读是正确的。通过三角测量可以简单地进行数据陈述，下面便是一个例子：

　　1. 校长坐在观众席中，就坐在过道前排。

　　2. 学术型学生坐在前排，技术型学生坐在后排。

　　3. 一些技术型学生奚落了校长。

　　第一句话几乎是无可争议的。没有哪个读者会质疑这个观察，而它也不需要三角测量；第二句话则需要仔细推敲。如果这两个群体是彻底分开的，那他们究竟有多大差别，这需要进一步探究；第三句话则需要进行三角测量。校长是不是这场奚落的受害人？学生们是真的奚落还是在开玩笑？只有技术型学生在奚落校长吗？因此，如果评价者要对该校的紧张关系做出判断，就必须依赖对这些简单数据进行细致严谨的三角测量。

接下来是一个解读性陈述，其中的重要部分或许需要进行三角测量

1. 校长表现得很焦虑。

2. 学生的座次安排反映出一种制度或社会观念——学术型学生比技术型学生更优越。

3. 缺乏组织的典礼让校长感到焦虑。

4. 毕业标志着学生对家庭和老师的依赖转变为对同龄人和社会系统的依赖。

第一句话作为一个复杂的描述性陈述是需要进行三角测量的：有没有证据能够证实校长的焦虑？高级教师们是否认同校长正感到焦虑？第二句话则暗示了在学校甚至全社会范围内，由于教育渠道的不同，人们获得的尊重也不同。这种现象是正常的吗？第三句话近乎是对校长的无理成见，它难以记录，也难以找到相关支持文献。第四句话可能会被读者们认为是评价者做出的一种概述。一般来说，评价者应该在报告的前面部分给出相关证据。对那些全面、周密的评价者而言，他们会在不援引证据的情况下在报告最后部分做出概述。如果一句陈述显然是作者的论断或推测，那就不需要评价者对其进行三角测量。不是所有事物都需要三角测量，但是一些与大众预期相反的关键信息和总结是需要特别关注的。

我们逐渐发现，三角测量已经不仅是在证实，而且是在探寻结果的替代性含义。一个大群体的反对可能会掩盖其中小群体的赞成。而一项好的评价工作，其任务之

186　一就是要找出评价对象中的个性和独特之处。三角测量就是这样一个搜索引擎。它是一种双赢的探究技巧：如果它能找到证实结果的信息，就能增强我们对评价对象所作解读的信心；相反，如果未能找到或找到与结果相悖的信息，那将促使我们去认识评价对象其他未被我们发现的方方面面。因此，三角测量是项目评价过程的重要环节之一。

持续自我质疑的伦理观

　　元评价的重要价值在于对评价者的行为进行反思。评价者所开展的工作包括说明目标、起草合约、组建团队、评价需求、构建工具、重新定义问题、采访、分析、综合推理，或者撰写报告等。高质量的评价依赖于自身的质量控制机制。唐·舍恩（Don Schön）在他的《反思的从业者》（*The Reflective Practitioner*）（1983）中对"反思"进行了论述，他认为这是我们每个人都应该做的事情。

> **质量保证**（quality assurance）：对常规流程进行监督或修正，目的是取得和确保流程的高度有效性。

　　如果你选择成为一名专业的评价者，那么制定一套详细的检查计划来确认评价进程的质量将十分重要，特别需要确认的是你完成工作的质量。这种间歇性的质量控制检查在之前段落中也提到过，在第九章的"作为承诺的怀疑主义"部分我将再次讨论它。总之，我们应该带着反思去完成规定的工作。

　　评价者时常会检测自己的行为，这种做法有意识且有意义。[①] 作为评价者，你可能会问："这是我真正应该做的事吗？"这样的监测在很大程度上就是自我质疑："我的铅笔削过了吗？""被采访者是不是在回答我提出问题？""我是否透露了太多评价的意

---

　　① 当然，对反思给予过多关注可能会干涉评价过程。下面这首打油诗曾经帮助我形成了最初的怀疑："有只蜈蚣一直很快乐／直到遇见一只青蛙向它打趣／它问：'劳驾，夫人／请问您哪条腿先走，哪条腿后走？'／蜈蚣从此分心犯了难／不知该如何行走了。"

图?"这些想法与生俱来,不必专门学习。但我们确实需要学习把自我质疑扩展到那些不是出于直觉的问题上。我们需要反思自己的努力,反思自己完成的工作。有时候,我们需要对自我学习行为进行研究,就像第二章开头说的那样。一项没有自我质疑的评价工作就像是缺少了新娘的婚礼。

　　我们应该让其他人一起加入质量控制工作中来,包括为我们提供数据来源的人。在评价学中,这种方法被称为人员检查(member check)。如果一个评价者起草了一份关于某人的描述,或是引用了他人的描述,那么在可行的情况下,就应该对这份描述进行"人员检查":该评价者应该把这些描述提供给被描述的那个人,请他提出当中可能存在的错误和修改方案。一个人的语言和行为意图通常是模糊的,即便十分清晰,评价者也应该检查他们自己对此所做的解读。通常,反馈内容要比原始版本更具有价值。此外,评价者往往不能完全意识到自己所做的论断暗含了什么信息。比如,你或许认为自己对某个员工勤勉工作的描述是出于好意,但在他看来,这样的描述可能会显得他在"卖力献殷勤"。因此,人员检查可以给提供数据源的人一个反驳错误描述的机会。当然,有时情况也有可能是,评价者所做的负面描述会冒犯到被描述的对象。这种情况有可能会使合作关系破裂。

　　在前面章节中,我提到过对弗利先生所在班级学生家长的采访。在 1990 年的加州,学校预算在"3 号提案"的影响下锐减,小学艺术和音乐教师数量也大大减少,因此我很想知道在这样的情况下,老师们如何开展加州政府规定的艺术与音乐教学。弗利先生是一位很有能力的四年级教师,他非常积极地配合我在他的课堂上进行为期一周的观察,而我选择向他隐瞒自己的动机,因为我担心这一动机一旦暴露,他就会因为我在课堂上的出现,而对艺术与音乐教学给予额外的关注。当读完我的"人员检查"草稿后,他显得有些心烦意乱,并说这份草稿让他和他的同事产生了不好的感觉。因为他不能认同带有冒犯性的文章。于是,我重写了那些我认为会让人感到困扰的内容。不过,我仍然根据自己的观察描述道:尽管弗利先生是一个狂热的园艺家,一位方块舞舞者,一位老式汽车收藏家,和一位爱国材料收集者,他却没有利用自己或任何学生的兴趣收藏和业余爱好，在课堂上展示艺术、美学与珍爱的形式。我并没有提示他要在课堂上利用这些机会，而他也没有与我讨论过这个问题。对此，弗利先生希望我删除这部分描述，但我并没有向他承诺说自己会做出修改，并且最终（尽管感到歉疚）我还是以隐去他名字的方式把这项案例研究出版了（Stake，1991）。

　　评价者可能不愿要求被描述对象作出进一步的反馈，但通常出于礼貌，评价者应该让被描述对象先看到有关自己的描述（在第九章中我将再次讨论这个伦理上的问题）。

　　项目质量控制是主管人员及每个工作人员的职责。当然，评价者也不例外，他们需要指出项目的优点与不足，有时还要提供用于修正的反馈信息。如果主管、评价者和利益相关者中的任一方都对危机不敏感，那项目很可能面临失败。

　　评价者可以通过感觉去判断项目的优势，但仅凭直觉是不够的。内部评价者应该用一整套检查机制去判断项目何时会偏离正轨。也就是说，评价者需要不断问自己"哪里可能会出错？"无论是内部还是外部评价者，都不能仅凭自己的感觉或是对别人的信任来进行评价工作。相反，他们需要设置检查机制来验证观察结果、重新分析数据，以及对解读进行质疑。这就是我们所说的元评价，即对评价的评价。元评价有一套独特的流程，但它更多是关于持续检查、持续自我质疑的伦理观，它赋予我们的职责是随时检查评价过程中可能会出错和不符合标准的地方。

◆ 小故事（六）

菲利斯：　我们已经把数据收集工作集中到四方面——对培训者与受训者之间接触进行的观察、从受访者访谈中得到的反馈、备忘录比较、从学员访谈中得到的反馈。我们注意到，人们的表现并不总是像他们预想的那么好。

萨格雷多：我还是不清楚，通过什么可以看出受训者备忘录写作水平的提高。我对你说的所有这些标准感到困惑。

菲利斯： 有些评价者的工作有明确标准，但多数人没有。如果我们必须根据项目结果来进行决策，那么最好提前设定一个分数线。通常，我们会查看所有数据，然后评价者和其他人会自行决定分数线。对于培训项目，我们没有一个官方的绩效标准。因此，人们每一次都需要重新考虑立刻采取哪些行动。这不仅适用于培训导师的项目，也适用于制药行业的发展。

萨格雷多：当你在比较培训前后的备忘录时，你会使用统计学检验吗？

菲利斯： 我可能会计算收益（或损失）的统计显著性，但我不建议把它们作为评价的标准。

萨格雷多：为什么不呢？

菲利斯： 针对规模很大的总体做决策时，可使用统计推断检验，而样本是从总体中随机抽取。即使我们随机抽取了备忘录，我们关注的也是其改善程度，而不是假设总体中的非零差异。我们会分别查看当前的备忘录样本、过往的备忘录样本及其平均差异，从而决定应该对高级导师培训项目的质量做出什么结论。

萨格雷多：我猜你的意思是，我们并不是要评价培训项目的总体情况是否良好，而是评价这一特定项目是否对我们有益。

菲利斯： 没错。统计显著性并不能告诉我们差异对于我们这个组织而言是否重要。

萨格雷多：它重不重要难道不取决于个人偏好吗？在我看来这不具有很强的说服力，菲利斯。

菲利斯： 项目评价取决于人的选择，包括对标准的选择。不过我们可以削弱单个人员的主观影响，那就是请一组权威的专家来解读我们记录的测量和改变。与这些评审专家就比较与标准展开对话是专业评价的基本部分之一。

萨格雷多：那对培训的观察呢？我们是否也有标准？

菲利斯： 对，导师、培训者和其他人心里确实也有标准。还记得那个建议你改变退休福利计划的顾问吗？你在时事通讯上说，他帮你把面临的选择变得清晰了。实际上，你也利用了自己的经历和心里早已存在的标准。这些标准从不会写在书本里，但你却在使用。

萨格雷多：如果我们能更少地依赖直觉去做评价就更好了。

菲利斯：　你和其他管理者一样，会运用自身经历和头脑中的标准做出选择。有时候，选择及其代表的含义都是清晰的，但更多时候它们是模糊的。你从评价中得到的结果并不是完全正确、完全客观、没有风险的，它只是为将要发生的事提供了更多信息，并让你认识到这些事的好坏。如果分析有效，那么你会对自己在评价报告中的结论更加自信。

（未完待续）

第七章　客户、利益相关者、受益人与读者

在没有仔细阅读自己写作的内容之前,我根本无法了解自己的真实想法。

——詹姆斯·莱斯顿,《纽约时报》

与大多数行业一样,专业性评价也有其服务伦理。评价者有义务帮助客户、受益人与受众获得他们所需的信息。有时候,评价者会通过避免查看任何潜在的负面消息来实现"有效服务"。大多数项目都具有竞争性,有时是礼貌性竞争,有时则是对抗性冲突。有时一方想要发布的信息,也许正是另一方不想公开的内容,从而导致评价者陷入道德困境,这正是第九章所要探讨的内容。这里的关键点在于,不同的群体需要不同的帮助,而专业的评价者所提供的帮助类型多种多样。较前几章而言,本章着重考察评价报告作者所能提供的帮助。

客户一旦对提出评价要求和调查目标有所省略时,那些被忽略的问题就不会被调查。作为评价项目的资助人,客户通常认为他们对于研究内容具有最终决定权。通常,客户与评价者之间应该进行一次谈判,评价人员对于一个高质量研究的必备要素以及可达成目标具有较大的发言权。客户与评价者应该认识到,在机构与公民、生产者与消费者之间,"社会契约"(social contracts)已经以书面或不成文的方式存在着。社会制度允许客户服务,因为这有助于社会福利事业的建设。特别是当资金来自税收或是公开认证的基金会时,公众有权了解项目的运作情况、优点及主要缺陷。因此,评价的工作范围与调查结果的内容分布需要由客户与评价者共同协商,有时协商会公开进行,甚至有其他人员参与。因此,这并不是一份随随便便签订的合同。

在整个过程中，评价者需要牢记客户、员工、受益人与公众的福利。其中大多数义务的履行有赖于良好的沟通，还有部分则是通过"指标"实现。在论文《指标体系中的技术和伦理问题：做对的事与做错的事》(*Technical and Ethical Issues in Indicators Systems*：*Doing Things Right and Doing Wrong Things*)的摘要部分，卡罗尔·菲茨-吉本斯和彼得·蒂姆斯(Carol Fitz-Gibbon & Peter Tymms)(2002)写道：

> 如果这些(数据收集)系统对于学校来说没有成本效益(cost effective)，那么它难以继续开展。这一系统对技术要求较高，希望能够借助技术优势及时提供精准的数据。数据收集系统往往需要以强大的硬件基础设施和不断完善的软件为支撑，并借助大量编程语言，提供优选的图像、表格等数据展现形式，从而给出一目了然的比较信息。特别是在我们转向以计算机为基础收集数据时，拥有新技术学习能力的高素质人才十分重要。在保证准确性的前提下，采取透明、易懂的数据分析方法，并对数据产生的过程进行建模也不可偏废。例如，为同一年龄组的 85 个不同考试大纲分别拟合单独的回归线，因为任何数据聚合都可能会导致不公平的比较。令人惊讶的是，伦理问题往往潜藏在技术决策之中。例如，通过连续监测某个百分比或某个水平线之上的学生得出的报告结果显示，教学过程中存在着不道德行为：教学重点集中在成绩最好和最差的学生身上。行为失真和数据损坏是指标体系中始终存在的问题。(p.1)

英国专家菲茨-吉本斯和蒂姆斯的这段论述值得大力肯定。他们促进了为利益相关者和管理者提供重要信息的交互式数据系统的发展。下面一段话，主要描述了系统缺乏"用户友好性"与"用户视角"的情况：

- 可读性差。

- 过度承诺数据的准确性。

- 激起"随便看看就能理解问题"的期望。

- 暗示数据透明化分析是一种美德。

对于评价可达成目标的不当表述,有时会令人费解,大多数项目评价者都希望他们的数据系统和报告具有用户友好型特征。实现这一目标不能只是简化数据,还要对数据进行关联,数据的相关性和可理解性有时会产生冲突。我们的客户有时希望执行摘要(executive summary)能够包含所有内容,但有时内容压缩会掩盖一些重要内容与复杂关系。另外,客户有时并不想提及管理质量。因此,读者想看的内容和评价者想表达的内容需要在内容、修辞和风格方面达成一定的妥协。

192

多年前,印第安纳州哥伦布市一个名为"企业责任"(Corporate Responsibility)的项目要求其资助方埃尔文-斯维尼-米勒基金会(Irwin-Sweeny-Miller Foundation)进行一项至少涉及公众福利的实践活动。实践过程中,项目工作人员设法让公司委派一些能代表公众的人,特别是非商业人士与少数群体进入董事会。项目将通用汽车公司(General Motors)当作主要目标。基金会的官员对此表示反对,因为通用汽车公司是基金会主要赞助商康明斯发动机公司(Cummins Engine Company)的竞争对手,这会导致项目具有商业竞争性质,而不再是一项公益活动。许多评价者觉得,这个议题①应该作为企业责任评价项目的一部分进行审查。

这件事以及菲茨-吉本斯和蒂姆斯的话提醒我们,评价对象的差异不仅仅体现在其语言表述中,还存在于其他多个方面。就提高项目管理水平的评价而言,客户的期

---

① 术语"议题"(issue)的定义见第四章。

望通常与其他人对于项目质量的要求不一致。J. 哈贝马斯（Jürgen Habermas）（1984,1987）所定义的"系统"和"生活世界"两者之间有区别。就我的理解，他所谓的"系统"是全球市场、中央政府以及传媒的运作方式。而"生活世界"通常是学生、家庭、科学家单独工作的方式或是艺术家的工作方式。评价者史蒂芬·凯米斯（Stephen Kemmis）（2002）在谈及组织和团体的"生活世界"与"系统"时，认为社交行为的"生活世界"一般包括以下几种人类活动过程：

- 作为个体相互联系，而不仅仅是"角色"（参见系统视角）
- 旨在实现主体间的理解、相互协定，对要做的事达成共识，而不仅仅就某个具体目标达成一致意见（参见系统视角）
- 确保文化共享，社会网络与身份认同，人们不仅仅是某个组织中具备特定职能的某个角色（参见系统视角）

大多数人在进行专业评价时主要从系统的视角来定义评价工作，其主要客户是机构、部门或组织的领导。他们将评价对象定义为这些机构、部门、组织的某项正式活动。在正式写作和非正式谈话过程中，我们将员工、受益人及其他利益相关者称为"群体"而非单独个体。报告中许多内容是对单个受访者进行的访谈写作，但从整体上看，报告也是一份机构文件。史蒂芬·凯米斯（2002）认为，描述"生活世界"和"系统"不仅需要不同的词汇与格式，还需要不同的价值取向与标准。这两者都非常重要，但矛盾的是，他们的差异常常如此之大以至于评价者无法集中在同一个关注点上。凯米斯认为，我们对两者的看法应该是立体的，可以同时着眼于"生活世界"和"系统"，而非只针对其中一方面。随着评价者越来越多地关注个体客户、利益相关者、受益人和读者，他们的方法、设计与文字也会趋向"生活世界"和参与式评价的形式。

参与式评价

管理者和各领域代表、医生、护士以及其他评价活动的主要参与者都能提供重要的评价信息，他们不仅是数据来源，还是项目优缺点的解释者。作为信息提供者，他们还是整个评价活动的一分子。在评价者的帮助下，这些利益相关者也能够开展评价并对关键问题和报告做出决策。通过这种方式，他们将不仅仅是合作者，更是评价活动的共同主导者。恰当地说，评价也可以被描述为"参与式评价"。①

评价策略选择最重要的部分之一就是选择外部独立评价还是自我评价。这两种方式都能生成项目质量报告，也都可以作为组织发展和制度创新的重要一环。外部独立评价由专业的评价者主持，主张不受客户和参与者自身利益的影响。要求进行外部评价也许能使参与者的利益最大化，但如果按照美国评价协会的《指导原则》（*Guiding Principles*）（Shadish，Newman，Scheirer，& Wye，1995）来完成这项研究，在内部与外部人员的利益之间就能找到一个平衡点。

参与式评价主张通过评价来最大限度地提高组织效益。随着评价工作推进，评价者会发现更多的问题，调查结果与组织建设及其未来发展的关系变得更加密切，参与者将变得越来越擅长日常监督与解决新问题。在这样的环境下，评价工作为组织带来的额外效益可能会随之出现。理想的自我评价不仅是自我批评式的，也是自我服务式的。这并非是要寻求一个"确凿的事实"（Nyberg，1993），我们不能期望一项单一的评价研究能同时具备客观可信和组织能力建设两个优点（可能会兼具两者的某些部分，但不可能完全具备。）

194

---

① 参与式评价，也可称为"行为研究"或"自我评价"。但通常情况下，参与式评价有一位评价专家，而行为研究没有。

琼·金(Jean King)和三位明尼苏达大学(University of Minnesota)的博士生同意协助一家社区社会服务机构根据合同开展评价项目。这个机构有几个站点致力于"帮助个人和家庭……提升能力、把握机会、改变限制未来选择的条件"。机构主管和一些同事倾向于行为研究，但这需要专业人士的帮助。因此，他们成立了一个行为研究促进委员会，再逐步发展到包含所有站点的管理者。评价者和委员会编制了两份文件：(1) 一份向新雇员介绍工作流程的入门性讲义；(2) 一本概述如何开展评价的手册，手册也为站点自营的研习班提供了材料和指导。评价工作在各站点持续推进，且逐渐与手册的指导趋于一致。年底，委员会还举办了一个关于行为研究方法的员工研习班。

由于行为研究没有得到站点管理者的支持，这一参与式评价项目起初并不顺利。当发现正在开展的评价要求过高且价值极小时，他们最终也加入了行为研究委员会。这样一来，对于中央机构权力干扰的担忧减少，评价工作的着力点转向了改善机构内部运作。(King，1998)

上述案例是一项自我评价，因为人们评价的是他们自己的项目。同时，它也是一项行为研究，因为他们选择的议题有利于促使人们采取行动转变职能(或保护受到威胁的职能)。并且，这也是一项参与式评价，它要求员工承担大部分工作，但参与人并不包括受益人、投资者、竞争者和其他潜在的利益相关者。参与式通常只能接收(和容纳)数量有限的潜在参与者。参与式评价可能是组织认清自身优势和不断完善的最佳途径。此外，如果要在评价过程中强调项目质量问题，必须有一位接受过评价训练的推动者参与。

有多种途径可以增强评价的"参与式"。我们在第三章中确定了评价的七个要素。其中每个要素都可能会日渐趋向利益相关者的观点，也将成为利益相关者的责任。换句话说，利益相关者能够：

- 确定受益人的需求

- 确认项目目标和问题范围

- 制定评价指标

- 制定评价标准

- 确定综合权重

- 收集数据，并阐释员工和参与者的表现

- 审查、评价和重新制定项目成本

　　通常，参与者进行评价的时间有限，但他们可能承担着管理该项评价研究的部分或全部责任。他们所发挥的作用和功能通常在签订合同时才能够确定，但在评价工作开展过程中可能又会因各种因素而改变。这些变化也许会影响研究的真实性和相关性，根据第二章所提到的概念，评价者的角色也会随之改变。随着利益相关者承担起研究过程中的责任，专业评价者将更倾向于成为一位组织发展的顾问或是推动者（Bickman & Rog，1998；参见 http://www.nisod.org/）。

　　支持参与式评价的目的在于，减少评价的干扰性并提高其相关性和有用性。专业的评价者通常具备更高的技术水平，更好的评价策略以及更强的报告撰写能力，但客户、员工及其他利益相关者对于项目的了解程度则更胜一筹，这是外部评价者无法达到的。两者不仅紧密相关，而且都将发挥重要作用。我希望对于评价的所有权意识能引发人们对评价结果的关注，同时，组织未来的运作也能借助于评价工作来推动。

利益相关者

　　利益相关者即与项目有着利益关系的人，无疑包括受益人和利益受损者，但也包括那些因其他方面没有贯彻实施而失去机会的人。任何评价对象都是一个结构复杂的群体，因此没有一项通用政策或规范能为所有利益相关者服务。

208

196

评价研究的受众由关注评价结果的人组成，这也是一个结构复杂的小群体，通常包括项目管理者、赞助者和其他评价者。潜在受众中的许多人将成为该项目的利益相关者。

回应式强的评价者高度重视利益相关者和受众。回应式评价除了可以帮助他们更好地了解项目质量以外，并不会直接为这些群体或其子群体提供服务。另外，回应式评价有助于受众了解不同利益相关者群体的处境。

在回应式和基于标准的评价中，一个问题的构成或其他概念的设计由评价者完成，其间可能要与利益相关者和受众进行协商。无论有多少利益相关者的建议适用于项目质量调查，设计都由评价者完成。人们会就某些问题进行协商，也会提及设计内容，但设计最终还是取决于评价者的选择。随着研究进一步展开，回应式评价的设计也会随之发生变化。由评价者承担的设计和引导两项工作相得益彰，但还需要许多人协助。这种情况有利于实现和谐的局面，但也会使人误将回应式与参与式两者等同起来。

我带领的每个评价团队都会特别关注那些有助于挖掘社会哲学、学校和社区评价等话题中更深层的教育问题。这些问题有助于我们了解整个项目，以便对评价对象拥有更清晰、完整的认识。我们重点关注教育，因为这是我们团队最熟悉的一个话题。我们重视赞助者、项目管理者、教育从业者、学生和社区成员的利益，但我们的主要目的并不是帮助他们获得更多利益。我们的焦点不在于使利益相关者获益，而在于帮助他们了解项目的优势和劣势。我们也会考虑问题的补救措施，但以上工作不会同时进行。我们可以帮助教育者收集更高质量的数据，保持更完美、更理性、更符合道德的记录，但它们不是评价的真正目的。

对于评价者而言，关注那些少有机会表达其忧虑的利益相关者十分重要。这并非由于评价是一个纠正政治性制度错误的良好机会，而是因为如果这些忧虑没有在问题选择和数据收集过程中发挥作用，人们就难以充分认识项目的质量。我的观察大部分集中在教学和管理过程，因为这是教育工作者的义务，而潜在问题是许多人无法完美履行这一义务。教育工作者并不想定期接受审查，多数人认为他们可以自我监督，但是通过评价，我们为教育工作者找到了未能引起足够重视教育质量问题的原因。

通过对方案的详细描述和对质量的详细解释，我相信利益相关者(部分人而非全体)的期望能得到满足。他们的问题得到了讨论，他们的忧虑得到了认可，但方案改进或权力重构并不在评价合同所规定的范围内。在我看来，没有比为人们服务更好的事情了，而评价人员实现这一点的特殊方式就是判定项目的质量。

效用

在众多评价者中，一开始只有迈克尔·巴顿(Michael Patton)(1997)声称"参与促进利用"，他的各种想法在效用评价的(utilization-focused evaluation)直帜下得以不断丰富。和许多其他人一样，①巴顿对一项评价是否合格的判定标准是其结果是否得到了有效利用。(你同意这个观点吗?)

巴顿的项目评价策略不在于确定评价对象的质量，而在于使评价期间和评价之后发生的事情能够增强评价对象的功能，特别是对用户所提出的需求。若项目有外部评价人员参与，那他们将担任推动者的角色，与项目密切相关的内部人员将担任调查员的角色。这是一种在学校、基金会和企业中较为流行的调查形式。虽然大多数评价者认为，自己能够详细说明评价对象和评价标准。但巴顿认识到，评价对象作为一个整体具有不精确性和不重要性。他用个性化的方式对待不同用户，以此将我们的注意力从项目质量转移到项目的良性发展上。用户的决定是什么? 他们有什么需求? 在许多评价项目中都存在这样的"推动者"角色，但在参与式评价中，推动者变成了主角。评价者从顾问那里学会倾听、尊重、关注组织的选择和资源、支持组织等能力。从这个意义上来说，基于效用的评价既面向组织和团体"生活世界"的一面，也面

---

① Bhola(1998);Braskamp, Brown & Newman(1978);Weiss(1995).

向"系统"的一面。无论人们有什么使用需求，基于标准的评价和回应式评价都坚持了解评价对象的优点与价值。当然，在不同环境下，不同的人会采取不同方式。基于效用的评价和基于标准的评价、回应式评价一样具有其适应性。

　　其他几位有远见的评价理论家，特别是 J. 格林（Jennifer Greene）（1996）、汉妮尔·尼米（Hannele Niemi）和史蒂芬·凯米斯（1999）以及琼·金（1998），他们将评价的范围推向了参与式设计（participatory design）。对于要成为专业评价者的人来说，他们的著作将是必读内容。综上所述，凯米斯和尼米借鉴了普罗佩·奥拉佛（1980）和 J. 哈贝马斯的观点，促进了评价作为"沟通"概念的形成。他们所谓的"效用"与此密切相关：组织和团体能够拥有共同价值观并能理解政策与实践的关键性差异。

　　并非所有关心评价研究利用情况的作家都支持参与式评价。拉尔夫·泰勒的学生、CIRCE① 的创始人汤姆·黑斯廷斯（Tom Hastings）是最早就此主题进行文章撰写的人之一。他发现，评价项目优缺点发挥的作用太小，不足以改善项目；为了保证有效利用，评价研究要去探寻"结果产生的原因"（1996）。基于理论的评价也遵循类似路线，让一门社会科学向追求一般化与归纳总结的方向发展，而非判定特定评价对象的优点。因此，评价的效用很大程度上取决于从事其他项目的研究者和参与者，而不是从事该项目的研究者和参与者。李·克龙巴赫（1963）、卡罗尔·韦斯（1977）、帕特里夏·罗杰斯（Patricia Rogers）（1977）与哈维·陈（Harvey Chen）（1990）一直倡导将更多精力投入到研究项目和政策如何奏效上，而不是他们的评价工作是否奏效上。②

　　一种特殊的参与式评价是院校认证（institutional accreditation）。这种评价方式

---

　　①　伊利诺伊大学教学研究与课程评价中心（Center for Instructional Research and Curriculum Evaluation at the University of Illinois）。

　　②　"什么在起作用"（What works）？从总统罗纳德·里根在任时起，这句话就一直是美国教育部门的口号。他们试图确保合适的评价方案能被采纳，却忽视了评价对象背景环境的重要性。方案在不同环境下的运作方式是不同的，因此，引进一种在其他环境下运作良好的方案的做法既浪费资源又令人失望。

源于院校曾联合起来反对政府评价,并推广他们自身的评价标准。作为监管和问责行动的一部分,政府机关逐渐开始重视制定自己的认证要求。这些显然都是基于标准的评价。

　　从传统上看,认证建立在机构自身目标基础之上,并且是院校自我评价的延伸。根据指南[参见"全国院校评价研究"(National Study of School Evaluation),官网:www.nsse.org]的描述,院校的自评报告随后需要由兄弟院校的现场考察团队确认。[1] "这些考察者通常会采用回应式评价方法,这不仅是基于专业经验和友爱精神,也是为了避免传统的批评教学和管理可能带来的不良影响。"现场考察成员很少会提供评价指导。近些年,人们越来越关注分数的标准化,且注重对学生表现的考察。批评家们通常认为这种评价是老练的、幼稚的、自私自利的。良好的参与式评价的潜力在遇到防御性管理者时会被削弱,他们经常说"我们的报告确保公众的需求得到了满足",而不是"首先,我们必须得到认可。另外,我们可以利用这个机会深入了解我们正在做的事情"。

199

　　另一种与院校相关的参与式评价类型被称为校本评价(school-based evaluation)。这一评价的参与者包括院系成员、学生和其他利益相关者,他们对教学方法、环境、气氛、学习机会和学生成绩给予了同等关注。戴维·尼沃(David Nevo)(2002)撰写过这种方法的具体相关内容。[2]

民主评价

　　为了更进一步地关注受益人和利益相关者,我们提出了这样一个问题:项目评价如何使每个人受益,并有助于社会诚信建设? 当代政治世界中与这个问题最为相关的运动就是问责制运动(accountability movement),其目标是确保资金按照计划支出

---

　　① 认证过程中,这种现场考察带来的劳动密集型成本会因机构派遣其教员组成无偿的考察团队而抵消。

　　② 参见 Simons(1987);Alvik, Indrebo, & Monsen(1992)。

[主要由美国前总统詹姆斯·卡特(James Carter)等保守派政治家推动]。本来这是一个人人都会支持的目标，但实际上，有些政府制定的公共服务计划资金预算做得很糟糕(实际上经常如此)，既难以明确需要重点关注的内容，也无法实现资源的合理配置。所以一些人反对为社会服务全额付款，因为这需要人们承担更多社会责任。不可否认的是，在社会项目以及我们评价的所有项目中都还存在许多问题，评价者应该成为负责任的监督者，并且承担这一责任也是信守承诺的表现。

在 20 世纪 60 年代，英美两国就已经正式开展了民主评价。欧内斯特·豪斯(1993)认为那是一个"共识瓦解"(unravelling of consensus)的年代。在世界的许多角落，那是一段反战抗议、反思公民权利的时期，也是一段支持妇女、黑人和同性恋者的时期，还是一段民众抗议兴起和反对越南战争的时期。这些对于现状的挑战迫使人们重新审视民主的原则与实施过程，再次考虑权威的合法性以及如何更好地包容少数群体。如豪斯所言，评价的理论与实践都会受这些外力影响。在西方世界，"嬉皮士运动"(hippie movement)源于一种对社会主流的反叛意识。一些评价表明，教育性和社会性的服务项目并没有实现其目标(Sarason，1990；McLaughlin，1975)。社会上开始出现对于评价者扮演传统计量专家角色的不满，而豪斯所持的定性研究强调收集参与者和局外人意见的观点却很受欢迎。评价活动中的民主内涵之一就是尊重人们的问题、经验和价值，特别是穷人、少数群体和那些远离权力中心的人。

1971 年，巴里·麦克唐纳找到了一种不同的方式来评价劳伦斯·斯腾豪斯激进的人文学科课程计划(Humanities Curriculum Project，HCP)：

> 对 HCP 的评价取决于这样的实际情况：既没有明确的目标(针对学生的学习情况)，也没有针对项目目标进行的测试，因为这是一种很难进行测试的项目类型。案例研究评价是对以下事实的回应：显然没有人能够清楚地了解学校里发生的事情、这些事为什么以某种方式发生以及为什么在学

校很难进行创新。[①]

　　豪斯和麦克唐纳认为他们需要考察个体,即学生、教师和其他人的经验。最后,他们将个人经验与民主原则联系到了一起,但起初他们只是想了解个体的情况。后来,罗伯特·殷(Robert Yin)(1994)和其他学者对检查项目活动的案例研究进行了调整。[②] 在大多数情况下,案例研究追求案例的个性而非共性。[③] 案例研究可通过多种不同方式完成,人们利用解释性方法可以获得有关个人经验陈述、问题复杂性和情境限制的信息。案例研究是公认的民主评价方式之一,这不是因为它是按民主原则来构建的,而是因为这种方法关注生活经历,记录了个体行为随时间推移发生的动态性变化。这些记录包括了目标描述、经验阐释和对社会运行所产生的良好效益的讨论。

　　案例研究作为一种项目评价方式,既是一项医学传统,也是法学和商学的学科研究方法。1972 年,在剑桥大学召开的一个评价者小组会议上,传统的评价目标受到了挑战。人们草拟了一份"宣言",目的在于使一种评价形式合法化,这种形式的基础是针对经验进行案例描述(Hamilton,Jenkins,King,MacDonald,& Parlett,1977;Simons,1987,pp. 57 - 58)。这份剑桥宣言是民主评价的前身,它涉及个人服务和公共服务的义务。宣言中以结果测量(outcome measurement)为重点的传统深受批判,因为这种方式未能在项目活动中把握个体行为变化的复杂性,并且它忽视了利益相关者提出的问题以及报告的可读性。据宣言所述,项目及其背景阐释是人们关注的

201

---

　　① 巴里·麦克唐纳和 A. 麦基(Anne McKee)之间的私人通信。这些观点在 McKee & Stake (2002)的文章中展开了扩充。

　　② H. 西蒙斯(Helen Simons)(1987,pp. 58 - 59)提供了案例研究法的发展简史。参见 Ragin & Becker(1992)、Mabry(1998)与我 1995 的书——《案例研究的艺术》(*The Art of Case Study Research*)。

　　③ 通常所说的同一性或共性是定量数据分析(quantitative data analysis)的基本组成单元。个体所特有的指标通常表现为误差方差(error variance)。在案例研究中,反复出现的个体特性并不是误差方差,而是帮助我们理解个体的基本组成单元。

焦点。宣言为公共利益的审核提供了先决条件。[①] 但当时大多数评价者拒绝了这些改良主义观点，他们认为这些观点是主观、不科学的。

　　麦克唐纳（1976）在其文章《评价与教育控制》（*Evaluation and the Control of Education*）中提到，评价者因其"对教育权利主要分配方式"的立场不同而在方法上产生差异。他正在思考评价的服务对象和信息使用方式所牵涉的评价者角色问题。麦克唐纳确定了三种评价类型：官僚式、专制式、民主式。简单地说，官僚式评价中，评价者扮演了客户"雇佣助手"的角色，在维护和拓展管理者权力方面发挥了重要作用；专制式评价中，评价者扮演的是"专业顾问"的角色，他们通过公共政策合法化的途径，来换取学术领域的扩张；根据麦克唐纳的观点，民主评价使评价者扮演"信息经纪人"的角色，为公众的"知情权"服务（参见 Simons，1987）。

　　民主评价的早期版本设想着权利应该用于"人民"，评价者也应该为人民服务。在官僚式和专制式评价中，评价者则与那些担任公职或是追求学术权威的人结成同盟。民主评价者试图为公众和其他远离权力中心的群体服务，而非那些政治、经济、学术的控制者。民主评价常常与解放、分权联系在一起，它要求评价工作及评价者在为公众提供信息服务和支持公众需求的过程中保持独立性。

　　豪斯通过对评价公平正义的思考（House，1980）以及与麦克唐纳的长期交流，将评价的作用与社会视角相结合，特别关注社会阶层有关问题。他的研究并非始于具体项目，而是着眼于社会现状和各个选区，通过评价来跟踪那些旨在减轻社会压力和促进解放的项目。他的核心观点之一是"在实践过程中，通过将选择范围扩展到所有群体，将公共评价扩展成公共选择，评价将变得更加民主化"（House，1980，p. 142）。

　　后来，豪斯与哲学家肯尼思·豪（Kenneth Howe）合作，敦促评价者考虑权力中心之外群体的利益。他们提出了三条评价标准来制衡价值、利益相关者和政治：

---

　　① 有趣的是，就目前与民主评价相关的讨论而言，剑桥宣言隐瞒了评价者、评价对象和评价委员会委员对此所持的不同观点。"瓦解的共识"提供了重新思考原则与方法的空间。现在并不是要重构一致性。事实证明，评价共同体同它所来自的社会一样是多元化的。

- 代表所有相关主张、利益、价值和利益相关者。

- 与相关团体进行对话,确保不同主张能够被恰当真实地呈现出来。

- 充分考虑,确保得出有效的结论与可操作性强的决策。

这样的标准复杂且与背景相关,仅凭已知信息标准难以真正生效。它还需要一些其他东西来拓展,评价者也需要对此展开有根据的讨论。因此,麦克唐纳强调的"作为信息经纪人的评价者"被豪斯和豪拓展为"作为协商推动者的评价者"。表面上看,三条标准都限制了评价者参与客户、利益相关者以及公众之间的协商。然而,关于价值问题的细节描述难道不是协商的一部分吗? 截至 2003 年,保持中立、共享、促进、谈判和协商之间的界限依然需要划分清楚。

虽然他们支持包容、对话和协商,但麦克唐纳、豪斯和豪并没有表明,评价者应该在设计、数据收集或是解释报告的最终决定权上向非评价者让步。与托马斯·施万特(1997)和詹尼弗·格林(1997)一样,他们的主张更偏向于道德敏感而非共享或联合行为。多元论者迈克尔·巴顿(1997)、布拉德·卡曾斯(Brad Cousins)和洛娜·厄尔(Lorna Earl)(1995)以及戴维·费特曼(David Fetterman)(1994)执行了额外步骤,他们鼓励项目员工和利益相关者承担评价的责任,有时还会请专业的评价者担任顾问。

经验证明,理论与意图转化为实践并不容易,就像我们所考察的改革一样。豪斯和豪(1999)意识到了这一点,他们在其评价主张中增加了以下附加说明,作为促进协商民主的一种方式:

评价者在现实社会环境下工作,我们认识到协商民主的观点太过理想化而难以在现实中直接贯彻实施。(p. 11)

他们为评价过程中的协商民主提供了规范和指南,在哲学框架内将其合理化并

使其成为实践依据。他们极力主张方法的系统化，而非将公正留给偶然的机会或直
觉。在他们提倡包容、对话和协商的过程中，豪斯和豪为行为合法化的价值标准提供
了哲学理论基础。

合同谈判

　　客户和评价者通过合同谈判来落实项目的评价工作。在谈判之前，评价者先将
提案征求书（Request for Proposals，RFP）和关于合同报价的提案提交给客户。客户
通过某种方式选定最能胜任或是报价最低的投标人，然后双方就项目具体细节进行
谈判。由于提案征求书的工作范围与计划的工作范围并不完全一致，谈判者会就差
异进行协商并修改提案。尽管如此，因为即使在谈判过后，两者依然存在许多差异，
所以实际工作依然要比合同细节所涵盖的内容复杂得多。

　　这就要求谈判双方需要加深了解，即使客户已经审查了评价者的简历与其之前
所做的评价报告，他们还是需要了解更多，包括接下来出现的其他工作、个人对于项
目的兴趣、获得援助的可能性以及数据处理资源的使用权。专业评价者需要了解更
多以下相关内容：为什么需要评价、客户是否还有其他评价工作正在进行、项目成员
的数据收集情况以及客户如何处置过去的评价报告。

　　双方需要陈述并重申所要评价的内容，并寻找可能存在的差异。他们也许应该
查看之前的评价研究，特别是涉及同一评价对象的早期版本。这是谁的项目？项目
背景是什么？它的历史如何？这些问题将汇集成一份为最终报告做准备的项目
概述。

　　即使有了详细的建议书，评价者偶尔也需要讨论一下工作方式。客户与员工希
望采取什么样的参与方式？员工的工作动机是什么？为什么这是评价者满意的研
究？客户还希望谁能对评价提供帮助？

　　建议书会提及一些将会出现在评价报告中的内容，但双方需要进一步讨论最终
提交的内容。评价工作如何安排？是只有书面报告（written reports），还是会有口头

简报（oral briefings）？参考权威判断、建议、因果决定因素、成本收益率（cost benefit ratio）以及各种观点，客户预计会收到怎样的评价报告？这些报告所发布和传播的内容是什么？受众有哪些？报告的所有权归属？是否有人会被授权在权威期刊上发布研究结果？

　　他们需要讨论评价者的角色问题（如第二章所述），还要考虑这些角色在工作中的变化情况以及如何就这些变化达成一致，比如评价者是否有望参与到评价结论提示的项目改善工作中这一问题。

204

　　他们不仅需要仔细考虑提案中提及的问题，还要考虑深度参与的人选。其他组织是否面临相同问题？这些项目运作是否与主流的社会、政治、经济活动相关？

　　他们需要探讨可能会出问题的情况。如果项目发生了重大变化，他们将会怎么应对？如果失去了评价团队的核心成员又该如何？解决冲突的机制又有哪些？

　　并非所有上述问题都会被讨论到。客户通常对评价的具体操作不感兴趣。评价者通常也不会刻意探究这些可能会出现的问题，因为他们并不想引发焦虑。即使他们想这么做，也无法预测到双方共同利益涉及的所有问题。评价工作可能会发生许多意外状况。这些可能性列举得越多，表明客户与评价者越想要预设来防止意外出现。因此，许多事情还是不说为好。因为研究期间，客户与评价者的会议应该积极讨论如何降低意外出现的可能性。

　　客户与评价者的变化也需要考虑。评价工作并不会依照已成文的东西按部就班地进行，双方之间的口头承诺可能永远不会生效。通过电子邮件或项目日志（project log）来探讨工作进度比较可靠，但这种方式并不具备正式协议的权威性。图 7.1 就是一个错误的例子。它发生在斯塔克、德斯特法诺、哈尼施（Harnisch）、斯隆和戴维斯所参与的国家青年体育项目（National Youth Sports Program，NYSP）评价过程中。

205

　　评价会议在堪萨斯城一家雅致的酒店内召开。我们三人来自 CIRCE，首先我们分别向初次见面的咨询委员会成员做了自我介绍。在我们把椅子从桌边拿开靠墙坐下之前，氛围十分融洽。这是我们首次参加咨询委员会的会议。

　　我们将会议议程摊在膝盖上，当青年项目主管要求年长的内部评价者介绍近五个月外部评价项目的进展时，我们感到十分惊讶。事前我们不知道要讨论各自的工作内容，因此并没有做好相关准备。

　　评价者比尔说道："CIRCE 的研究人员访问了我们 170 所校园中的 20 所，对学生进行了调查，采访了教练、辅导员、行政管理人员和学校官员，他们在数据收集方面遇到了严重问题。"我们三人之前并不了解这件事。

　　比尔是咨询委员会和 CIREC 团队之间的联络人，他参与了一些访问安排与夏季反馈工作。我们常常和他交流，但并没有听说有人发现我们工作有严重缺陷。

　　主管、比尔和我们三个都是白人。董事会以及 10～15 岁的运动营成员则以非裔美国人为主。董事会的一位成员奥斯汀问比尔："黑人孩子及其父母对这些问题毫不敏感吗？"比尔回答："对，这似乎也是问题的一部分。"

　　奥斯汀转向我们说："你们问过我们的孩子关于种族主义的问题吗？你们是否侵犯了他们的隐私？"我思考着他要说的究竟是什么意思。我悄悄问凯瑟琳和丽塔她们是否知道，答案是否定的。我说："我们的问题大部分从以前的儿童调查中得出，主要是一些现场访问调查。"我本可以说"我们将调查结果发送给了项目总部进行审查"。

　　奥斯汀说："当你选择询问他们母亲想法的时候，为什么不问问他们的父亲呢？你可以问孩子他们的父亲最近一次抽烟是什么时候。""说得对。你们项目的一部分是毒品和烟草教育，我们需要了解青少年吸烟的频率。据酗酒与吸毒中心（the Center for Alcohol and Drug Abuse）介绍，合适的培训前提是对其进行深入了解。"

　　马克思说："我并不认为这是我们想要的信息。你们不知道你们的雇主想要的是什么吗？"然后他详细介绍了项目在商界的运作情况，并获得了董事会其他成员的支持。

　　我说："如你所知，我们参照合同来评价这个项目，第一年我们的关注点是儿童，第二年是学校员工，第三年是全国性组织。这份合同是基于建议书制定的，它划定了需要收集的数据范围，但没有详细描述我们将要使用的工具以及观测值。董事会已经审查并批准了合同。"

206

　　"你们可能已经签了合同，"马克思说，"但你们显然并未意识到你们是为我们工作的。现在如果你们希望在明年继续这项研究，自然就会来问我们想要知道什么。"整个对话一定程度上与合同如何谈判有关，然后接下来回到我们的现场调查工作。

　　奥斯汀说："你们之中显然有人冒犯了我们的学生，说他们不会阅读。你们是怎么培训员工的？""对不起。我并不知情。比尔，你知道吗？""对，这是真的，"他说。

　　全国主管说："恐怕没时间了，我们需要去我的办公室，摄影师正等着为我们拍摄年度照片。"

　　当他们陆续走出会议室时，我们惊呆了。我问丽塔："这与芝加哥的那个评价项目有关系吗？"她回答说："当时那里恐怕出了些问题。哈丽特带了一些错误的答卷过去，上面印着圣母大学孩子们的名字。为双方准备的问题都一样，但把名字印错了。项目主管（在我们到的时候表示十分惊讶）说：'哦，我们只能让孩子们把自己名字写在答卷上方。'哈丽特说：'不，我们需要完全确定答题者名字是清晰可辨的。一些孩子写得不太清楚。'然后主管说道：'所以你就认为我们的孩子读不懂！你以这样的方式来这里质疑我们，实在是太无礼了。'"

图 7.1　导致合同解除的争议记录

在堪萨斯城会议结束不久后，NYSP 的官员通知我们，第一年结束后他们将不会与我们续约。我们完成了第一年的工作并提交了一篇支持性报告，且其中包含了一些对于组织内独裁主义（authoritarianism）的批评（报告在网上可以找到）。我们认为该项目的主要问题是，在几乎没有 NYSP 官员与咨询委员会成员参与的情况下，我们就与 NCAA① 的研究办公室谈好了合同。我们本该更小心地遵循他们的命令程序。当然，他们并没有错，我们的机制的确需要进一步完善。

任何一份指导审查工作的文件同时也是一份商业文件，即使其中包含了许多重新协商的建议书。许多合同由法律部门拟定，以保护客户利益为先，同时降低了客户遭受损失与诉讼的风险。如果客户有发言权，大多数研究任务将被简化。好的客户与评价者能够一起合作，保持项目真实性与其复杂性相互共存。

合同还需要符合专业评价机构的道德标准。为了保护项目参与者并减少数据资源遭到曝光等一系列风险，合同通常需要强有力的保密规则支撑。这一重要问题我们将在第十章展开讨论。图 7.2 内容来自《联合标准》，它是我认为与合同编制最为密切相关的一些评价标准。请阅读这 14 条标准，并从中选出对合同谈判而言最重要的一条。你需要记住，评价仅仅符合正式的道德规范还不够。每项评价都是一种特殊情况，评价者个人必须为这种情况制定额外的防范措施。

---

① 全国大学体育联合会（National College Athletic Association）是 NYSP 的创办者与资助者。

207

教育方案、项目和材料的评价标准

与合同编制最为相关的评价标准

A1. 确定参与或受评价影响的受众群体，以便满足其需求。

A2. 参与评价的人员应该是可信且能力强的，这样评价结果才能达到最大的可信度与接受度。

A3. 所收集的信息应该在能够解决评价目标相关问题的范围内选择，并能够满足特定受众的需求与利益。

A6. 评价结果应该向客户与其他有知情权的受众发布，以便他们评价与使用评价结果。

A7. 及时发布报告，以便受众能够充分利用报告上的信息。

B2. 评价的程序应该切实可行，以便将干扰因素最小化，并且保证信息的获取。

C1. 评价中正式合同双方的义务（目的、途径、人物、时间）要以书面形式达成一致，保证双方有义务遵守协议中的所有条件或能够重新进行正式谈判。

C2. 利益冲突往往难以避免，应该公开、切实地处理，以免对评价过程和结果造成影响。

C3. 口头与书面报告在公布评价结果时要开诚布公、直截了当、诚实表达，包括评价的局限性。

C4. 在其他相关原则与法规范围内，例如公共安全与隐私权相关法规，正式的评价双方应该尊重并确保公众的知情权。

C5. 在进行评价设计和实施工作中，要保护并尊重评价者的权利与福利。

C8. 评价者的资源分配与支出应该充分反映问责程序。

D1. 充分检查评价对象（方案、项目、材料），以便能够清楚地辨别出评价目标的形式。

D3. 详细监测与描述评价目的与评价过程，以便能够对其进行鉴定与评价。

图 7.2　合同相关标准

来源：教育评价标准联合委员会（The Joint Committee on Standards for Educational Evaluations）

撰写报告

完成上述所有工作后，就到了报告撰写环节。如果你一直在整理评价材料，不知

208　不觉中你就会熟悉表格、引文以及书面解释的内容。但这些都只是片段，并不是最终结果。评价者有很多复杂信息需要告诉给读者，信息内容应包括以下问题：这个项目怎么样？它表现如何？是否符合标准？你不能让读者从简单的数据显示中得出有关

项目质量的结论,读者会有自己的结论,而你的任务是要帮助他们形成结论。但报告
应该是关于项目质量论断的一个集合,通常需要从多个视角来进行解读。

　　你不能假设读者知道你评价的内容,而必须要描述评价对象,即使读者是项目创
建者或所有者,你也应该告知他们你所获悉的项目情况。你所知的项目情况将有助
于所有读者更好地了解该项目,但这并不是你开展评价的动因,开展评价是为了判定
和报告项目的价值。

　　评价报告通常是一份官方文件,在合同或任务分配中会有详细说明。报告的内
容和风格由评价者决定,但明智的做法是提前向核心受众与合作方展示目录以及重
要条目的草稿,并选择合适的标题来标识评价对象,表明这项研究是评价的内容之
一,有时也可以为悬而未决的问题提供参考。诸如"欢乐时光"(Time Well Spent)或
是"数学与结果"(Math and Aftermath)等引用或典故将降低标题的参考价值。报告
的第一作者通常是评价的主要责任人[有时被称为"首席研究员"(principal
investigator)],但他不一定是承担工作量最大的人或是报告撰写者。报告封面上应
该注明作者、主要团队成员的姓名以及其他评价工作的参与者与贡献者。

　　报告的目的是为了指明项目质量,并完整描述整个项目以及评价方法。(如果你
在前期就估算好了报告的页面分配,那就可以避免收集无用数据,有助于数据收集与
解释工作的展开。随着研究逐渐深入,你会不断更新页面分配。)一些客户希望报告
能够用于产品推广或资金筹措,且反对在评价报告中加入负面结果,但报告的完整性
正是取决于将所有重要结果纳入其中。

　　一些客户、利益相关者与评价者更倾向于形成一份类似于研究报告或法律文件
的正式报告,有时会包含通用的章节标题,例如简介、问题、分析、结论和建议。有关
评价工作的描述也很常见,包括对评价方法的详细描述,这些方法是解释数据所必需
的,但大多数读者都不会阅读这部分内容。图 7.3 展示了一项资优教育项目(Gifted
Education Project)成本的评价报告,其中注明了预算使用过程中的修改情况,并将数
据收集分配到研究过程的九个部分中。评价方法与数据收集的详细说明可以在附件

部分或网站上找到。令部分读者感到失望的是，除了基于理论的评价外，文献综述的内容被大大压缩。通过使用表格列出每一项评价目标或工作项目（有时也称作"应交付成果"）的方式，可以证明合同的履行情况：

评价问题	采取的方法	结论
1. 疗养院的服务有改善吗？ 2.	a. 专家观察法 b. 采访患者 c. 医生投诉日志	ⅰ. 根据三条标准，并没有变化 ⅱ. 员工反对 B 计划

相较于回应式评价，非个性化与脱离语境的结果在基于标准的评价中更常被提及。报告包括详细的观察和访问，章节标题可能更能说明所收集的数据或所探究的问题。

如果只有评价者知道评价对象有多好，那一切都是徒劳的。宣传也是评价必不可少的一部分。合同应指明宣传范围，但实际的宣传很少会严格按照计划进行。客户和评价者应该严格遵守保密协议，报告是否能够进行解密与推广需要得到拥有相关权限的人批准。客户和其他读者往往不会觉得他们应该在最初的指定范围内进行宣传。

209

目标			任务与结果
评价计划变化			技术分析
预期	.75FTE	$ 18 000	自我评价计划
实际	.65FTE	$ 13 000	DESDEG 试验
（1970—71）	(.75FTE)	($ 18 000)	莱克维尤（Lakeview）计划
在职培训材料变化			
预期	.75FTE	$ 12 000	
实际	.00FTE	0	
（1970—71）	(1.50FTE)	($ 20 000)	

工具选择变化			测试与评价指南
预期	.75FTE	$ 10 000	OSOT 观察
实际	.75FTE	$ 9 000	
(1970—71)	(.00FTE)	(0)	

成果动机研究			
			实验结果
预期	.50FTE	$ 4 000	工具调查
实际	.50FTE	$ 5 000	工作底稿(Working Paper)5
(1970—71)	(.00FTE)	(0)	工作底稿 6

课堂报告形式变化			形式
预期	.00FTE	0	现场试验结果
实际	.25FTE	$ 7 000	手册
(1970—71)	(.00FTE)	(0)	教学资料

教育优先研究			工作底稿 1
预期	.00FTE	0	文献综述
实际	.40FTE	$ 5 000	AERA(美国教育研究协会)文件(7)
(1970—71)	(.75FTE)	($ 8 000)	调查项目

建设参考资料图书馆			库藏
预期	.50FTE	$ 4 000	文件
实际	.50FTE	$ 4 000	业务通讯
(1970—71)	(.50FTE)	($ 4 000)	

与学校和政府部门进行沟通			确定需求
预期	.50FTE	$ 8 000	员工简报(Staff-briefing)记录
实际	.70FTE	$ 12 000	工作底稿 4
(1970—71)	(.25FTE)	($ 5 000)	分门别类的辅助文件

210

行政管理			协调
预期	.25FTE	＄9 000	评价
实际	.25FTE	＄10 000	最终报告
(1970—71)	(.25FTE)	(＄10 000)	

图 7.3　CIRCE 资优实验项目每项主要目标的工作分配及产品资金的总结

注：FTE＝学年全日制同等学力（Full-time equivalent for academic year）；教职工与研究生没有区别。所有数字都是估算。（1970—1971）代表 1970—1971 学年的计划拨款。

211 ## 报告的风格

　　许多评价者喜欢使用独特的报告风格来体现他们个人的评价方法，这也反映出他们对客户、利益相关者与其他人的特别关注。我强调关注个人经验与利益相关者的价值，因此我倾向于引用和插图，有时甚至将其用于报告的开头和结尾。我其实并不喜欢写执行摘要和建议，虽然我的许多客户坚持要求加入这些内容。我认为执行摘要往往过于简单，它没有重要的上下文数据（contextual data），阅读时也缺乏与读者的互动，因而并不能深入地说明问题。此外，摘要还常常会出现一些毫无必要的内容概括。

　　基于标准的评价报告通常把注意力集中在项目绩效上。在第三章确定的七个因素中，报告有时会侧重于其中几个，有时也会全部囊括。明确或隐约地比较绩效与标准主导了报告陈述，并增强了结果可信度。

　　回应式评价的理念之一就是通过个人经验传递价值观。评价者通过形象地描述评价对象与数据收集过程来提供使人感同身受的经验。叙事与情节能够有效描绘项目特性。读者可以从中得到关于项目过去的印象，并从这些经验中总结出项目的优缺点。你可能还记得我把从个人经验中得出的结论称作"自然主义归纳"。（更多相关内容见第九章）

　　读者将意识到这些经验与过去其他经验之间的联系，并将其用来感知评价对象的质量。

> 　　假设你正在评价一个在西班牙阳光海岸的度假胜地——阿尔姆尼卡
> （Almuñécar）举办的国际会议。你注意到会议酒店阿尔姆尼卡美利亚酒店（Melia
> Almuñécar）的大门位于一条小巷的入口处，其侧门则在沿着海岸的大街——圣
> 克斯托瓦尔大道（Paseo de San Cristobal）。你了解到，位于大街上的酒店要比位
> 于小巷中的酒店支付更多的市政税，但你会在报告中提及这一点吗？

　　戏剧化的叙事太过脱离现实，评价者可能习惯把自己当成叙事者或知己的角色。
写作尽管令人陶醉，但专业评价者的优点不在于叙事的娱乐性，而在于能够有效展示
评价对象的优缺点。

212

　　"大家看！尽管电脑上已经有 27 封电子邮件等着处理，安妮特（Arnette）依然能
视而不见！"

《直击要害》作者：约翰·麦克弗森（John McPherson）
转载经环球媒体集团（Universal Press Syndicate）许可。

有关评价对象的描述

　　基于标准的评价高度重视准确描述项目的活动、员工、利益相关者、标准和结果。通常在随机抽样的情况下，如果将参与者或试点作为样本，评价者要注意确保其他部分的描述。回应式评价也注重准确描述，但通常会选择样本或个案，因为他们提供了良好的数据收集机会。例如，一位特殊官员或社会工作者可能比更典型的群体还要能说明某个问题的深度。接下来请注意图 7.4 中关于贾科梅蒂（Giacometti）雕塑的思考。

213

214

　　图 7.4　作者：贾科梅蒂。几个世纪以来，一些雕塑家试图用青铜和大理石来塑造人类真实的表现形式。贾科梅蒂似乎并不关心这一点。他的雕塑都不遵循正常比例（头特别长，身体特别细），然而这位伟大的雕塑家却像米开朗琪罗（**Michelangelo**）一样，匠心于创作人类的真实表现形式。只是他不过接受了现代艺术的真知灼见：通过扭曲人们所认为的事物的真实面貌，我们往往能够最接近它的本质。

　　来源：伦敦泰特美术馆（Tate Museum），2000 年。经许可后转载。

评价者需要说明的是评价对象的复杂性还是典型性？同一数据六可能同时兼顾两者，评价者必须进行选择。评价者需要关注的重点之一是：这一证据有多大的代表性？评价者越是遵循回应式方法，收到的反馈就越多，其语言对于不同利益相关群体的吸引力与可读性就越强。因此，即使有着迎合的风险，评价者也会发布不同的报告用于沟通。[①]"描述与逐字说明的方法对某些人来说适用，而另外一些人更适合使用数据库与回归分析（regression analyses）。"在编制预算时，评价者不可能考虑到所有情况，因此需要在工作前期将不同的沟通方式都纳入考虑范围。

评价者在评价前期与整个工作期间收到非正式反馈的情况十分常见，特别是当它成为问题清单精简工作的一部分时。一些评价者在访谈中要求受访者解释自己在其他地方所学习到的内容。当听到回答之后，评价者可能会问："这与你的工作有关吗？"然后，随着问题逐步聚焦，评价者将调整访谈的重点甚至是整个评价工作的重点。

正如欧内斯特·豪斯（1980）所分析，可以将回应式评价看作是一种互动性方法，它取决于与利益相关者的交互性（p.6）。它的基本特征是利用问题、语言、背景信息以及利益相关者的标准来组织评价报告，即使基于标准的评价的目的在于了解特定评价对象的优缺点，其问题、语言、背景信息和标准依然与社会科学研究报告中的内容十分类似。

通常，我们很难根据评价报告去判断研究本身是否是"回应式"。最终的评价报告也很少会揭示问题的谈判过程及如何为受众提供服务。

名称与标签

许多复杂的报告实际上与书信一样相当单薄，因为它只是在给事物贴标签而非

---

① 巴里·麦克唐纳意识到，向不同群体提交不同的报告是不公平的，因为控制权常常在客户手中。他为所有人提供了同一份报告，没有口头的情况汇报（personal communication，1973）。

解释标签的含义。请认真阅读并思考以下警察培训项目评价报告中的一个虚拟片段：

215　　　　　　　对于培训成员的选拔依然存在争议。对分区指挥官进行采访后，我们确定了选拔标准为无相关经验、有能力、有价值、有领导潜力与权力倾向（power orientation）。各分区的合作能力尚未纳入评价，而成就需要（need achievement）是我们大大忽视的因素。

即使报告受众仅限于有经验的警察教练员，作者也不应该假设他们能够理解"权力倾向"与"成果需要"这种专业术语。这些词会很快向读者呈现一些不一定正确的画面，即使读者比作者更加熟悉这些词语，作者依然应该对其进行解释，以便读者确定这些含义与他们理解的相同，这又是一个刺激错误的问题。人们在工作过程中并没有意识到他们自己正在使用不同的术语定义，此外，还有其他一些关于事物命名的问题。

给事物命名的过程通常蕴含着对其进行分类，也包含了拥有它们的意味。因为人类是一种一直保持"拥有"节奏、高度贪婪的生物，现代社会的洗脑使他们相信获取的过程比"获取"这一事实更令人愉快，只不过与他们有关的名字和对象很快就会过时。因此，人们会因为持续性的需求或冲动而不断地寻找新的对象与名称。（John Fowles，1979，p. 29）

专业术语总是会出现歧义，特别是当研究人员在创新术语时［例如评价对象、议题、成果动机（achievement motivation）、经验系数焦点小组（fudge factor focus group）、对照组］。这些术语不仅适用于成果规范化，也适用于描述处理过程、前因变量、背景信息或参照组（reference groups）。即使标签来自一些较为成熟的工具或是在评价文献中频繁出现，一些读者（可能是大多数）也不会了解这些术语之前的含义。当评价报告并不正式时，专业术语的含义与行话有所不同并不是什么大问题，但当报告要求准确无误时，评价者就需要对专业术语进行解释了。

方案、指标和标准的命名就像婴儿起名一样需要慎重。威尔斯·海夫利三世（Wells Hively Ⅲ）是一位早期的项目评价者。他母亲为他取名时，并没有用某些寄托美好寓意的字眼，而是直接用了"几世"。实际上，他们通过这种方式寄希望于孩子，希望他能够成为威尔斯一世或二世那样的人。伯纳丁（Bernadine）和我将我们的二儿子取名为本杰明（Benjamin），因为我父亲曾说，已经好久没有出现本杰明·斯塔克这个名字了。当我们给予孩子姓氏时，是否无意识地期望整个家庭能够拥有某种命运？同样的，我们会期望一个名为弗兰克（Frank）的孩子就是一个坦率的（frank）人。

人们能够根据一本书的封面说清其内容吗？评价者有时会为他们的工具命名，他们可能会把一些东西称作评价清单（Evaluation Checklist）或参与者索引（Participant Index），但最终记录可能无法体现评价对象质量或参与情况。这些内容可能具备表面效度，它们看起来应该能够提供关于质量或参与情况的数据，然而实际上它们不能做到这一点。警察培训的质量评级也许更能体现强制出席情况或主讲人的个性，而不是其他内容。

五十年前，凯瑟琳·布里格斯（Katherine Briggs）和女儿伊莎贝尔·迈尔斯（Isabel Myers）根据卡尔·荣格（Karl Jung）的人格理论创造了当前著名的类型指标（Type Indicator）（www. personalitypathways. com）。这一指标受到了美国教育考试服务中心（Educational Testing Service，ETS）主席亨利·昌西（Henry Chauncey）的认可，他认为大学的录取资格不能仅仅取决于语言与数学能力（Lemann，1999）。ETS 的一位研究员约翰·希尔斯（John Hills）对此表示反对，他认为类型指标作为一种选拔手段缺乏证据合法性，但他因此最后被辞退。目前类型指标的四个维度对于心理咨询是否有效依然存在争议，但这一工具确实已经被广泛使用。

216

　　评价者应该严格审查数据收集程序，并提前试点或进行现场试验。在确认回答有用之前，评价者不能浪费调查对象的时间。如果评价者在数据收集完毕后再检查回答的可靠性与有效性，可能为时已晚。最后元评价的部分要注意工具的选择。一位评价者关于项目成功的结论可能极具证明性，也许也并不能说明什么问题。这种效力不是以表面现象为基础，也不是以得出结论所用的程序或因素为保证，而是需要寻找证据来证明评价结论正确与否。下面的例子看起来像是美国历史或文学成果测试的一部分，它看起来更像测试什么？

　　　　A. "我打仗是为了我的儿子能种田，我的孙子能画画。"这句话是谁说的：

　　　　1. 乔治·华盛顿

　　　　2. 约翰·亚当斯

　　　　3. 德怀特·艾森豪威尔

　　　　4. 罗纳德·里根

　　虽然很少有学生会知道答案，但仍旧有小部分人能答对。能答对的人是那些有耐心（有考试技巧）和运气好的人。这不是一位当代总统会说的话，也不是要考察华盛顿要为什么而战。虽然历史知识和答题技巧都很重要，但将这一题作为"历史题"显然并不合适。（更多内容参见网页附录中的学生成果测验）

　　显然，数据收集的验证量应取决于数据使用数量和数据对评价结果的重要性——它们的证据价值。大型高校、咨询公司和政府机构的评价办公室应该拥有他们引以为傲的、无数经验支撑的验证程序。评价者所能获得的最重要的有效性确认可能只是在收集主要数据前，即简单地询问受访者的书面回答或程序性回应。

217

《心醉神迷》

面包师迎我进入面包房，

店内面包任我挑选。

他的面包里，

有面粉、酵母、海盐与蜂蜜，

少许酥油、凉水和调料。

"当然配方并非千篇一律！"

他颔首微笑，

将手上的面粉轻轻拭去。

光滑的面包皮置于盘中冷却；

一团生面则在灯下发酵，

逐渐从碗中鼓起，

看起来充满生机。

我看他拍打、揉捏，撒上面粉，

挤出发酵的气泡——

手指、手腕翻飞，这是力量的舞蹈，

动作与形状完美协调……

我咬下一口面包，

霎时从讶异变为狂喜，

多么令人心满意足的味道！

愿此间充斥着的诱人甜香，

永不散去，

我置身其中，心醉神迷。

面包师与面包一样美妙：

专心制作之余，力求满足我所需。

面包是生命的支柱！

为表谢意，我力图只靠面包活下去，

但每片面包屑都在吹捧他的技巧，

我疲惫的双眼傻乎乎地泛起了泪意。

我无法摆脱、学会或放弃——

哦！面包师，我真是个傻瓜！

尝试之后，依然是白费力气。

我无法令面包与你分离。

　　　　　　　　　　　　——茱蒂丝·莫菲特（Judith Moffett）

茱蒂丝·莫菲特在诗中所呈现的内容就是描述。我们在报告中努力描述事件发生的程度、部分起因和诸多后果及其优点和缺点，但依然有那么多没有提到和未知的东西。我们在报告中说明的部分只是基于标准的绩效和有关结果的解释。一些读者提出，"说得简单一点"，还有些人说，"这是什么意思？"我想说明的是，评价者无法区分与评价对象相关的许多名称和含义，也无法区分相关经验与价值，评价者只能试图帮助读者了解他们所知道的内容。

批评的尺度

评价者言辞的犀利程度需要有多高？当被问及腿的长度时，亚伯拉罕·林肯（Abraham Lincoln）说："足以触及地面"。当然，具体情况要具体分析。在某些情况下，评价者需要做到一针见血，某些情况下则只需蜻蜓点水。有人说牙齿为微笑而生，而我的大部分朋友都说，评价者的口齿应该更加犀利一些。

我指的是，对于我们所推崇的善与恶的标准，以及我们提出的问题应该更加犀利，我们很快就意识到项目的一些薄弱环节（至少是潜在的薄弱）。例如，尽管拟定的评价合同只要求评价者进行一系列例行观察，但他们依然需要开展深入研究。当评价的赞助者想要关注评价对象的薄弱环节时，评价者应该将范围扩大，在关注常规问题的同时也要关注项目的优势和劣势。在欧内斯特·豪斯的小说《何处寻真相》(*Where the Truth Lies*)(2002)中，主角评价者里德(Reeder)进行了以下思考：

> 他应该表现得多积极或多消极？消息表明，测验分数并没有提升。如果只有这样的消息就太让人沮丧了。但是，他可以将这一结论与该地区已完善的评价计划相权衡，那样看起来还算理想，而且也为道格拉斯夫人的班级提供了参考。(http://www. house. ed. asu. edu, chapter 21, p 1)。

对项目弱点的探究程度不能由合同或评价者个人决定。这两者虽然都会对其产生相当大的影响，但在有限范围内，评价者依然会有意识地根据执行的困难程度做决定。

我们不希望对项目粉饰太平或恶意攻击，我们希望能够同时看到项目的优缺点。我们知道为了确保续聘，评价者不会对客户反咬一口。我们也清楚如果真的对客户反咬一口，后续的评价者也许会欣赏我们义愤填膺的正义感，但这些对项目粉饰太平或恶意攻击的动机不应该在工作中明确凸显。

在专业评价队伍中我们需要不同个性的评价者，正如我们需要具有不同经验和来自不同专业的人一样。内部的紧张局势促进了行业的自我评价，也激发了评价方法的创新。但从我们年度会议的文件上看，似乎有些人只认同自己的方法，另一些人则是对方法过于挑剔，以至于两者都不能很好地为行业服务。将他们从评价团队中剔除是不现实的，所以需要有一些审查机制，由其他评价者来鉴别他们的工作是否恰当。

本书前言提到，利普西曾说，评价并不像我们理想的那样，是一个知识创造过程。当然，我们不能放弃这一目标。相较于大多数评价者的期望而言，评价更偏向于一种社会性或政治性过程。在决定探究和揭露多少项目缺陷甚至是其不公平之处时，以及在决定为项目缺陷制定合理化方案时，我认为评价者一定要充分认识评价的社会作用。在一个自我陶醉、其乐融融的环境下，评价者需要做到伯纳丁的叔叔们曾说过的那样——"提些意见"。但在一个充满争辩、对抗的苦闷环境下，评价者应该说些话来帮助缓解紧张的局面。评价者描述结果的学问在于措辞既不切中太多要害，也不轻飘飘带过。评价者有时只需要发挥启发作用，有时则需要为了改善项目缺陷而提出严格要求，因此评价者要学会如何才能切中肯綮。

提供建议

评价者通常会在评价报告里加上建议。例如：

- 建议能让图书馆用户直接访问视频存档文件。

有时合同会规定建议的条款。建议应该明确将要采取的行动，包括"一切照旧"。有时候建议只是表达赞成，几乎不从收集到的数据中得出任何结论，例如下面这个图书管理员的建议，它符合某些特殊利益，这在认证报告中十分常见：

- 建议图书馆的所有岗位都任命受过专业培训的图书馆员。

或者他们能够以采取某项具体举措为目标：

- 建议图书馆文件的信息化采用 DESIRE 项目标准。

在这种情况下，评价者有义务不局限于既定的项目优点，从而探悉这些超出成本建议所能带来的好处。评价报告中的所有建议几乎都不基于实证，这些建议仅仅是评价者与数据来源群体深思后的推论而已。建议有时能从数据分析中得出，但更多情况下，它是评价者和利益相关者所提出需求的具体表达。评价者应该确保他们的建议考虑到了不同的利益相关者，以及可能出现的不利条件。同时，建议要有助于证明项目改善并带来价值。自然而然，项目客户喜欢那些支持既有或将要做出决策的建议。

在本章中，我们讨论了建议与合同谈判所涉及的一些技术问题，也提及了效用与民主责任以及一些评价模型。这几个话题都涉及如何为人们提供更好的服务。评价者的服务对象包括客户、项目成员、受益人、利益密切相关者、社会公众、评价者的同事，以及像你一样正在学习评价的学生们。在了解评价报告的读者和其他受众多样性与多元化的同时，评价者需要探究并报告评价对象的质量。他们对项目有着不同的看法，使用的方法也不尽相同。虽然评价者几乎没有时间去研究潜在的受益人，但还是应该花几分钟甚至是几小时来思考他们的具体身份与需求。

◆ 小故事（七）

菲利斯前往萨格雷多先生的办公室咨询问题。

菲利斯： 我记得您曾告诉我，因为培训项目出了些问题，董事会命令您改变培训计划，对吗？

萨格雷多：是的。

菲利斯： 现在我想了解关于这个问题的更多内容。

萨格雷多：呃，我只能说出其中一部分。

菲利斯： 您是说，这是一个我最好不要知道的私人问题，对吗？

萨格雷多：是的。

菲利斯： 也许我可以问，导师们是否被问及关于如何解决问题的意见吗？

萨格雷多：我并不认为这是我们需要谈论的问题，菲利。

菲利斯： 好吧。评价者需要考虑的问题之一是，为解决问题而建立的项目是否已经   221
开始生效。

萨格雷多：我明白。但你需要了解的是，现在的指导质量是不是比培训之前的更好。

菲利斯： 萨格雷多先生，我并不确定"更好"指的是什么，除非我知道它从前的"不好"之处。我与费迪先生有过很多讨论，他说他们有一套良好的程序来培训新导师并评价他们的进步情况。因此，我觉得我应该了解为什么需要新的培训。

萨格雷多：哦，我们不会像他们那样。

菲利斯：　我之所以那么问的一个原因是，我想就这次评价的安排向你提出建议。这是我关于元评价想法的一部分。我越来越觉得我们可以让导师去做参与式评价。

萨格雷多：那是什么？

菲利斯：　那是自我学习的一种方式。员工在某些帮助下能够对薇梵妮夫人提供的培训质量进行评判，而且能比我更深刻地了解到它是否适合导师们的工作。

萨格雷多：但我对你更有信心。你的简历上写了你在大学里学过评价。

菲利斯：　是的，我的确学过，并掌握了一些知识。但我也知道，导师们认为我是没有经验的。我认为参与式评价会比我一个人做更有效。

萨格雷多：他们已经很忙了。

菲利斯：　您说得对，但我依然觉得我首先应该深入研究签署培训合同的这一决定。

萨格雷多：我告诉过你这是董事会的决定。

菲利斯：　董事会的决定没有在评价中提出吗？

萨格雷多：对。这只是一项简单的管理决策，并不是你的工作范围。

菲利斯：　但对我而言那是有意义的。我现在因为对这项决定产生疑虑而烦恼。

萨格雷多：我想我知道你要做什么，菲利。你要知道维瓦妮夫人与董事会的一位成员有关系。

菲利斯：　是的。董事会命令您在培训中与薇梵妮事务所合作吗？

萨格雷多：菲利，我们不要再讨论这个高级导师培训项目是怎么开始的了。这与培训质量的好坏无关。

222　菲利斯：　这是否意味着，如果我们发现这个培训质量不行，就可以中止呢？我曾预期，我们会在时事通讯（Newsletter）上发布评价报告，而且我认为那与您所做的促进公司民主化的经营决策相吻合。

萨格雷多：好吧，菲利，关于这一点我并没有考虑太多。我很好奇，但假设这次培训得
　　　　　到好评，我们将会以此来促成其他的培训机会。这是我对于报告的决定，
　　　　　但我很感谢你提出的所有建议。我们应该如何写报告？

菲利斯：　您应该知道这项研究的四个评价标准——学员表现、学员反馈、培训观察
　　　　　与对照备忘录。我认为我们应该对每一项进行探讨。我观察过一些相当
　　　　　有意思的培训，但可能会受到一些外部专家的批评，我希望他们能够重新
　　　　　审查我的解释与分析。

萨格雷多：你已经知道他们会批评什么了吗？

菲利斯：　是的，他们可能会说"指导工作及具体任务看起来并没有得到充分分析"，
　　　　　说我需要做任务分析之类的话。有太多人把"指导"当成"领导"。

萨格雷多：难道他们认为任务分析（task analysis）能够解释每件事吗？

菲利斯：　我不这么看。我十分尊重他的背景与经验，但我想每个人都有自己的目的。

萨格雷多：关于报告你还有什么要说的吗？

菲利斯：　我希望描述一段匿名指导时期来体现这项培训工作的复杂性。

萨格雷多：听起来，这份报告的内容要比我们平常的时事通讯要长。

菲利斯：　对，我想是的。

萨格雷多：那如何总结培训的好处呢？

菲利斯：　我想不能简单地评价这项培训的好坏，我们应该让读者明白培训是否应该
　　　　　继续下去。

萨格雷多：读者在不了解更多信息的情况下如何判断培训的质量？

菲利斯：　这就是一开始我问您那个待解决问题的原因。

萨格雷多：嗯，我得仔细考虑一下。谢谢你来找我，菲利。从现在起，你要更加注意了。

（未完待续）

第八章　需要解释的议题

至强之力

也无法将一根至细之绳

拉成一条横线

保持其绝对的平直。

——威廉·惠威尔(William Whewell),1819

在本章中,我将会给出三种令人困惑的议题案例,这些议题需要评价者对评价报告进行研究并给出详细解释。另外两个议题(学生测试和委员会工作中可能出现的偏见)可以在本书的网站上找到。评价是否依赖于基于标准的方法或者回应式方法需要不断深入考量。当你读到以下三个议题的时候,想一想它们需要哪种思路? 你将如何展开或继续对这类议题的探究工作?

这些是评价者根据评价对象的背景所理解的内容示例。三个议题分别是:

- 项目标准化
- 项目公平
- 员工发展

这三个议题对你来说可能十分有趣,也可能不是,但这并不重要。争论议题

(issue wrangling)①才是重要的事。假以时日，也许你已经建立起了自己的一套议题——你非常了解这部分值得深入探究的话题，它们会在项目评价研究中经常出现。这些将成为你职业生涯中具有实质性内容的亮点。也许有一天，人们在会议上看见你会说："那是斯蒂芬妮，她就是那个把特殊教育和残疾区分开的人。"其他很多人也会做出相似的区分，但你是在这个议题上持续且深度挖掘的人之一。

> **争论**（wrangle）：通过激烈、长时间的论证来完成。

　　在完善议题的过程中，你同样也会完善自己的调查性询问版本（Smith，1992）。你的版本可能会与其他人的相似，但也可能会带有你的个人感受和倾向。② 本章的重点是：一旦评价研究中出现新问题，这些争论方法将派上大用场，不论你是否是有意识地在使用这种方法，这种策略将会帮助你省去很多开工之前的烦恼。

　　在熟悉一项新议题时，你需要一张图表，也可以是一块黑板。在此，我提供一个可供参考的步骤。第一步是确认议题，比如"项目标准化"，然后想出一些与该议题含义相同或相似的词语或术语，比如"保持统一性，步伐一致，实现兼容性和通俗化"。这些是帮助评价者编码和进入存储系统的关键词。

　　第二步是在一些原始资料和搜索引擎中查找主题，例如谷歌、《国际教育评价手册》（*International Handbook of Educational Evaluation*）（Bhola，2003）、《评价词典》（*Evaluation Thesaurus*）（Scriven，1991）和之前关于该评价对象或相似评价对象的报告。这些内容只需要浏览，不需要精读。你需要做的事情就是通过适当的努力来挖掘好的素材。

　　第三步是确定一些帮手——比如愿意挤出时间帮助你的好心同事、与评价对象

---

　　① 争论（wrangle）本该是牛仔（wrangler）做的事，但是他们的议题是那些需要圈养在一起的奶牛。
　　② 如果研究生有机会观察有经验的研究者或团队谈论其研究问题或方案设计的起源和发展，那将是一件很幸运的事情。这些议题通常没有规定的程序、秘诀或者助记符。当然，评价者们也不会一口气全部做完。他们完善版本之前会考虑很多内容，完成这项工作之后还会进行调整和修正。这是一个不断发展的过程。

相关的最有希望成为哲学家或历史学家的人、附近大型图书馆的参考咨询馆员以及评价咨询委员会的成员（如果有的话）。你要询问他们当中的每一个人，这个主题对他们而言有何意义以及他们就研究此项目给你提供的相关建议。当然，谈论的时间不宜过长，几分钟就可以了。

第四步，找到一个大黑板。① 我将主题写在黑板最上面，一有想法，我就加上间隔和具体条目——这就是头脑风暴。它是概念映射的一种原始形式。② 有时丽塔或者其他人会提供帮助。如果我列出大纲或者一开始就画出空矩阵或韦恩图（Venn diagram），有时会产生更好的效果。这些都表明这个主题的某些方面已经在我脑海中形成。这是我刚才在黑板上写下的内容，用来整理和引出关于"标准化"主题的各种想法。

225

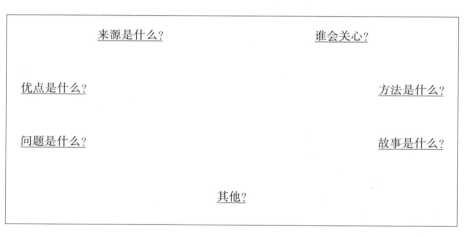

图 8.1　完善一个议题的板书布局

我以"来源是什么？"这个问题开始，试图想起一些在该主题下真正优秀的作者或者好的文章，即专家是谁？"谁会关心？"这个问题反映的是利益相关者（一般意义上

---

① 黑板的好处是它方便擦除和书写。

② 关于概念映射，可能起源于罗伯特·科维（Robert Gowin）（1970）。关于更多技术性的概念映射，可以访问特罗钦·威廉（William Trochim）的主页，http://trochim. human. cornell. edu/kb/intreval. htm.

的或者特指这次评价）、利益集团、支持者和反对者。"方法是什么"是本次评价中最难填满和利用的部分。我用"变量是什么？"代替，但是并没有带来什么帮助。我想其他的问题都显而易见。对议题的回溯一个接一个，我来回踱步，思前想后。

因此，我记下了脑海中的想法。我将在标准化这一部分向你们展现结果。现在我们需要开始考虑，当我们收集数据、分析和综合以及撰写报告时，那些通常作为背景所需要牢记的事情。如果持续更新图表，我们可能会在研究中发现它的变化，大多数情况下这个变化会愈加明显，但也会在这个过程中遗漏一些信息。马尔科姆·帕莱特（Malcolm Parlett）和戴维·汉密尔顿（David Hamilton）（1977）将这种方法称之为"渐进式聚焦法"（Progressive focusing）。

当然，首先我们要明白"标准化"如何成了一个议题。一个议题通常会有一些政治内涵、一些社会背景、一些敏感话题。很多人发现对统一性需求过多或过少都会带来不少麻烦。因此，标准化是一个常见议题。它可能出现在很多地方，比如它会在人们对合同的解释或问题陈述中出现。客户、职员或者利益相关者可能会直接或间接地提到它。它可能出自研究论著或者更高级的评价研究，这通常取决于评价者对它的认识。标准化很重要，关于它的评论也是评价研究贡献的一部分，我们应该更多地了解它们。

好的议题或研究问题对评价研究的质量来说至关重要。美国国家科学基金会的《项目评价的用户友好型手册》（*User-Friendly Handbook for Project Evaluation*）（2002）中写道："基于实际情况和政治背景……可能需要一个跨领域、针对特定受众、有前瞻性的混合议题"（p. 20）。评价者通常需要更新议题陈述以确保其对数据的全面解读。

复杂性

在基于标准的评价和回应式评价中经常会出现一些复杂议题。关于教育和社会服务项目的评价广泛应用于不同时间和地点，这也带来了诸如机会平等、活动赞助、代言、预算削减、人员招聘和使用绩效指标等议题。在评价者数以百计的研究议题中，它们的篇幅或长或短，有时被作为背景，有时被当作前提。一个议题再次出现的可能性将会由于上一次评价者的深入研究而增加。通常，拥有专题评价经验，特别是那些将专题作为个人专业方向的评价者会做出更大的贡献。

　　无论评价对象是消防演习，还是森林保护区中的消防员培训，每个项目都有其复杂性。因为它嵌入在社会环境中。任何项目无论成功与否，背后必定有其原因。评价者需要判定什么发生了，什么没有发生。评价者对评价对象质量的考虑涉及先例、转换和结果。一个专业评价者的声誉部分来自对复杂问题的思考深度，一个好的评价组织取决于其概念组织者的能力。这其中哪部分比较重要是一个值得思考的问题。在本章中，我们将通过审阅一些议题来解释项目评价中深度思考的必要性。

　　在很多议题中，评价者并非完全中立。我们每一个人都有关于议题的个人观点，诸如什么是良好的培训、医疗机会均等中的伦理、操作流程标准化的重要性等。我们应该在对质量做出最终判定时摒弃个人标准，但是我们无法不基于个人价值观来进行设计研究和解读数据。我们应该尽力确保在报告中突出展现的观点具有客观性，这可以通过对元评价的深入研究来实现。

　　下列三个议题都是持续性研究计划和学术社区中批判性研究（critical study）①的一部分。我们的评价研究通常不会比它们贡献的东西更多。因为我们没有针对一些议题进行深入挖掘，这需要花费大量的时间，也需要专业知识作为支撑。但是，我们有责任利用有关数据来增进受众对评价对象质量的了解，无论这些相关数据是什么，也无论其利用方式如何，都要使我们的受众认识到有关评价对象的问题。

　　其他议题将在网页附录（http://www. sagepub. com/stake/evaluation/webappendix）中呈现。没有任何外部评价者可以成为评价对象所涉及议题的全能专

227

---

　　① 批判性研究是一个社会学科（参见 Kinchloe & McLaren, 2000）。学者通常会去考虑一个高度发展的意识形态立场——例如，女权主义，马克思主义，自由主义——并针对一个客体（评价对象）进行分析。这是为了推动某种意识形态观点的发展，并认识到客体的价值。

家,因为议题数量众多且范围广泛,但是他/她可以探究并寻求一些其他帮助使得这些复杂议题得到有效解决。

项目标准化

为了进一步完善关于"标准化"的观点,我采取了本章起初确定下来的一些步骤,并使用了如图 8.1 所示的大纲。在黑板上初步列出条目之后,我将我的思考总结如下:

> 评价者有时会参与到一个带有强烈标准化主张的项目中。评价者有时会因为项目标准化的缺失而苦恼,进而主张更大程度的标准化。很显然,在组织中让实践和评价变得更加统一会有很多益处,但是标准化是在每一种情境下都需要研究的议题。一开始就认定标准化程度越高项目的质量就越高,这种想法是不可取的。

2000 年,欧盟通过统一货币的举措改善了各成员国之间的贸易流通和管控水平。欧盟当局发行了欧元,用以代替法郎、里拉、德国马克和其他货币。这有什么利弊呢?尽管商业流通得以促进,旅行者的出行也更加方便,但是国家主权受到一定程度的挑战,民族自豪感也必定随之削弱。又如,全美医学院协会(National Association of Medical Colleges)为美国医学院学生设置了毕业最低学分等级。其目的是帮助学校避免在不完整的教学体系下提供学位。很显然,该标准无法确保提供一个新晋医生的最低认定方案。更多的标准化可能是有序的,又或者统一性可能已经成了一种不符合公众切实利益的约束。这些标准致力于保护在这个行业已经建立起来的规则和约束,同时也保障了新人工作的高质量。

当地区与地区之间的条件相似并且一些非标准实践有害时,主张标准化是很明智的。当标准化阻止人们找到解决问题的简单方案时,反对标准化才是明智的。通常情况下,标准化的增加不是因为活动质量的提高,而是因为标准化后的活动更易监

228 视和管控。不过有效的管理虽然非常重要，但是过多的控制会抑制团队的生产力和创造力。在网页附录中，我们将研究使用标准化考试成绩作为学校改革的机制，而这是一种由本杰明·布鲁姆（Benjamin Bloom），托马斯·黑斯廷斯（Thomas Hastings）和乔治·马道斯（George Madaus）（1971）主编的早期评价手册中所倡导的项目评价中心理测量定义所支持的做法。通用标准对受益人来说是有好处的，但是评价者需要核查标准化的要求，避免成为控制欲太强的管理者手中的钝器。

在强有力的标准化规范下，可能会出现所谓的"刺激错误"问题。当你假定人们在观察一件事物，而事实上他们却在观察其他事物，这就是一种刺激错误。这是一个普遍的方法论问题，因为数据收集工具及其程序的受试者有时会以不同于评价者所设想的方式解释问题。原著封底是一个盛有半杯水的玻璃杯。如果评价者期望观察者看到它有一半被填满，而观察者却看到它有一半是空的，这就是一个刺激错误。这是否与悲观主义有关是另外一回事（尽管我会承认我倾向于看到它需要被填满而不是有一半已经被填满）。回到主题：当一个组织全盘接受标准化时，就会产生"每一个人都理解"的期望，放弃标准协议将更可能被视为违规而非明智的适应行为。标准化是一个复杂的问题，通常需要评价者对其进行研究。

经过一番思考之后，我修改了黑板上的条目，如图 8.2 所示。

229

议题：标准化	
来源是什么？	谁会关心？
标准局	用户
Ⅰ-Ⅵ手册	少数派
国际标准化组织	管理者，业务人员
有什么价值？	什么方法？
便于操控 & 提高效率	测量
利于沟通	比较
成本更低	
易于取代	
更加公平	

有什么问题?	还有什么? 有什么故事?
相关性	买电池
公平性	20 世纪 20 年代的学校商业办公室
抑制创造力	欧元
与预设混淆	瑞典变为右车道
行为标准	勒德分子

图 8.2　用于推进议题而写在黑板上并不断更新的条目

我关于标准化这些方面的看法会引起大家更多地阅读、讨论和思考。我将会更加仔细地观察标准化如何在即将讨论的评价对象中发挥作用,会继续在原材料上下功夫,并向行家们请教。不久之后我会准备一个非常简单的初稿,然后再在最终报告中谈及标准化问题,如此反复操作。我认为,这一过程是一个常识问题,但是却被元评价和其他挑战所条框化。

项目公平

请阅读下一节并摘抄一些和项目公平有关的单词,这些单词应该写在黑板上进行讨论。

引用军队预备役上校的话来说:"我们并不一定是在歧视,我们只是排除了某种类型的人。"在社会环境中,大多数人认为歧视是不好的,但实际上每个人拥有均等机会是不存在的。所以,在测试环境中,我们认为区别对待是妥当的。[①] 评价者应给予那些有更强能力、更丰富经历或更高生产力的人特殊的考虑,区分性测量就是在较少和较多中进行辨别。

在我们所生活的社会中,因性别、社会等级或肤色等原因给予人们特权通常不对。然而,给予那些有学术能力或有潜力利用机会的人额外权利却被认为是公平的。

---

① 对于心理计量学家所谈及测试项目的区分度,统计学家有他们称之为判别分析(discriminant analysis)的方法。在这种背景下,歧视仅仅指差异性。

因此，那些已经有能力和机会的人被给予了更多的权利。我们称这样的社会为精英政治(meritocracy)。据称，在有天赋的人身上投资越多，就会为全社会带来更多的重要成就和更少的危机。

但有一种可能性很少受到人们的关注，那就是许多人会拒绝被给予的额外权利，因为他们认为自己受到了歧视，这样做会造成很大的社会负担。当受到歧视后，人们会失去志气，对公共福利漠不关心，并产生更深层次的自我依赖感。选择性特权分配既有益处也有代价。

精英政治

精英政治中的公平性何在？精英政治很少被评价者所质疑，但对于项目中的受训者、工作者、管理者或学生而言，他们之间可能会产生很大差别。当了解他们的绩效质量变得很重要时，评价机构就要尽其所能对它们进行测量。当我们不能准确地测量出机构所需的价值，不能有效地在绩效等级基础上进行机会判断时，区别对待就会成为一个问题。

社会学家丹尼尔·贝尔(Daniel Bell)(1977)①辨析了三种反对精英政治的言论，标出了其中矛盾并且重合的部分：

1. 遗传和智力。如果有人假定精英政治仅仅是一种基于智力的选择，且这种智力是建立在遗传基因差异的基础上的，那么他所拥有的特权就来自于基因的运气，这会使社会正义建立在一种很随意的基础之上。

2. 社会阶级。纯粹的精英政治不存在，因为社会地位高的父母要么靠其势力要么简单地借助他们的孩子所掌握的文化优势来传承他们的位置，这一点是不变的。因此，一代之后，精英政治仅仅由阶级地位所掌控。

---

① 其他关于精英政治的优秀文章有 Michael Young(1959)，*The Rise of the Meritocracy*；David Gilborn, & Deborah Youdell(2000)，*Rationing Education：Policy，Practice，Reform and Equity*；Richard Teese(2000)，*Academic Success and Social Power*；Peter Sacks(1999)，*Standardized Minds*。

3. 机遇的作用。美国有大量（向上）的社会流动，但这与教育或能力甚至是家庭背景相关性较小，而更多地与无形的和随机的因素有关，比如某人从事某种特定工作的运气。

除了这三种言论，我还提到了其他影响问题的因素。这些问题已经超出了对智力和社会阶级的关注，比如，当毕业、升职或工资上涨是建立在标准绩效基础上时（因为质量检查和性能效用与之前的地位和机遇有关），建立"一个按等级竞争的环境"，从而声称所有的竞争都是公平的，这是不可能的。标准化测试应该是在能力和成就上都具有公平性的测试，但是心理学家克劳德·斯蒂尔（Claude Steele）（2003）论证了这些测试中的威胁因素，特别是对于少数群体中的高能力者来说。

李·克龙巴赫和戈尔登·格列塞（Goldene Gleser）（1965）在选择决策（selection decisions）和决策（placement decisions）之间做出了重要区分。当一个职位有很多申请者时，比如在普通工作的求职中或者为唱诗班演出选择独奏者或者选择士兵打头阵，这是一种选择决策。

当每一个员工都参与了员工发展，并且决定接下来要进行哪些培训时，这就是一个决策。一个家庭在分配家务劳动时会做出决策。在决策中，评价机构有责任观察援助是否得到公平分配，这并不一定意味着最年长的或等级最高的人就获利最多，个人福祉和团队的整体福祉都需要考虑在内。

选择奖励或无视员工的表现是一个"高风险"决定。这不仅仅是要对表现优异者有所奖励的问题，有时也会牵扯到决策是否公平和明智。如果表现优异的员工总是得到奖赏，他们的进取心就会不升反降，对于那些没有得到奖励的员工来说，他们的自信心会受到不小的打击。所以我们需要不断对出台的政策及时评价，以免产生不良效果。我们需要借助以往经验并考虑个人心理因素，以此评价团队中因区别对待而导致的高风险问题。

对于研究政策和组织实践的项目评价者来说，能力测定和区别对待会成为议题。

不是所有政策都可以被研究，而且评价团队经常缺乏专业知识来研究最令人烦恼的政策；另外，评价赞助商通常不希望研究管理政策。前一章已经举出了一个案例——国家青年体育项目。这个被终止的评价项目情况如下文所述：

1996 年，李萨尼·德斯特法诺，德尔·哈尼施（Del Harnish），凯瑟琳·斯隆，丽塔·戴维斯和我评价了国家青年体育项目——一个主要针对城市青年的夏季项目。国家青年体育项目是全国大学生运动协会（the National Collegiate Athletic Association）、高等学校和联邦政府之间的合作项目，专为弱势青少年（10 至 16 周岁）提供 5 个星期的运动、身体素质和教育上的指导。那个夏天，是其举办的第 27 年，它帮助了来自 170 个大学的 66000 个男生和女生。我们根据合同，对当地项目的样本（4 个）进行深入的评价描述，同时描述了学生团体，将项目特点与学生成果联系起来，并调研了政策问题。我们发现当地举办的活动质量很高，对于实现他们的目标卓有成效。"标准化"和"公平性"的议题都出现了，我们思考了一会儿，然后转向了其他议题。我们没有发现和歧视相关的实质性问题。我们预想评价会受到校队教练的干扰，但是并没有。我们的确发现了专制管理并质疑了它的价值。这项评价本该是一个历时三年的研究，但是我们的行为却被一些人认为干扰了正常工作，特别是在调查国家协调委员会的管理政策期间。当被告知工作越界时，我们说我们正在执行合同上的内容。全国大学生运动协会并没有在第二年和第三年续签这个合同。（完整报告可以在 www.ed. uiuc. edu/CIRCE/NYSP/index 上获得。）

---

232 通常在咨询之后，评价者必须判定对机会分配的分析是否可能加深对项目价值的理解。

儿童平等机会

为每一个孩子提供平等的教育机会是公平准则中的一部分（Segerholm，2002）。测量这一机会的大小很困难，而保证每一个孩子的平等性似乎也超出了我们的能力范围，我们能做的只是争取减少现有机会的不平等性。

每一个孩子都是不同的，这体现在他们的现有知识储备、学习动力以及利用学习机会的能力上。保证每一个孩子拥有相同的时间、同样好的学习环境和一个同等能力的老师将会是一个较大的进步。但这种方法忽略了一点，即不同的孩子应该根据个人能力学习相应的知识。

最易保证机会平等的方法是不给予个别孩子额外的学习机会，或者给予每个孩子的都是极小的机会，但这种方法并未得到人们的认可。作为大人，我们可以尽可能地为每一个孩子提供差异化的、力所能及的、最好的机会，但那反而会拉大孩子们在机会和成就上的差异。

通常，良好教育的运转应当是帮助那些已经领先的孩子们跑得更快些，帮助落后的孩子们以他们适应的速度继续前进。教育是一个区别对待的过程，它增加了儿童之间差异的种类和大小。不论教师是否为孩子们提供了平等的学习机会，还是给一些儿童提供额外帮助，差异都将一直存在。

教育有一项被预期发挥的功能，如乔尔·斯普林（Joel Spring）在《分拣机》（*The Sorting Machine*）（1976）中所描述，教育是去鉴别哪个孩子已经预备好学习高级课程的能力。人们希望教师能够识别和鼓励那些功课做得好的孩子，因为他们通常是之前拥有机会并能做到最好的人。而大多数教师认为，他们有职责帮助学习进度最慢的学生确信他们在智力发展或应用领域取得有限成功。[①]

教师们有意识地根据不同学生的情况采取不同的教育方式。当然，教师当中也存在着巨大的差异，但是他们在某些方面有很多共同点。大多数教师都能保证其所

---

　　① 在孩子们的一些支持者当中，人们常说孩子应该得到帮助以发挥他的潜力。这是一句好的箴言，但也确实带有误导性。孩子们和我们所有人都有可以进步的空间和还未被发掘的潜力。但是没有人拥有可知的命运，或是将来必定会上升的潜力。无论一个人的潜力已经被开发多少，只要他还活着，他就还有继续上升的持久潜力，承认这一点很重要。当我写下这些时，我刚刚 73 岁。如果任何人暗示我，我的潜力已经发挥殆尽，我会表示非常愤恨。事实上，我可能已经在很多年前达到了最好的状态，但是就像德博拉·劳顿（Deborah Laughton）（我的编辑）所提醒我的那样，我仍旧有潜力做得更好。潜力不是某种命运，而是为即将到来的更好的事物做基础的资源。

做的一直都是对每一个孩子最好的事，这里指的是他们所认为的最好的事。人们通常会发现，在学校里的每个地方老师们会花很多心思去思考对于不同的孩子来说什么才是最好的。他们很少尽力给予每一个孩子等量的时间，相反的是，他们把时间分配给那些在他们看来最需要的人身上。

　　有时教师太过讲求统一性和传统型思维模式，以至于影响了孩子独有的成长模式，正因为每个孩子都是不同的，所以教师应该采取因材施教的方法，但往往这种方法会过犹不及，比如有时教师又会盯着文化差异不放（其实这点是孩子们不想提及的）。教育的目的究竟是为了引导孩子们走向普通意义上的成熟，还是帮助孩子们发展他们的个人专长，这是哲学家和教育工作者所要面对的永恒问题。

　　评价者可以用如图 8.3 中的调查条目来探讨远大目标。我们在科学教育案例研究（Stake & Easley，1979）中使用这个冗长的条目来比较管理者、科学教师和其他人在教育上的远大目标，并指明他们在如何看待学校运转这一问题上是否相同。①

234

教育的人文目标	教育的知识目标	教育的职业目标
学校的主要职责应该是（让学生）体验人类社会是怎样的——历史、人的价值观、工作和娱乐、艺术和自然、人类成果和未完成的事。学校应该给予学生在人类经验、审美和情感体验及知识经验中扮演参与者角色的机会。	学校的主要职责应该是去帮助年轻人了解世界的一切。每一个学生都应该有最大的机会去学习基础事实和自然、技术、商业、语言学、美术及实用艺术的概念。学校应该帮助年轻人建立解释甚至是发现新知识的技能。	学校的主要职责应该是为年轻人准备他们的职业生涯。尽管大多数职业要求工作上的培训和终生继续教育，但是学校应该为成功的工作打下基础。对于将要在技术学校或大专院校进一步培训的学生，学校应注重入学要求和预备技能的培养。
上述内容直接告诉我们——在我看来——什么是	上述内容直接告诉我们——在我看来——什么是	上述内容直接告诉我们——在我看来——什么是
a. 学校最重要的任务	a. 学校最重要的任务	a. 学校最重要的任务

---

　　①　请注意那张表，每一个回答者只能给出 6 分。请预估一下每给一分要在测试中花费多少时间？哪种评价者最有可能发现有价值的信息？

b.　一项重要任务,但不是学校最重要的任务	b.　一项重要任务,但不是学校最重要的任务	b.　一项重要任务,但不是学校最重要的任务
c.　学校较为不重要的任务	c.　学校较为不重要的任务	c.　学校较为不重要的任务
d.　学校不应该承担的任务	d.　学校不应该承担的任务	d.　学校不应该承担的任务

人文目标:	＿＿＿只有一点	＿＿＿相当多	＿＿＿多于其他两个	＿＿＿远多于其他两个
知识目标:	＿＿＿只有一点	＿＿＿相当多	＿＿＿多于其他两个	＿＿＿远多于其他两个
职业目标:	＿＿＿只有一点	＿＿＿相当多	＿＿＿多于其他两个	＿＿＿远多于其他两个

图 8.3　教育的主要目的

如果在公民群体中没有大量的共享价值和共同观念,社会将不会走向繁荣,这一点毋庸置疑。但如果人们把思想和抱负强加给年轻一代,他们无法理解与消化,社会也不会繁荣。因此,教师们责任重大,他们的教育既要有利于孩子的个性发展,也要有利于社会集体的发展。

机会平等是公平原则中的一部分:法律规定人人享有平等的权利,平等的尊重来自于为我们的生活带来秩序的每一个人。单一课程、共同指标和成功标准都被作为公平原则的一部分而被广泛宣传。教学目标也是一样,无论谁得到 B 等,他们都应该是一样的。公平原则大抵如此,国家和地区目标、标准以及强制测试所表达的主张,常常是用于表现公平的举措。

如果为孩子们设置一名检察员,他或她可能会敦促制定不同的目标、标准和评价。对于孩子们来说,通过与他人相比,知道自己的表现如何是比较重要的,而更重要的是要了解孩子在个人成长过程中所取得的进步。孩子们若是接受了符合自身能力的教育会如何? 对于孩子来说,最适合他的东西往往与他人不同。教育孩子需要采用不同的方式,这种方式不仅有利于个体成长,也有助于社会乃至国家的发展。那意味着要将教学、评分和指导建立在孩子的智力基础、孩子准备学习的内容,以及在接下来的众多机会中哪一个更加适合孩子个人、社会及集体发展等问题的基础上,项目评价者应该关注到这种差异吗? (Selden,1999;Lemann,1999;Steele,2003)

235

员工发展

在我知道的项目评价中如果有一个议题反复出现，就说明它需要持续的专业道德教育。评价对象所包含的公司文件和实践经验通常将培训视为一项很重要的工作，人们往往期望员工通过培训就可以在基本技能上得到良好提升，在新职位上明确工作方向，然后凭兴趣探索新技术和新问题，并偶尔举行研讨会或参加会议来不断保持自己的专业先进性。其实只有个别工人能符合上述预期，但他们这样做并不是为了组织的最佳利益。有时，他们追求更高级的资格认证是为了将来可以在别处立身。其实任何组织的主要职责都是认识其所在领域是如何变化的，对员工的能力和态度进行集体和个人评价也是一项管理责任。不仅如此，批判性地审视员工培训也是评价者的责任。

威廉·普拉特（William Platt）是退伍军人福利管理局（Veterans Benefits Administration）的培训与发展专家，他为 CIRCE 聘请了评价人员。他们负责对评级专家的培训进行评价。评级专家首先审查文件，他们要对退伍军人的福利索求进行审查，特别是工伤福利。国会为此提供了一本复杂的退伍军人福利认证指南，评级专家以此为基础审查了医疗服务档案，从而发现与指南中相匹配的部分并进行评级。但是他们不能保证所有可用于评级的信息都已经被发现，因此他们要对最终退伍军人福利解决方案的延误负有一定责任，一些退伍军人所享有的福利也会因此延误数年。这份复杂且不断变化的工作要求评级专家接受不同形式的培训。普拉特让我们开始了为期几年的工作。培训的议题慢慢聚焦于持续专业教育问题上，并且它现在已经成为我们为退伍军人福利管理局培训评价所写的年度报告的一部分。

例如，在一份管理总结报告中（Davis，Stake，Chandler，Heck，& Hoke，2000，p. 5），我们摘录了这三段：

236

　　尽管它要求的操作知识比我们所掌握的多，但是如我们所见，退伍军人福利管理局需要对专业发展做出深刻承诺。区域办事处和中央办公厅都需要在基础设施上做出改变，使在职教育成为常规工作的一部分。在这之前，培训被视为技术进步的调整和满足组织战略计划的改变。我们在退伍军人福利管理局中观察了各种各样的新培训，其中大多数都是努力让评级专家掌握最新的法律变化，更新员工的技术知识，如我们在第八章中丹佛培训日志所展示的一样，这种方法是值得称赞的。几乎在所有区域办事处中，培训都是为了帮助每一个员工的成长和发展，让他们成为更加专业的工作者。

　　1997 年，我们建议将专业发展和培训视为一种组织规范。很显然，我们认为专业发展和培训与组织中的其他规范同样重要。不久之后，机构公布了一系列广泛的培训模块，全面地解决了该机构从退伍军人索赔到贷款处理的每一项主要活动。机构及其雇员都将被详细安排在计划中，并熟练地将培训模块作为一种更新他们工作的方式，这意味着机构要长期建设培训文化。培训数量被提高，标准化需求也越发清晰，但理想的所有权却成为争论的焦点。我们察觉到这些培训模块被员工视为强加部分，是一种灌输进来的东西而非适应当地需求。至少在某种程度上，这些培训模块的"地方所有权"需要更大程度地改善，以提升退伍军人福利管理局培训活动的专业感。

　　现在，区域办事处的培训责任很大且不断增加。专业化需求不断发展，模块化的成套培训材料已经不能满足需求，即使是对于当地发展最完善的培训项目而言。另一方面，指导需求和其他地区开发的培训数量也在增长。对于所有全职员工来说，培训将继续占据工作总时长的大部分，显然多于平均一周一小时。各区域办事处对培训都很认可，但是，从主管到最低等级的雇员，迫于生产压力，他们的培训时间很容易被压缩。每一个区域办事处和退伍军人福利管理局作为一个整体都应更倾向于成为一个"学习型组织"，并且每一个评级专家都需要成为一个终身学习者。

237 在随后的报告中，我们敦促将培训的概念扩大到包括维持和改善机构环境，并对管理责任进行了长时间的讨论。以下段落与"全面综合"培训项目中的部分内容有关。

>   因此，无论它是否称之为"培训"，在中央和地方层面，以及在团队和个人层面上，一些表现需要重新定位。机构质量控制政策需要设立机制去确保集体和个人对需求和挑战的应对。这要求建立更好的工作环境，而不仅仅是要求更好的雇员技能。全面综合的培训也是培育和改善机构环境的一个重要问题。

  员工发展在项目评价中是一个非常普遍的议题，以至于许多与之相关的内容都可以随时准备纳入评价提案中。

培训内容

  培训项目的评价者有责任评价培训的本质。培训的内容就是主题、主要问题、技能和教授的知识。项目组成员是否提供了应有的培训内容？一般情况下，客户对精心准备的培训大纲都比较满意，他们只想让人员对培训活动的组织是否合理提供意见，但通常评价者缺乏专业知识和资源，无法认真检查培训的具体内容。如果评价者给出的结论对培训十分有效，而其他人却看到了培训项目开发者遗漏了一些关键内容，那这就会让评价者在专业方面陷入尴尬境地。

>   第五章中描述了美国教育研究协会教育研究者举办的一次预备会议。题目是对比实验设计（Design of Comparative Experiments）。它包含 14 个部分，章节标题包括设计和分析原则、实验设计和方差分析（ANOVA）、方差分析的经验法则、协方差（Covariance）的分析、不符合假设和多重比较。参与者的批判在图 5.2 中展示。预备会议的内容通过多元化员工自我评价确定，它并未得到参与者或外部研究方法专家的帮助。再次学习第五章的内容，然后决定"持续性专业评价"这个议题是否需要被评价者研究。

任何成套培训材料都要能满足拥有不同期望和价值观的团队需求。因此，一些
内容上的妥协将不可避免。这样，争论不复存在，因为一些人也不愿看见它们在评价
者的口中复生。一旦受训者质疑内容，一些悲观主义者就会害怕培训会让事情变得
更糟。评价者能完全忽略培训的内容问题吗？或者说，是否有必要提及一下培训内
容的优点和缺点，或是争论双方的论点？

培训开发者通常采取的策略是，在广义上指定应该学习的内容，并使学习内容所
涉及的范围和相关度都更加明显。管理者或培训师也可以通过不同的覆盖范围和强
度来选择学习内容。并不是每一类培训中的重要任务都能很好地代表这个培训类
别。例如，一位培训师选择教授关于艾滋病毒（HIV）的首选治疗方案却没有探讨
HIV 暴露带来的风险。评价者应该如何对待这种不足？

对于很多评价者来说，在培训项目中传授的特殊知识或技能是主要问题。在培
训内容和课程方面的专家，如约瑟夫·施瓦布（Joseph Schwab）（1965）和巴兹尔·伯
恩斯坦（Basil Bernstein）（2003）撰写了关于教学大纲复杂性的文章。他们指出由培
训师所教授学员的洞察力具有社会性、政治性和经济性特点。培训内容很少能快速、
直接确定下来，它需要考虑环境因素，最终由受训者最为知晓的领域需求所决定。有
时培训师将他们的标准制定得太高，期望实现领域内不切实际的改善，这导致他们仅
仅凭借自己的专业知识就来判定受训者的能力。

人们普遍认为培训可以（也应该）会让受训者更好，至于真实效果如何，暂且不
论。人们通常认为社区组织的项目会比偏远地区组织的项目更加完善，至少不会更
差。大型项目的利益相关者极度希望在不同地区提供的培训可以被标准化并不断完
善，培训项目逐渐被媒体、监管机构和民选官员所监督。我们经常听到一句话，"教育
太重要以至于它不能完全依赖于教育工作者的努力"，换言之，教育至少还需要教师
培训人员的帮助，这也涉及了持续专业教育需求。

当培训被局外人重新定位时，经常会面对因为简化和标准化问题而产生压力，简
化和标准化培训主要的倡导者通常是管理者。如果管理者要对培训的质量负责，他

或她首先会去了解培训，要了解培训者和受训者正在做什么需要大量的标签，而目标陈述和绩效得分则会提供这样的标签。

技术人员，特别是那些接受过心理学培训的技术人员，在定义培训的指导内容和标准化及其"行为化"上贡献很大。任务分析是培训的内容之一。很多心理学家强烈支持指导个性化，但是大多数人更喜欢标准化的操作。大多数心理学家更加关心受训者的思考过程而非思考内容，他们这样做会助长一些观念：第一是内容评价不重要，第二是受训者在多大程度上使培训适应其独特的应用条件和环境也不重要。因此，评价者有时需要培训内容专家来协助评价。

培训者受到批评时往往会把问题归结于课程内容的过度统一化和简单化。其中一些培训者声称他们可以培训任何学院。如今要想在竞争激烈的社会中生存下去，很多培训者都会降低培训难度和目标。这些会在合同中说明（无论正式还是非正式的），其目的在于让成果更加简单明了。这对客户和学员可能都有好处，并不是因为这样做对他们来说是最好的方案，而是因为这样做能保护培训项目。

培训策略

组织中的所有人员都可能会接受简化培训，部分原因是这符合他们的习惯：任务分析和记忆。任务分析（Jonassen，Hannum，& Tessmer，1999）被视为培训关联度的保障，直接指令（Rosenshine，1985）被视为之后进行更深层次的思考的基础。这种理论在罗伯特·加涅（Robert Gagné）（1985）关于"精熟学习"（mastery learning）的文章中被证实。许多培训师认为，在进行复杂的学习之前，受训者需要掌握简单的能力要素，比如任务分析和记忆。这有助于受训者暂时不用去思考复杂的内容，即使在高级课程中亦是如此。当培训师的主要任务是让所有受训者在标准化测试后执行高于现有标准的任务时，受训者就需要先进行任务分析和记忆。

作为一种主要的培训策略，这种基元论（elementalist theory）还没有在研究或实验中被充分证实。它受到很多教育哲学家的反对。一些心理学家反对预先设定问题的解决方案，反对针对问题进行提前反思和批判性考量（Schön，1989；Brown &

Duguid，2000）。然而，对于许多管理者和导师来说，记忆培训带来的好处是"不言而喻的"。对他们来说，在泛化过程、隐喻思维和随机思维的培训方案中，个体增长的优势并不明显。在培训项目的评价中，这些备选培训方案相当少见。评价人员可能会在成人学习和培训的文献中找到推崇这些备选培训方案的内容（Knox，2002）。

　　培训策略的质量如何很大程度上取决于教学资源、受训者的准备情况和培训者的能力。在可能的情况下，培训应该包括那些被戴维（David）和罗杰·约翰逊（Roger Johnson）（1998）所提倡的合作学习和询问方法。为了避免培训个性化和抽象化过度发展，教学策略的标准化必须得到保证（Rosenshine，1985）。但在许多情况下，为了填补教学策略的缺陷，我们必须将一些个性化、综合性内容加入其中。

240

评价

　　组织要完善培训项目，首先要评价受训者的表现。培训师和导师通过非正式评价来了解学员的学习和成果。但随着组织越来越想要加强培训控制，标准化测试的出现频率会有所增长。

　　绩效测试可以嵌入在整体测试中，因为它能详细评价受训者的学习技能。但是如沃尔特·黑尼（Walt Haney）（1983）所反驳的，分数很少被认定为学生个人、班级或培训系统的成果的指标。未经核验的测试通常不能表明培训师的工作质量如何，以及他们以何种方式可以做得更好。测试似乎比他们实际工作所涉及的内容要求的更多，特别是当分数将更有经验的受训者与其他人分隔开来时。（这样会导致什么问题？）在评价过程中，组织提高评价要求可能会导致管理者无法了解培训质量的真实水平。如果项目没有经过测试核验，项目评价就会成为错误信息的来源。

　　评价人员和高级专家小组通过对培训进行观察可以发现许多问题，而且相比于测试，他们更能识别出培训内容的质量问题，但是他们无法分辨出培训的质量高低。观察和分析普通教学的方法太少了，特别是如果观察团队被分配到不同的地点去评价培训项目时，要尤其关注培训内容。他们应该参与到培训介绍会议中详细了解情况，即使他们是高素质的培训师和从业者。

当评价者充分认识到标准化和简化的问题之后，再假设定性评价技术会很有用才是合理的。定性评价需要评价者检查培训师的笔记、相关文件、更为正式的绩效评价（Berlark et al.，1992）、个人档案（Broadfoot，1986）和作品集（Mabry，1999）。如海伦·西蒙斯（Helen Simons）（1987）和戴维·尼沃（David Nevo）（2002）所描述的那样，校本评定（school-based assessment）建立了现场评价（site-based evaluation），它可以作为在机构范围内评价（agency-wide assessment）的备选方案。这些方法在比较不同地区之间的培训时价值有限，但对于增进培训实际情况的了解却价值很大。评价者用以上方法来检查教学中的复杂问题。他们为培训开发者在设置培训重点方面提供了重要参考。

241

《一种残忍的新测试技巧：数学作文题》

经环球报刊集团（Universal Press Syndicate）许可转载。

不参考评价结果就制定的培训计划一定存在问题。关于标准化测试的不切实际的承诺已经使很多评价报告偏离实际，然而组织压力却使这种期望继续膨胀。评价者很少会有深入研究培训质量的预算，但是，通过全面审查受训者的实践和绩效，评价者至少能辨认培训的最大的优点和缺点。培训师和受训者自我意识到培训优势和劣势也有助于评价者完善对培训项目的评价。当然,评价者必须对这些内容进行权衡。

本来我在这一章还另外写了十五页,但是我认为太多了。我猜想你们会很失望,但我仍然提供了一些资料供读者们查阅。你可以在网页附录(http://www.sagepub.com/stake/evaluation/webappendix.)中找到。标题是"议题 4. 标准化学生成果测试"和"议题 5. 委员会工作中可能的偏见"。

本章说明了项目评价者需要解释的重复性议题(因为它们与评价对象有关),并建议使用板书来记录和充实议题。你们有讨论如何更好地开始一项议题吗?

至此,我想说明的是人们需要对证据保持敏感。当一个人在讨论议题的背景时,他需要将这部分内容与评价对象的前景(评价对象的价值)联系起来。对这一议题进行研究可能会得出什么证据,是否能证明评价对象质量的高低。

这种概念性背景在大多数优秀的报告中都可以找到。菲利斯应该提供一些关于导师指导的准确概括。在撰写第一份评价报告时,你不可能成为这一议题的专家,随着第二份、第三份报告的撰写完成,你对这一议题的理解也会不断加深,你对议题的解释会越来越透彻。因此,评价者需要成为议题的解释者,这一点非常重要。

✦ 小故事(八)

萨格雷多:菲利,你一直在和周围的很多人交谈。请问你能告诉我,你是如何理解组织管理的吗?

菲利斯: 没问题。我是想确认一些事情。当然,我不会说是谁告诉了我这些。

萨格雷多:我知道一些访谈需要保密。关于戴维斯所做的工作你了解吗?

菲利斯: 你让我不要追究之前的培训问题,我没有拒绝,但是一些人想要告诉我这事。很显然,和戴维斯的合同在去年导师培训开始不久之后就终止了。他是文化人类学的博士生，这里谁也不知道他正在研究公司的管理文化。在关于工作的访谈中他没有提及这些。他利用他的导师和其他人来研究我们的组织氛围。

很显然，他现在和受训者一起干得不错，这些受训者迅速地使他进入了状态。他是一个好的倾听者，对每一个人都很尊重，在让受训者进入培训之前引导他们说出已知的内容。作为一个好的倾听者，他十分了解周围领导力的动态。他将其解释为一种秘密文化。虽然您和其他中层管理人员向我们保证没有计划变更，但是他听到了关于这个部门可能会关闭的谣言，一些人对他们的工作忧心忡忡。戴维斯断定这座大楼里没有人可以从更高层了解事实。

戴维斯草拟了他论文的一部分，这篇论文以家庭系统理论的视角来描述组织，将处于高层的人描述为功能失调家庭中的专制家长。如果有一天你碰到了戴维斯的桌子，一些东西可能会散落在地。你可能在一张打印纸上发现自己的名字。你读了一下，意识到它可能是诽谤材料。你可能会复印一份并带着它走向主管。碰巧，董事会在召开会议，她提醒他们注意这份可能令人尴尬的文件内容。他们以违反合同为由解雇了戴维斯。他被告知，如果不服，他在私下里进行的调查将会被法律部门采用诉讼手段追究。同时他被告知，如果他保持沉默，我们也会闭口不提。他同意不将他的调查内容告诉其他人，包括他的顾问。

一个董事会成员建议维瓦妮公司继续培训，但没有透露维瓦妮夫人是他的私人朋友。导师学员并没有被告知发生改变的明确原因。他们当中有两个人决定自己做一些非正式的评价，同时，他们发现维瓦妮公司经常被召集来帮助一家公司准备与另一家公司的合并。他们同样了解到维瓦妮夫人是该公司一个董事会成员的私人伙伴，他们的家人会一起度假。他们想知道这是否涉及利益上的冲突，或者说伦理道德问题，并且开始担心他们

243

自己的工作安全，但最终选择弃之不顾。所以，告诉我，萨格雷多先生，我把事情讲清楚了吗？

萨格雷多：嗯，我不知道故事的全部经过，甚至不知道你刚才告诉我的那些。我并不打算告诉你我实际了解的任何细节，但是我想说我所知道的与你所说的并无冲突，这才是最重要的。如我之前所言，我并没有发现这个故事与你目前评价的维瓦妮培训质量有关。我能相信你吗？菲利，你能按照合约坚持完成评价任务吗？

菲利斯：　我想过，作为一名评价者，我有责任通过提出问题，进行更广泛的审议来促进民主。我希望我的导师培训报告能达到以上要求。对我而言，历史背景与导师培训的必要性无关。我发现公司合并或破产与现行培训之间并无关联，所以现在我没有理由去参考维瓦妮是如何获得工作的。

244

萨格雷多：谢谢，菲利。我期望你能尽快把初稿交给我。

（未完待续）

第九章　基于证据的评价

> 事实是难以改变的。不管我们的希望和偏好是什么，也不管我们内心如何
> 要求，事实和证据都无法改变。
>
> ——约翰·亚当斯（John Adams），1770

专业评价就是一个为质量评判寻找证据的过程。不管使用什么方法，我们都是在寻找证据，当然也包括低质量证据。如果我们无法找到能证明评价对象是薄弱或不良的证据，那么也可以据此部分断定项目质量。因此，我们要同时关注好坏两方面。基于标准的评价和回应式评价其实都是在寻找证据。

在美国和英国，越来越多杰出的教育学权威专家对"基于证据"或"基于科学"的评价方法表达了喜爱（Pring & Thomas，待出版）。2002 年，基于证据政策委员会（the Council for Evidence-Based Policy）为促进基于证据的研究建立了基础。同年，国家研究委员会（the National Research Council）采用了"基于科学的研究"这一名称，并列出了六条原则来指导研究者们用科学调整自己的研究：

- 提出能根据实际经验进行研究的重要问题。
- 将研究与相关理论结合。
- 使用能够直接研究问题的方法。
- 提供连贯且明确的一系列推理。
- 能够在多个研究之间复制和推广。

- 公开研究成果，并鼓励专业的审查和评论。

以上都是进行评价研究的重要注意事项。现在请逐一考虑上述每一条原则，思考我们如何能够根据前面章节的内容来对它们进行重述。

246

- 评价应该围绕与项目质量有关的重要问题，通过经验主义方式进行构建。
- 评价研究应该与三套理论结合：社会科学的正式理论，人文科学的系统思考，以及基于实践的专业经验。
- 应该使用多种方法，以便直接对价值问题展开研究。
- 评价者应该提供一套连贯且明确的推理，还应判断其他参与者们对数据的推理是否连贯且明确。
- 评价者们应该对关键数据进行三角测量，并将其引入其他相关研究中，此外还应根据具体要求进行特殊化或归纳。
- 评价者应该将评价过程和结果提交给专家进行审查。

在这两套原则中有三点不同。一是对评价学这一研究项目质量方法的重视程度不同；二是对其他参与者判断数据表现出的尊重程度不同；第三则是对认为任何一个评价项目都应该科学化这一观点的看法不同。

> 研究（research）：1. 细致、系统、耐心的研究与调查；2. 一个基于证据的结论主体。

评价学是科学吗？

在第二章里我们说，研究（research）与科学（science）是这个世界上的常用词汇。现在让我们扩大"研究"的范围，不局限于学术或科学研究。其实所有正式的评价工作，即便是简短或错误的评价都可以称得上研究。大部分的研究都不等同于评价，只有那些对目标、项目或过程的质量感兴趣的研究才能被称作"评价"。科学研究是特殊的，因为它追求对一个领域进行深入理解，并形成归纳理论，创造新的假说和解释。一些科学家选择谈论因果关系，另一些则谈论功能关系和归纳（Glass，1976；Cook，1993），而评价者们则谈论结果和影响。即使在最健全的研究设计之下，原因都可以通过推理得来（Cronbach，1982）。

> **科学**（science）：从观察、研究和实验中获得的系统化知识，用来确定研究事物的性质或原理。

科学不仅寻找知识，还对知识进行系统性的组织。我们需要把许多思想结合在一起，才能解释这个世界的运作方式。任何单一研究都不起决定性作用。研究者们复制条件，并对它们加以改变，才能得到可靠的推广结论。他们从正式研究和个人经验里获得新发现，并将它们整合在一起。有时他们找到的证据会与经验、传统或直觉相矛盾，但他们用来完善解释的假说通常属于个人观点。科学并不以解决实践或技术上的问题为目标，尽管有时看似就是这样。D. E. 斯托克斯（D. E. Stokes）（1997）曾分析过尼尔斯·玻尔（Niels Bohr）和托马斯·爱迪生（Thomas Edison）之间的区别：前者是一名几乎不关心实践的理论物理学家，而后者是一位几乎不关心理论的发明家。介于他们之间的是路易斯·巴斯德（Louis Pasteur），一位致力于控制疾病的科学家。

我们有数学科学、社会科学，却没有足球科学，也没有安东尼奥·卡洛斯·乔宾（Antonio Carlos Jobim）科学。但是，在足球或者乔宾的音乐里有很多复杂内容可供研究。我们有关于足球的理论，也有关于《依帕内玛女孩》（The Girl from Ipanema）这首歌曲的相关假说，但足球或乔宾却并不被认为是科学研究领域。语言、逻辑和宗教也是研究的领域，但我们把它们视为学科，而不是与科学相关的自然现象。

对评价者来说，科学具有一个重要特征，那就是它寻找共性而非特性。科学并不关心某一台电脑的死机，或者某一项提前退休政策的失败，它关心的是定律，是一致性，是对一切力量的预测。科学寻找在任何地方都会发生的事，而不太关注在特定的时间和地点会发生什么，除非这些事情能对完善理论有所贡献。① 就像我在第八章中所说，评价者们常常把科学作为解读项目价值证据的背景知识，只有少部分评价者会把科学放在更重要的位置上。

　　评价学有时也会关注总体政策或总体方案的价值，比如说教导学生在多样的环境下更好地进行写作。但评价学主要关注的还是特定项目的价值，特定项目有其发生的特定时间和地点，当评价学关注的是归纳时，通常这样的归纳规模很小，而不会很宏大。

小型归纳与大型归纳

　　当我们在对已有知识进行总结时，其实就是在进行归纳工作。我们会思考这些知识所涉及的范围有多广，是否适用于其他案例。我们把这叫作"命题归纳"（propositional generalizations）。如果一些特定知识很大程度上基于个人经验，那它们就将作为自然主义归纳存在于我们的脑中（Stake & Trumbull，1982）。但是，一旦我们将这种知识用文字表达出来，它就变成了命题归纳。自然主义归纳是基于个人的经验与直觉所做出的结论。我在第六章的"综合推理"部分对此进行了定义。命题归纳则是基于推论与直觉所做出的结论。两种归纳都会在我们思考时被用到。

　　尼克·史密斯(1998)说，评价者在试图寻找解释时，往往会通过研究得到推论，这样就能更好地利用逻辑而不是主观经验，但同时他们也会依靠直觉。受众群体包括政策制定者、主管和其他研究者，他们同样倾向于依靠研究得出推论，但他们也承认自己对主观经验有直接或间接依赖。

---

　　① 心理学家西尔万·汤姆金斯(Silvan Tomkins)曾问我们这些学生："如果大街上发生了车祸，我需要去通知物理学家吗？"

基于标准的评价对主观性抱着非常谨慎的态度，它试图为评价者和受众（也就是评价报告的读者）最大程度地发挥研究推论的作用，同时尽可能减小自然主义归纳的影响；另一方面，回应式评价则依靠自然主义归纳来帮助受众对问题进行理解。陈述式报告会增强间接性经验，并且不过分疏忽正式描述和证据推理，这其中蕴含的思想是：受众会使用他们熟悉的思维方式，所以评价者应该帮助他们利用这种方式进行更好的思考。

有时我们的经验知识与我们的观念知识并不吻合。在《安娜·卡列尼娜》中，列夫·托尔斯泰（1876）写道：

> 是的，我所知道的事情并不是靠自己的推理得到，而是这些事情赋予我的，显现给我的，我完全知道这一点……
>
> 他静静躺着，凝视着万里无云的天空。"我难道不知道天空是广袤无垠，而不是一个弧面吗？但极目远眺，我所能见的只是弯曲的、有边界的天空。尽管我知道它的广阔，但当我看着这蓝色的弧面时，我知道我此刻所见的才是正确的，比我努力想要看得更远时的天空要正确得多。"（pp. 834 - 835）

评价者们通过推理掌握一部分知识，随后对这些知识进一步加工处理，另一部分知识则是评价者们通过直觉感受到的。同样地，评价者对它们的解读也会包含在最终的质量评价报告中。

想象一下，你正在帮忙挑选一个职位的应聘者。如果你说"这份申请不错"，那么你是在针对一个特例做描述性陈述；如果你说"这些申请都不错"，那么这就是一个小型归纳（petite generalization），也就是对当前情况（而非所有情况）做一个总结性陈述。如果你考虑的是某几个职位以及它们的应聘者，你就是在进行小型归纳。你会把这些申请跟特定的标准相比较，比如跟上一次收到的申请相比较，再或者会与你

预期中的申请相比较。大多数评价者关注的是特性，即一个特定项目在特定环境下   249
所执行的特定操作。他们的报告会同时进行描述性陈述和小型归纳。比如：去年，员
工数量减少了一半；经济上的制约对项目的运行产生了影响。

    科学包括进行大型归纳（grand generalization），也就是对整个领域中的所有个体
进行预期描述。"小学教师们会更关注男生""移民们会对预提税的要求感到困惑"，
这是两个大型归纳的例子。这些预期并不针对所有教师或者移民，而仅仅是他们之
中的大多数。如果我们想给出适用于所有情况的归纳，比如"冬天白昼更短"，那我们
会称其为定律或者普遍真理。科学就是在寻找定律和大型归纳，同时也会对例外情
况和归纳的局限性进行解读。科学家们会有意识地对自己所做的大型归纳进行证伪
（有时只需一个反例），从而验证科学的完整性。

    一位行政官员管辖的范围越大，他对大型归纳的兴趣就越大。这是因为他想寻
找一个能适用于全范围的政策。如果针对不同群体制定不同的政策，那可能会使事
情变得更加复杂，甚至出现不公平的问题。因此，当他委托别人进行研究以便制定或
支持某项政策，他很可能希望这些研究能够提供尽可能宽泛的归纳。什么是有用的？
什么总是有用的？什么在大多数时候有用？什么至少在一半的时候有用？这些就是
大型归纳，是基于科学的归纳。

    最可能产生基于科学归纳的评价方法就是基于标准的评价方法，尤其是第三章
中讲过的随机试验比较（randomized trial comparisons）。联邦教育科学学院（于 2003
年建立）院长格罗弗·怀特赫斯特（Grover Whitehurst）（2003）将随机试验比较称为
评价设计的"黄金标准"，因为它能出色地帮助我们建立对于被比较对象所含优势的
信心。他指出，这种设计将在今后得到更多资助并运用到政策制定中。① 在 2003 年
美国联邦教育法案（Federal Education Bill）中，"'基于科学的'教育研究"这一表述共

---

    ①   怀特赫斯特承认，随机试验并非适用于所有的评价问题和情形。他还在特殊情形下对儿童个
体产生影响的因素表示感兴趣，这种研究兴趣是大多数回应式评价者所共有的，但在实验者那里则不
然。

出现超过 100 次。同年，许多联邦资助的评价活动的项目管理者都在大力推动随机试验设计（randomized experimental designs）。

美国国家研究委员会（National Research Council）想把随机试验的推论方式运用到提高教育和社会服务的工作上来，这或许是因为随机试验在杂交种子和新药物的研发上取得了巨大的成功。在实验室里，关于学习和激励的实验持续了几乎一个世纪；在课堂上，人们也进行过一些大大小小的实验，但收效不大。托马斯·库克（Thomas Cook，2002）非常希望随机试验能在政策评价中有更好的应用，他曾哀叹教育评价者们没能在随机试验中对偏见控制（control of bias）给予足够的重视。库克总结说："随机分配是证明因果关系结论的最好机制。"（p. 195）。他所说的随机分配针对的是制定政策，而不是判断当前的项目价值。

政策评价

倡导随机试验的理念是，政策应该得到研究的支持，以显示广泛使用的项目管理程序的普遍好处。[①] 事实也确实如此。评价专家们应该在关于项目优势与价值的问题上提供帮助。项目评价的全部业务应包括政策评价研究，以寻求制度努力和成就之间的"因果关系"。非试验研究也对优质的政策研究有所贡献（Cook，2002；House，待出版）。

> 李·克龙巴赫（1982）坚决支持对大规模政府资助项目进行评价，但他并不提倡引入随机试验。他与实验主义者唐纳德·坎贝尔（Donald Campbell）和朱利安·斯坦利（Julian Stanley）（1963）存在分歧，他认为在该领域中政策与实践之间难以进行充分匹配。与许多科学家一样，他把创新称为治疗，同时，他也在寻找测量创新效果的办法。在他提出的 UTOS 策略中，O 代表效果，也就是结果（outcomes）。

---

① 这场关于教育研究与科学相结合的讨论已由福耶尔（Feuer）、汤（Towne）、莎沃森（Shavelson）和其他学者进行了总结，参见 2002 年 11 月的《教育研究者》（*Educational Researcher*）。

在克龙巴赫所提出的一系列案例中,有一个与校园暴力有关。该案例中的学校需要更好的措施来应对学生的破坏行为。专家们建议在冷却期进行谈判。他们提出的政策是,给按照项目指导方针起草并执行计划的学校提供激励与资源。其中的"治疗"(T)是指主要政策声明中授权的活动集合。任何一所学校都会在自己的计划中聚焦于一项特定的"治疗"(t),并且 t 中可能包含了 T 中没有的活动。作为评价活动的结果,政策制定者们会修改他们的政策,并授权一套修正后的"治疗活动"(T*)。

克龙巴赫(1982,p. 79)认为,随机试验不能像基于标准的相关性研究那样为政策制定者提供研究基础,后者可以保留每个参与单元(u)中的实际治疗(t)和不同结果(o)的记录。他说,根据相关性分析,校园暴力行为中的任何变化都能被更好地理解。有时研究者会对指标 O 进行大型比较工作,其中将会设置治疗组和非治疗组。但在克龙巴赫看来,这样的试验几乎不能提供关于各参与单元在不同情况下执行"治疗"的有效信息。他认为,由学校中学生暴力行为的抑制措施所组成的混合体,将很难代表政策声明中所提到的治疗(T),以及未来的修正政策声明中所需要的那种治疗(T*)。

251

科学不仅探究介入与成效之间的因果关系,它还需要把特定的介入与特定的成效联系起来。当取得更多成效时,基于科学的评价就应该找到获得这部分成效的原因。这是一项困难的工作,因为实验只能对众多原因中的一小部分做出解释。好的政策应该得到一系列研究支持(Campbell,1982),这其中肯定包括回应式评价。

最近,政府几乎没有对大型的教育与社会服务评价项目进行资助。同时,评价专家们也很少主张进行实验设计。项目评价者们一直想要优先寻找人们在特定情况下对事情的理解,而非对普遍情况下发生事情的理解。有些人对因果关系感兴趣,但这很少成为大家主要的兴趣点,在特定的情况下,合同资金才会越来越多地用于研究评价。

> **归因**（attribution）：识别判断导致某种结果的最主要原因。

252　　像萨格雷多先生这样潜在的客户或许会说："我们需要通过评价结果告诉我们这个项目有多好。"如果评价者回答的是："您是想知道您的方案能否在普遍情况下起作用吗？"那么客户会说："别用我的钱去研究其他的情况。"更进一步，如果评价者问的是："您是想把对方案效果的测量限制在单一标准上吗？"那客户或许会回答："如果你能做好评价，那一个标准就够了。"然而大多数评价者都会认为要做好评价工作需要关注多种测量方式及标准。

　　那么，我们应该向那些只想对单个项目进行评价的客户推荐随机试验方法吗？在资金有限的情况下，我们可以把大部分资金用在构建有效的对照组和标准指标上，从而对因果做出有力判断；我们也可以把钱花在对项目活动、概念和测量方法的理解上，虽然这样对原因的报告较少，但我们能得到许多关于项目功能与质量的结论。当然，我们也可以在两个方面都花费一点资金。那么，怎样才能最有价值地利用客户的资助呢？怎样能更好地满足其他利益相关者的需求？评价者怎样才能最好地利用自身的技能？这些都需要视具体情况而定。

　　对于那些规模很小且我们对其有明确认知的评价对象，评价者们会更关心一些实质性的问题，比如评价工作的时间、成果、限制和领导一类的问题。在他们看来，这些项目十分复杂，且相互之间只有细微差别。同时，他们想获得的是对项目运行的亲身认知。如果他们对项目运行的科学不太感兴趣，且更关注真实情况下的经验，那他们很可能会依赖回应式评价活动和小型归纳。[①]

　　如果评价对象可以用操作术语或指标变量来表示，比如任务时间、绩效等级、需求成就和社区一体化，那么评价者可能倾向于依赖基于标准的评价方法。许多评价

---

　　① 即便评价者和读者们进行的是小型研究，有时他们也会修正自身所依赖的大型归纳。如果一个新的案例能很有力地支持现有归纳，那么这个归纳就能够被巩固和加强，反之亦然。我们的归纳并不局限于眼前案例，同时还可以建立在其他已知案例和现有归纳上（House，1991）。

者会把项目看作功能关系的集合，并用有效的测量方式去研究它们。如果他们对这种关系研究相当有兴趣，并把它当作一门科学的话，他们就很可能会考虑受控实验，甚至是随机选择受益人和随机分配"治疗"（Lipsey，1993）。其中部分人还会喜欢上进行大型归纳。

作为评价者，我们中的一部分人应该把工作和社会科学紧密结合起来，从正式理论中发掘研究问题，并为之增加新的数据与解读。在本书的前言中，马克·利普西对评价者提出了合理的要求，希望他们能帮助培养最有利于政策评价的理论。而我们中的另一部分人则应和教育、社会服务的从业者紧密合作，为了理解和帮助这些职业者的工作，并从他们的经验与专业知识中发掘知识，提供替代性经验与解读。此外，在前言中，托马斯·施万特用自己的话回应了利普西的要求：正式的评价工作应该更加符合实践需要，而不只是符合由科学产生的合理性。

如果你还没有阅读过他们的辩论，那现在可能正是一个好时机。他们之间的分歧就像白昼与夜晚般分明，但同时这也显示出项目评价领域的复杂性。

这两种思维方式同等重要，但两者之间的联系并不紧密。我认为，抱有任何一种信念的评价者都需要而且也应该认识到，正式的或经验性的知识都存在于我们的脑海中。在评价工作中，尽管这两种观念间存在隔阂与冲突，但我们应该从两者中汲取有益的部分。除了与项目质量有关的证据外，我们还应帮助读者理解这两种观念间的矛盾与隔阂。

怀特赫斯特（2003）曾希望评价者中的实验主义骨干发挥动员作用。在减少偏见的迫切需求上，他和迈克尔·斯克里文（1976）的立场是相似的，他们都注意到随机试验需要更好地控制偏见。怀特赫斯特甚至把教育研究分为实验研究和倡导研究两类，却没有承认科学家也是倡导者。

偏见

正如所有的评价都包含证据一样，所有的评价（包括高质量的评价）也都包含着

253

主张。主张就是一种偏见，而偏见会削弱证据的效力。著名的科学哲学家托马斯·库恩(Thomas Kuhn)曾说，所有的观察都是观察渗透理论(thoery-laden)的产物，也就是说，观察者个人的文化价值会给他的预期戴上有色眼镜，使他不能中立地解读事实真相。但是评价中的偏见并不总是坏的。在我 2003 年发表的一篇文章中，识别出了六种大多数评价者会采用和维护的主张：

- 对有希望成功的评价对象的主张
- 对未来会越来越多地发生的评价工作的主张
- 对能更好地管理评价对象的合理行为的主张
- 希望我们的研究发现能得到应用，即对实用性的主张
- 希望公平的条件成为主流，即对道德标准的主张
- 为弱势群体发声，主张民主与支持

254　　在第二章中我还提到另外几种评价者主张，并将其称之为"倾向"。

　　评价者们会分出一部分工作时间来促成这些主张，并且他们认为这些主张会提升他们的工作成果。他们在价值上的承诺会影响他们的认知与解读。所以，这些主张可能会导致他们对评价对象的质量做出无效解读。但同时我相信，这些承诺会促使评价者们对重要问题进行更深入的挖掘。这不是说所有的评价者主张都是好的，只是说，我们不能一味地限制主张，而应该对它们进行反思、挖掘，让读者们更清楚地认识它们，并且寻找方法把那些在我们对立面的主张囊括进我们的数据与报告中。

　　这里的关键在于控制偏见，而控制偏见要比消除偏见更加容易。迈克尔·斯克里文(1998)对这一点进行了精彩阐释，他说：

在统计学与方法文本中常提到一个关于"偏见"的例子——读数总是过高的温度计。但一个科学家……不会把它作为偏见的典型案例。他只会说这个工具不精确或者读数过高。换言之,偏见不是系统误差,它在我们常用说法中的核心含义是人对系统认知误差的倾向。我们可以用草地保龄球来做类比。由于球是有重量的,实际上我们常常说它是"带偏见的",以至于它会沿着弧线滚动,偏离在没有偏见的情况下本应是直线的轨迹。

在草地保龄球的例子中,我们所说的"偏见"其实就是球体里的铅坠,它会使球具有沿弧线滚动的倾向。这个例子或许可以被称为"纯粹描述意义下的偏见"(the purely descriptive sense of bias)。它表达的仅仅是球有偏见这一事实。这不是一个评价学术语,因为这里的误差是一个比喻,代表的是球相对(传统方式下的)直线轨迹的偏离。这个例子中偏见的性质是带有倾向性的性质。

……偏见并不是指偏离原有轨道这件事本身,而是指偏离的倾向。偏见和系统误差之间的区别……不是一个单纯的术语问题。系统误差……会创造可能的补救措施……偏见与它所产生的系统误差在评价学被严格区分,因为这种区别会带来一种可能性,即在不消除偏见的情况下对偏见进行控制。而且,对于大多数偏见来说,控制比消除更容易。如果偏见就是不良结果本身,那么通常它是无法被消除的。(p. 14)

对评价者来说,偏见就是指我们自己、我们的群体或者我们的文化过分热衷地对待被认为有价值的事物的倾向。偏见不仅会造成数据解读的偏见,还会影响我们设计的研究方式、提出的问题、选择的数据源以及撰写报告的方式。我们的良知与道德都在要求我们做到不偏不倚,即使我们可以削弱心中最强烈的偏见,但它终究难以消除,特别是由单个个体或高度一致的团队来进行观察、解读与报告时所带有的偏见。所以,我们需要多样化的观点,需要有力的元评价机制,也需要自信地展现非传统且(对我们来说)没有吸引力的观点。这些都是对偏见的调整措施。

作为承诺的怀疑主义

我曾听巴里·麦克唐纳说，如果评价者不支持一个项目的目标，那他就不应该承担该项目的评价工作。尽管我们说，即使项目的目的令人质疑，它也应该被公正地评价（就像法院指定的律师一样），但评价者不认同项目目标确实不是一个好现象。这并不是说评价者应该完全认同项目活动和结果，只是说他至少要认同项目目的。

另外，评价者们必须抱有充分的怀疑精神。在第六章中，我谈到过持续的自我质疑。那接下来让我们谈谈怀疑精神的好处吧！我们不必对遇见的任何事物都表示怀疑，但每个评价者都应该对评价对象的每个方面，以及他自己所进行的评价工作保持怀疑态度。在生活中，怀疑一切会让我们疲惫不堪，因此必须有所选择。尽管评价者的个性各不相同，但评价工作依靠的是评价者担心和关心一切事物的那种特质。我们需要一套机制来建立起对事物的自觉怀疑，包括怀疑目标意义、员工贡献程度、证词可信性以及推断的有效性。当然，你还应该适当地关注自己工作的整体性。

要操心的事太多，我们怎么才能知道究竟有多少事是需要我们真正关心的呢？事实上我们并不能面面俱到。但我们必须要广泛征询其他人的意见，不断地检查和反思自己的工作，保证自己的思维不被固化。我们应该写下操作计划中的关键点，同时让直觉发挥作用。

我们应该在元评价计划中凸显一部分自己在怀疑论方面的道德伦理。按照唐·舍恩（1987）的建议，做一个反思实践者。我们应该和具有批判性的朋友一起工作，让他们来批评指导我们的计划、选择的研究工具以及撰写报告所采取的策略。我们还要做"人员检查"，让数据提供者检查我们的草案，看看跟他们的言行是否一致。我们还要做三角测量。此外，在评价接近尾声，开始撰写报告时，需要元评价人员介入。在工作的整个过程里，我们总是要问自己："这确实是我们探究项目质量所需要的方法吗？"

元评价同时起着两种作用。一方面，它引入了新的声音、多种观点以及更多观察结果，让我们进行更深入、充分的解读；另一方面，它不断引入新的多样性和解读，也

256

增加了需要确认的语境的其他方面。你或许会发现，未婚与已婚的受训者有不同的见解，古巴的西班牙裔不认同墨西哥人等情况。这些描述和结论往往不会让读者对优势与价值有一个简单的理解，而是会使情况更复杂。

直觉告诉我们，读者喜欢一致性而不是多样性，他们想要直截了当的答案，而不是复杂的叙述。但是，我们需要让自己的直觉学会欣赏多样性。就像我在第六章中说的，不管是把世界描述得比它本身更简单还是更复杂都毫无意义。

辩证法（dialectic）：黑格尔和马克思用它来分析社会和经济过程，这里部分利用了"把对某一观点或事件的解读和与其相反的解读进行对比可以增强该解读"这一原理。

如果你没有展现出你对项目质量的不同解读以及解决方法，那么你的工作就不可能是好的。你可以把不同的观点当作辩证法，让读者参与到问题解决过程中。因为辩证法不仅是对现实的反映，也是怀疑论中道德伦理的一部分。我们创造不同的解读，有一部分原因是为了让自己能接纳更多新的可能性（Proppé，1983）。

◆ 小故事（九）

萨格雷多：菲利斯，我很高兴能收到你执行摘要的草稿。我有一些建议想要给你。

菲利斯：　我猜你希望我对高级导师培训项目的成功之处做一个更详尽的陈述。

萨格雷多：那的确会很有帮助。我认为你做了一个优秀的案例，但你没有真正地表明对这个项目的投资是值得的。

菲利斯：　我不知道它是否值得。我说过，我担心随着这项正式培训的开始，组织中以前的非正式指导会发生变化。这个培训确实显示出了好几个方面的优点。超过一半的受训者都对它持支持态度。

萨格雷多：这是调查告诉你的结果。

菲利斯：　如你所知，这里还有更多客观数据和主观数据的混合。我们使用了四个主要的标准：培训者与受训者之间的交流程度、受训者满意度、受训者成绩以及受训者的学员对受训者提高程度的评价。我们通过调研获得了受训者满意度的数据；在受训者的学员评价这方面，我们则采用访谈的形式。在受训者成绩这方面，我们检查了奥兰多的测试结果，但发现他并不适用于该情况。此外，我们比较了受训者的学员们在培训前后所做的笔记，但数量太少。我们查看了受训者们根据维瓦妮夫人的材料完成的写作作业。我们还让他们对一段培训课程的录像进行评论，再由希德与我一起根据维瓦妮的方法进行打分，并且希德还就受训者们的理解力和技巧进行了评级。最后，我们还邀请这些受训者的学员们在三个月后进行一次小组访谈。

我观察了希德的三场培训课程，并与他进行了一次漫长的探索性对话。他开玩笑说，我是想给他点颜色看看。我的结论是，他非常严格地遵守了培训协议，并且可以评价受训者的参与度和理解力。他说，起初他对导师所需要的最低程度的指导与帮助有一个概念，但他同时承认，这也需要视环境而定。

希德和我从五个维度出发，对比了项目中高级导师们在培训前后所做的笔记。参与的导师人数很少，我们能收集到的笔记数量也很少。在五个维度中，只有"为文章引用文献"这一个维度体现出了笔记质量的提高。希德在培训中对这一个维度进行了强调。我本不打算去做统计学的显著性检验，但我想你会需要它，所以我就做了检验并发现这不存在显著性差异。

你应该记得几周前我发邮件给你，希望能邀请一位局外人作为指导顾问，来进行为期一天的元评价，但并没有获得你的同意。我就指导顾问的问题写过一个短章节。我认为如果能有人来做元评价，情况会好很多。

培训项目的好处存在于几个方面，在执行摘要里也对此进行过总结。此

外,还有成本的问题。通常我们会提到常规成本,但这可能把问题过度简
化了。看起来,这个培训项目把指导重新定义成为了一个有六个步骤的流
程,一个比以往都更加清楚明了的活动。从某个方面来说,这是好事,但弗
迪(Ferdy)先生的评论却让我感到困惑。他说,把时间花在没有具体说明
的工作上会让高层员工们感到很沮丧。他还抱怨说,希德把过去导师与学
员们之间的个人关系形容为"过于情绪化"是不正确的。

萨格雷多:或许确实是这样。

菲利斯: 当然。但这种抱怨并不是来自对导师指导工作的评价。有些指导工作可
能确实是情绪化的,或者说是轻率的、老派的、专制的,甚至是吓人的或者
剥削的。但我最近读过达洛(Daloz)和其他研究者们关于对导师进行指导
与培训的研究,他们都没有提过这些问题。此外,我在培训项目开始前曾
与一些受训者的学员们进行过简单交流,他们也都不认为这种"情绪化"有
什么问题。我在直接提出这个问题前,也用好几种间接的方式问过。我曾
问希德是什么让他有了这种想法,他说是培训材料的序言。我认为这是宣
传效果,而不是基于证据的推论。但真正的问题是,如果指导工作都变得
整齐划一,没有个性,那这是不是组织的损失? 根据弗迪先生的观点,这或
许就是正在发生的事情。

萨格雷多:弗迪是个好伙计。但一个人的说辞就能决定评价工作的好坏吗?

菲利斯: 不,还需要做三角测量。我像弗迪先生一样深入挖掘了高级导师的经验。
我检查了时事通讯中对培训项目的描述,以及其他更多资料。其中关于人
格解体(depersonalization)的证据非常模糊。

我相信,如果使用这一种培训方法,将有可能降低指导工作的质量。我没
有预算,可能也没有能力去进行相关的研究。但因为有这样的担心,所以,
我无法说这个培训项目是优秀的。

总而言之,我尝试把基于标准的数据收集方法和个人努力结合起来以获得

对项目更深刻的认识。我学到了关于指导工作和如何教导别人进行指导工作的知识，而我的经验也影响了我对培训质量相关信息的综合推理方式。

萨格雷多：你把经验看得和测量方法一样重要。

259　菲利斯：　这得看情况。我时常怀疑自己把两者看得一样重要，但由于我不会给它们赋予数值权重，所以我也不知道。我反思和考虑的是，基于标准的思维和回应式思维（也就是从硬测量和软测量，从我的经验和别人的经验中）能告诉我什么。我反复思考和修正，并请别人来评价和质疑我的思考。数据质量确实很重要，不过我所寻找的是对我和我的读者们最有意义的数据含义。

　　　　　　这很奇怪吗？一点也不奇怪。这就是专业。我的一位姑姑是内科医生，我的父亲是建筑师，我的姐姐在教堂工作。他们都在深入挖掘好的证据，好的处理方法和好的经验。他们不会让这件事变得机械呆板。他们会利用自己专业的判断来决定如何使用他们手上的数据。

萨格雷多：好吧，现在我相信你做的工作比我要求的更多。你做得很好，我会和维瓦妮夫人谈一谈弗迪所说的人格解体。

第十章 做正确的事情

让我们就这样生活吧，如果没有天堂，我们就是被欺骗了。

——米格尔·德·乌纳穆诺(Miguel de Unamuno)

到目前为止，你已经清楚地认识到评价是对好坏的判断。当然，真正的评价研究只能识别评价对象具有的优点和缺点。我们努力地寻找有关评价对象所带来好处和损伤的证据，但好像只有在缺乏证据的情况下，所谓的"好处"和"损伤"才能成立。

人们认为一些好的东西是不言而喻、不需要任何理由的。因此，根据某些人公认的黄金法则来经营家庭肯定是好的，不管这种好处能否被衡量。另外，人们普遍认为努力维持公平是好的，做好安全措施是好的，进行艺术表达也是好的。承认这种"人们广泛认为它是好的就是好"是做好评价工作的一部分。评价人员需要记住，表达与关怀所带来的好处是我们所重视的价值。我们需要承认这种好处，同时也需要质疑这种好处，即使有时没有证据证明它们对我们的生活有影响。因此，我认为评价者如果仅仅因为在正式评价中没有发现学校教育和社会服务的效果，就暗指任何学校教育或社会服务都不值得支持的做法是不道德的。

许多实践的好处不仅在于它所发挥的作用和具有的品质，而且在于其存在性，即他们存在于人类社会就能带来好处（无论是消防工作、助产工作，还是士兵入伍、竞选公职）。那我们能否认为"评价"的存在（不考虑它起的作用）本身就具有好处呢？至少目前，项目评价在培养家政和临终关怀服务方面的作用还未得到证实。所以，我们不能下定论说评价的存在本身就具有好处。许多人在面对评价者时都会显得紧张，他们会对自己所持有的标准产生怀疑,怀疑这些标准是否足够辨别评价对象的价值。优秀的评价是一种社会资产,糟糕的评价是一种错误的延续。因此,作为评价者,我们不能充当"好好先生"的角色,必须努力提高评价的质量。

质量工作是伦理工作

261

优秀的评价人员从基于标准的评价和回应式评价中吸取教训。项目质量的高低取决于人们对其所下的定义和对其产生的体验。人们普遍认为高质量的项目一般具有高效率、高敏感性和影响深远的特点。体验过项目的人可能认为,高质量的项目具有吸引性、互动性或者有害性的特点。项目质量的高低可以通过项目的特性和活动来判定,但评价者首先需要了解什么是"质量"。通常质量难以被界定,只有当评价者拥有了足够的措施、证据和怀疑性解释之后,才能很好地开展评价工作。

评价的基本原理是假设受众对评价对象的相关信息和解释感兴趣。有时候,受众所提出的关键问题会影响某些评价决定,其他时候,他们提出的关键问题更多是为了进行探索。在以下情境中,受众提出的关键问题起到重要作用。

> 新泽西州莫里斯郡学院的机构研究和评价主任使用诺埃尔-莱维茨(Noel-Levitz)学生满意度量表,收集了学生对学院意见的基准数据。两年后,大学运营经历了多次变革,该量表被再次投入使用,并显示出两年间发生的改变。在一些领域,特别是注册效率标准方面,学生认知能力的提高具有统计学意义(Charles Secolsky, personal communication,2003)。

他们的关键问题是:"我们做出了很好的改变吗?"显著差异告诉他们注册可能得到了改善。虽然不是所有的变化都获得了调查对象的支持,但主任可以从学生所说的内容中感到欣慰。

上文中的研究任务提供了关于学生感知变化的信息。这不是一项评价莫里斯学生服务或注册程序的任务,它并没有我们所说的"评价对象",但它有助于中央办公厅评价其部分管理工作的能力。评价不仅仅是在检查评价对象的优点，而是通过一些问题来深入探究评价对象的相关过程、人员、背景和历史发展。评价是一项综合性活动，有时评价者需要专注于其中一个更小的任务。正如我在第二章中所说，评价人员通过扮演大大小小不同的角色来帮助客户和利益相关者。

　　有些评价研究是为了获得有关评价对象的信息，有些是为了理解评价对象，有些只是为了展示评价对象。在某种程度上，评价研究能够帮助机构或管理者加深人们头脑中该组织严谨负责的印象。人们进行评价时通常都期望这些发现将证实并支持预期的或者已经采取的行动，例如要求进一步资助或开展其他宣传工作。因此，项目评价可以被看作是一种宣传手段，但评价本身是在帮助受众理解评价对象的过程和质量。

　　评价人员有时会为客户的不道德或不合作行为感到苦恼。评价研究协会在 20 世纪 70 年代后期曾就制定客户行为标准进行了讨论。这样的标准并未包含在随后的《评价实践标准》(*Standards for Evaluation Practice*)(Rossi, 1982)中，但这种意识依然存在。标准是为了确定双方是在共同进行评价，并让双方都承担道德义务。正是由于评价者进行了合理的项目管理，所有事情才会变得明确，所有东西才可以放到台面上谈。但是大多数客户和其他利益相关者为了保障其利益，对某些事情会闭口不谈，就像评价人员在评价时有所保留一样。在这种情况下，我们最需要担心的是评价者的标准是否会降低。评价的黄金法则不是"只为他人做我们会做的事情"，而是要尽我们一切所能做到最好。只有当我们能够确保评价人员的行为是强有力且符合原则时，评价的理论和实践的价值才能得以保证。

　　人们之所以遵循道德规范不是因为人类天生遵守规则，而是因为平衡竞争原则的制约。保护个人隐私的道德准则有可能会撞上全面披露的道德准则。从级别来说，建立多样化的道德准则是有用的。因为我们遇到的情况各不相同，将某个准则与另一个准则对立起来，不是为了合理化我们所关心的任何事情，而是让我们认识到不同的道德价值表现形式，并更好地思考其意义。其实，道德冲突的产生和解决很大程度上源于我们自身（Newman & Brown，1996；Stake & Mabry，1997）。

对于任何值得怀疑的行为或实践，评价者都需要对其进行质量检查。如果评价者参与到项目管理员的推广工作中，他们对可疑问题的报告可能会受到干扰。从长远来看，推广工作削弱了评价的专业精神，削弱了正式评价对人类事务的贡献，但是人们认为在充满争议的情况下对项目缺陷进行全面报道非常有害。不知你对此看法如何？

我们需要一本清清楚楚写明了评价规范、规则和原则的著作。但即使拥有了这样一本著作，我们也不应完全依赖它。因为在某种情况下，这些规范、规则和原则将很难转化为现实。实际问题的多样性和特殊性导致道德准则的效用有限。美国国家数学教师理事会（the National Council of Teachers of Mathematics）（1989）提供了一个很好的例子，说明了如何将标准视为评价视野而不是切入点。下面提到的标准是道德全景中的一部分，但它仍然需要个人的、情境的解释。

我们需要一本专业的历史书，收集各种各样的故事，从中找出评价在哪些方面能够很好地应对逆境，在哪些方面不能。我们需要收集评价者面对困境的个人经验。作为自我价值解析过程的一部分，评价者需要向替代受众（有时是向特别指定的小组）展示一些案例，说明在荣誉、尊重和公平方面遇到的障碍。

作为一种持续不断的实践，每位评价人员都有责任与专业人士和有想法的客户讨论现有的和潜在的问题。伴随评价对象相关宣传工作的开展，评价工作中会出现越来越多的合同，解决合同中的道德原则将成为一个越来越大的挑战。

个人标准

专业著作和口述历史中有时会存在某些研究人员造假的情况。比如他们有选择地忽略了一些数据并编造了引文，还有他们得出的结论没有得到手头数据的支持，却在没得到别人认可的情况下就引用了别人的想法。现实情况中评价者有很多机会造假，而且没有人会对此密切关注，但评价者造假的情况十分罕见。或许他们是害怕被抓住,但大多数评价者会避免错误地描述项目质量,这是他们对自己评价质量的要求。

在工作或未来合同受到严重威胁时,个人标准会遭受挑战。特别是在评价项目资金很少的情况下,某些评价者常声称他们能做的比前人更多。例如,他们声称会衡量评价对象产生影响的大小,并找到以往的办法未能发现的原因。当评价者看到一个高质量项目处于危险中时,他或她就会感受到压力,不管评价者是来自内部还是外部,他们都会选择夸大项目的优点,对项目的缺点轻描淡写。其实这违反了个人和专业标准。

> 我将下一年度评价报告的草稿寄给了项目主任。我们每年都会观察参加了该项目员工发展研讨会的教师,然后再继续观察他们在各自城市的教学情况。我们的草稿谈到了该项目复杂的教育学和课程理论。因为学校开展体验式学习的目的是提高考试成绩,所以我们要描述教师和学生表现出的忽高忽低的热情。我们的草稿还提到了就学生成绩评分这一问题,该项目为教师提供的新培训仍存在不足。主管说我们应该删除那一部分,因为"他们的敌人会以此来对付他们"。我知道主管对即将到位的资金感到担忧,并且该项目被一些权威人士和竞争对手蔑视,但我怀疑是否真的有人会如此密切关注该评价报告。主管的政治敏锐性给我留下了深刻的印象。我和同事仔细考虑了这个问题,我们要求并让项目工作人员参加了一个会议,在会议上我们对评分这一做法进行了批评,但在报告中我们弱化了批评语言。

264

我认输了吗? 你可能觉得在给出答案之前你需要了解更多的情况。我是否违反了专业标准?"是的!"迈克尔·斯克里文(1997)回答说。《联合标准》的 C3 标准(Joint Committee,1981)要求充分披露评价项目的优点和弱点。我们是否应该向该项目员工以外的其他人通报,该项目在培训教师对学生成绩评分方面指导不力的证据? 学生成绩评分是学院近期教师培训项目中一个非常次要的部分。我可以将某事的质量告知项目代表，但我有义务对所有人说吗？全面披露意味着什么？我的个人标准包括一项未列入《联合标准》的标准，即"评价者不得向可能会不当使用数据的受众，或者对他人造成伤害的受众提供数据。"或者"评价者除了报告评价对象的主要优点和缺点之外，不应该增加评价对象的工作难度。"然而，究竟什么是对的？

　　在许多评价合同和任务中，普遍存在着一种信息披露困境。许多客户和主管对我们正在进行的与他们有关的项目评价并不感兴趣。他们只是期望我们亲身经历项目，成为整个过程的证明者，证明项目的优点并谨慎处理缺点。他们知道即使受众们身处一片景色优美的海洋之中，只要有一点瑕疵出现，受众的注意力就会全部集中在瑕疵上。客户寻求或容忍评价，因为他们希望评价能够帮助维持项目的运转。因为一些政府官员迟早会将评价结果作为项目完整性、生产率或价值的证据。即使超越道德准则，即便其中一些受众我们永远也没有机会认识，我们也有义务向受众尽可能准确地展现项目质量。

职业标准

　　许多评价者在遇到道德问题时，首先会向 AEA《评价指导原则》(Shadish et al.，1995)[①]和《联合标准》(Joint Committee，1994)寻求指导。对我来说，这两份文件几乎是一样的。《联合标准》中有更多细节和例证，该标准分为四个领域，如下所示：

标准联合委员会：

项目评价标准

实用性：实用性标准旨在确保评价能够满足目标用户的信息需求。

可行性：可行性标准旨在确保评价的现实性、谨慎性、策略性和有限性。

---

① 另见 Sieber (1992)，*Planning Ethically Responsible Research：A Guide for Students and Internal Review Boards*。

> 适当性：适当性标准旨在确保评价符合法律和道德，并适当地考虑评价参与者的
> 　　　　福利以及受其结果影响的人的福利。
> 准确性：准确性标准旨在确保评价将揭示并传达足够的技术信息，这类信息能帮
> 　　　　助确定评价项目的价值或优点。

以下是《联合标准》四个部分之一的"适当性标准"。

评价人员共同的适当性标准

P1. 服务组织。评价的目的应该是帮助组织有效地解决并满足所有目标参与者的需求。

P2. 正式协议。评价中各方的义务（应该怎么做，如何，由谁，何时）以书面形式达成一致，以便双方按照义务遵守或重新进行协商。

P3. 人类受试者的权利。评价的设计和实施应该尊重和保护人类受试者的权利和福利。

P4. 人际交往。评价人员应该在与他人互动时尊重人类的尊严和价值，以免参与者受到威胁或伤害。

P5. 完整和公平的评价。评价应完整和公正地评价项目的优缺点，以便明确优势并解决问题。

P6. 披露调查结果。评价的正式参与方应确保受评价影响的人员和任何具有明确法定权利的人员都能够获得全套评价结果以及相关限制。

P7. 利益冲突。利益冲突应该公开诚实地处理，以免影响评价过程和结果。

P8. 财政责任。评价者对资源的分配和支出应反映出可靠的问责程序，另外应审慎并合乎道德，以便对支出进行核算和适当处理。

266

　　这里的适当性是指关心他人、告知他人、服务他人。大多数评价都做得很好，但即将介绍的标准修订需要评价者更多地关注文化敏感性。

正如您在前文所读到，如何描述复杂项目的简化过程让我感到困扰。除了道德
规范之外，上述 P5 评价原则和 P6 披露原则都关注实用性和可达性。所以，即使项
目很复杂，简单的价值概括也不会违背这些标准。我们认为，斯克里文（1994b）提出
的最终综合过程也不是为了全面简化项目的优点（Stake，Migotsky，et al.，1997）。

如果对《联合标准》中的复杂性不加强重视，评价人员将会忽视一系列道德问题。
当然，我们不应该仅仅因为法典、经文、法律或标准没有提到所有可能的错误就拒绝
使用它们。但是如果不确定的错误很多，那我们就应该超越标准来解决道德冲突。
接下来，我将会更加详细地解释我们期待从法典中得到什么。在此之前，我将举例说
明（下一小节方框中）由于在评价工作开始之前描述工作做得不充分可能导致的道德
问题。

人类受试者保护

针对人类受试者的医学、心理学、教育学以及其他研究可能会使人们面临身体、
社会和精神方面的危险。这种困境已经够糟糕了，况且有些伤害具有创伤性和持久
性。由于某些粗心的研究人员、某些不道德的研究人员，以及某些公司和政府有时会
违反对个人和群体的保护法案，比如美国政府为人类受试者制定了一项保护法（该保
护法不仅关注侵犯人身安全和尊严的行为，而且还关注将公民暴露给几乎没有机会
再推进的科学和社会实践研究行为），法律规定与政府签订合同的缔约方需对研究提
案进行筛选以降低风险。除了少数几所美国大学、公司和机构之外，其他所有的美国
大学、公司和机构都可能面临着失去联邦资助的风险，他们同意成立机构审查委员会
来审查研究提案（Sieber，1992）。

这种保护至关重要。许多善意的研究人员并没有真正意识到他们的访谈侵犯了
他人隐私，或者他们的保密力度不足等问题。评价人员应认真对待这些程序。他们
不应该假定，而是需要通过制度筛查去避免评价者在保护人类受试者中所承担的违
规责任。标准存在的问题之一就是，它无法预测个别研究中可能发生的许多特殊情

况;另一个问题是,制度标准使研究人员很容易认为他们不需要对受试者做出进一步的保护,即使研究通过了审批也无法保证在后续检测过程中不对受试者产生任何伤害。每一位评价者都有责任了解研究途径、工具和相关的个人互动,从而对这些研究会给人们带来的风险保持高度的敏感性,许多评价人员的标准应该高于机构审查委员会的标准。

在第六章的末尾,我谈到了对加州弗利先生所在班级的研究。事实证明,这项研究需要进一步对人类受试者进行保护。虽然,我在未获得机构许可之前就开始了这项研究,但作为一项关于小学艺术教学的研究,只要我提交了提案,这项研究一定会被批准。

268

> 我在详细介绍并阐释了为期两周的实地考察情况后,跟地区主管有了接触并得到了她的支持。我说我想要观察一个好老师,但他不必威名远扬。在她的帮助下,弗利先生允许我观察他和他的班级。我向主管解释我不会告诉弗利先生我研究的所有目标,因为我在寻找容易创造但相对少见的教学时刻。经过老师和学生们将近两周的热情款待后,我向弗利先生分享了我的报告草稿。也许是因为感到被冒犯,也许是因为感到羞愧,他收回了对我的邀请,并让我不要发表这份报告。我为他提供了深度匿名和其他让步,但他根本不愿跟我谈论这件事。我没有给他出版的控制权,我把他的故事写进了我们的多篇报道中,也许在他的社区里都没人能辨认故事的主人公就是他,除了在那里见过我的人。我给地区主管发送了一份草稿,但没有给她寄送打印出来的报告。

如果换作是你,你会怎么做? 当我第一次进入他的教室,接触他的隐私时,我应该做些什么呢? 这是一个案例,在这种情况下,机构审查程序也许并不能降低道德问题所带来的风险。所以,我所认同的是:评价者应遵循机构审查委员会(IRB)的保护并创建自己的保护规则。

机密性和匿名性

我没有帮助弗利先生认清他的权利。在评价的合同谈判和数据收集环节，让提

269　供数据的人员理解他们的权利至关重要，他们应该有权改变他们对数据使用的看法，

包括已经提供的数据，机构审查委员会要求数据发布者的签名。

匿名的人、地方和项目剥夺了观众获得潜在、有用且合法的信息。他们期望将评

价信息与他们已有的信息联系起来。在匿名情况下，读者对数据的解读会产生很多

不利的刻板印象，但信息的获取不应该以曝光个人隐私为代价，因为隐私通常比身份

所赋予的附加解释更重要。

在诸多项目评价中，提供意见或观察表现的人可能会面临风险。对青少年犯罪、

教学、商业销售和服务群体的集中研究可能会使某部分人群在公众面前曝光。即使

在调查研究中，个人回应似乎会被无数的数据收集所掩盖，但它仍然存在曝光的危

险。评价人员应提供高度发达的存储和检索系统，保证个人信息的机密性。评价者

应避免使用真实或轻度伪装的姓名、照片和其他身份信息，同时也应该避免用艺名来

暗示演员的身份。

对那些遵守道德、伦理和法律行为最高标准的人来说，对个人想法和行为的调查

也会构成侵犯隐私的行为。后续出版可能会给项目参与者与家庭成员、同事、学生和

公众带来压力。虽然日常生活不会完全公开，但日常安全也是一种需要遵循的标准。

即使没有明确规定，隐私保护也隐含在宪法和文化中。

基本上，关于个人背景或偏好的问题可以在研究和评价之外提出，而不需要任何

正式的保护。如果一个偶然遇见的熟人提出此类问题，应答者应该能自主选择回答

或回避这个问题；如果人事专员在就业面试中提出此类问题，或如果老师在学生考试

期间提出此类问题，或如果公民对某竞选的候选人提出此类问题，应答者有义务回

答。这是因为应答者明白自己有责任做出回应，并且知道此类问题与个人潜在利益

挂钩。如果应答者已将自身置于被审核状态，并准备或已经从中获益，保密问题就变

得没那么重要了。

保密需求各不相同,应视实际情况而定。通常我的做法是,对公众负责的人(如当选官员、企业官员、监管人员和董事)不应享有保密服务。[①] 但是,在办公室、教室和现场环境工作的人都应该明白,保密是标准程序。学生、孩子、配偶和父母应例行匿名,即使这些人要求评价者对他们的言行或工作成果做担保,评价者也只有在能够确保不会暴露他人的情况下这样做。

270

当评价结果有可能暴露参与者身份时,其所在的机构、组织、学校、教堂和城市的名称不应该公开。例如,如果匿名某人但同时要说明其跨种族婚姻时,那么公开他/她所在的组织名称就像直接说出这个人的名字一样显而易见。所以,评价人员应在签约之前谈好相关保密问题,并保证该问题在评价过程中能随时接受审查。

评价业务

除了本书所涉及的项目评价之外,评价业务还包括政策评价(在第九章中提到)、产品评价和人员评价(将在下文中提到)以及由迈克尔·斯克里文(1994a)总结的其他一些在世界各地不断发展的正式和非正式评价。它们之间的共同点是对于评价对象质量、优缺点以及价值的探寻。正如斯克里文所说,评价与逻辑和统计一样,是沟通交流和先进思维的核心。

对于指标性思考和基于标准的设计而言,评价业务依赖于指标。珍妮·奥克斯(Jeannie Oakes)(1989)对学校数学和科学描述如下:

> 监测国家科学和数学教育进展的系统应包括教育过程指标。这些指标可以帮助政策制定者、教育工作者以及公众更好地理解学生在怎样的条件下参与和完成科学和数学教育。比如,将学校作为一个整体,我们关心的是

---

① 有可能将他们匿名以保护其他人。

各种资源在教师间如何进行分配，怎样的政策能构成和约束教师的行为，以及全校范围内的普遍态度、价值观和士气。从广义上说，学校具有的背景和组织特征调和了（在最宽泛的层面上）公众期望、资源、州政府和地方政策的影响力，这些特点又塑造了课堂教学和学习。(p. 40)

大多数时候我们都把项目评价作为一项专业活动来讨论，但它也是一项业务活动。评价者要推销一些东西，有很多办公室和项目需要我们的评价服务，其中一些需求还提供资金支持。我们准备好网站、会议演示文稿以及业务宣传册，说服买家从我们这里购买服务。

271　　大多数刚开始寻找全职工作的评价者都要为有经验的评价人员工作，像菲利斯和萨格雷多先生这样的工作关系并不常见。你的上司可能会希望你做一些具体的评价工作，而完成这些具体工作并不需要你阅读本书。但是，就这些具体工作，你需要提出一些问题，就像菲利斯和萨格雷多所提出的问题一样。另外，你需要提出一些改善工作的建议，这些建议是你在前几章中首先想到的，在某种程度上，你永远不会停止向你的老板和同事推销你的服务。

积累一些工作经验后，你可能会获得一点独立性，可能你会成立属于自己的咨询公司，或者只是偶尔进行评价工作。但在我的职业生涯中，我一直以学者自居，所以我不知道这一过程究竟是怎样的。我建议你去 EVALTALK（evaltalk@bama. ua. edu）看看，向那里的好心人寻求建议，他们会告诉你一些该领域的新前景。

《新眼镜》
新眼镜让一切都很明亮
我可以看到
街角的标志和公共汽车的名字，
我感到高兴

因为那铺满的教堂大厅的红砖

和那片洁白的雏菊

它们就在岩石花园里

而我以前却从未留意。

我想

我会去到城镇的每个地方

看看房子上的油漆

和老蒲公英头的花纹

我感到惊讶，

店里的服务员

她有多美丽，

她的绿色制服多么合身，

我想我必须再看一遍

我所有熟人的脸

和街角处老妇人的皱纹。

这时我开始同情那些

有着完美视力的人

他们从不担心失明

也从未经历过

这新鲜的视觉所带来的喜悦和奇迹

旧世界经历着一次又一次的新变化

272

> 究竟有多少次
>
> 从我十四岁时戴上了第一副眼镜开始？
>
> ——伊丽莎白·布鲁斯特（Elizabeth Brewster）

伊丽莎白·布鲁斯特：《新眼镜》（*New Glasses*）
经奥伯伦（Oberon）出版社许可转载。

人员评价

人员评价对政策研究和项目评价的重要性有所不同（Joint Committee，1988）。比如，一个微不足道的负面发现会严重伤害被评价人。正如第八章"精英政治"中所提到的，人员评价的步骤分为两种常见情况：（1）选择，当大量候选人竞争一个或几个职位时；（2）分配，当工作人员或受益人正在接受升职或其他调任的评价时。李·克龙巴赫和格林·格莱塞（Goldene Gleser）（1965）仔细研究了这些情况。

正如这本书中对项目评价的描述一样，人们可以参照指标和标准，或通过观察和访谈对人员进行评价。基于标准的评价所具有的优点是，它能提供人与人之间比较的通用尺度，而且观察技术更有可能发现行为中的微妙优势和劣势。在此之前，拥有细致的预先计划十分重要，包括确定疑虑和问题，以及安排多个评价者或观察员等内容。

人员评价中有一条规则明显违反人们的直觉，因此每个评价者都应仔细关注（Scriven，1995）。[1] 我们在这里详细讨论这个问题，因为它与我们的期望有关，我们希望科学研究是一种可靠的评价资源。所以，我们不能将个人特质和表现之间的高度相关性作为考量候选人是否适合招聘、解雇或重新分配的参考。[2] 这同样适用于评价经理、警察、麻醉师和收银员等不同职业，在此我会以护士为例。

许多医院的护理主管都不愿意为患者提供当天完整的日程信息（我们称之为"静默日程"指标）。护士也并没有被鼓励去了解医生就诊或手术的可能时间，因为这些

---

① 使用关联作为标准，该问题可以作为一个说明性问题列入第八章。

② 如果被评价者不重视其良好表现的特征，那么评价者也不会重视。

情况随时可能发生变化,有时会因为紧急情况的发生而改变。并且相较于不了解日程信息的病人而言,知情患者会因为日程变更而更加沮丧。如果调查研究显示静默日程与护理质量的可信度之间具有强相关性,那么为了帮助护士解决护理方面遇到的困难,可以让他们使用改进过的静默日程。但如果是为了评价护士的晋升或绩优薪酬,我们便不能(在没有告知他们的情况下)使用静默日程作为评价标准之一,因为有些工作高效的护士会让患者知道医生何时可能要来,静默日程并不是有效护理的基本特征。因此,只要护士没被直接告知(即使是间接告知也不行)对患者使用静默日程,那么将其作为评价标准之一就是不道德的。

基于相同的原理,接下来这个例子更容易帮助大家理解:假设一项大型研究得出结论,波多黎各(Puerto)遗产律师助理作为一个群体,在准备辩护状时表现不如其他地区遗产律师助理的平均水平,是否每个波多黎各律师助理都应该自动被归类为不擅长为律师编写法律摘要呢?当然不是。以文化背景来评价个体员工是不道德的。但这不仅仅是文化歧视,也是误用相关数据,在任何实际的相关性中,每个级别都有一定范围的标准得分。任何一个人都可能与他/她所在的小组成员有很大不同,性状间的相关性不能为人员评价提供证据。

如果要进行评价,评价者必须事先告知受试者评价标准。标准需要通过传统的、常规方式来陈述。评价者不能随意添加评价标准或将其替换成其他重要领域的高水平标准。请思考我对玛丽娅·布尔克德(Marya Burke)(2000)在芝加哥7~8年级课堂案例研究的总结。

　　在这一年里,一些难民团体的学生加入了谢尔曼老师的班级。学校要求参加体育活动的学生穿印有学校吉祥物的衬衫,但这些难民学生的父母没有能力支付这笔费用。

　　谢尔曼与供应商达成协议,由其免费提供这些儿童衬衫。校长对她表示感谢,并在一次教职员会议上提到了这一点,这没什么问题。在年度教师

274

评价时，校长想给谢尔曼的高级评分加一项分，但随后又想起，这个项目的目的是为了评价教师们的教学效果，而不是他们的慷慨程度。因此，校长放弃了这种想法。

在为利益或惩罚而评价人的表现时，歧视任何未列入公共、传统或合同定义的标准都是不道德的。在评价培训师时，我们的评价标准中不应包括下列任何一项（除非合同中有明确规定）：

1. 培训师是否重复了课程的要点
2. 培训师是否与学员保持目光接触
3. 培训师对互联网的了解
4. 培训师的喃喃自语
5. 培训师恐吓学生
6. 培训师使用不公平的测试
7. 培训师的幽默

如果需要收集关于培训师个人的信息，可以评价以下这些内容：

1. 培训师的沟通能力
2. 培训师区分成绩高低的能力
3. 培训师避免性别歧视的行为
4. 培训师避免贪污的行为

因为这涉及培训师的责任问题、工作规则问题和法律问题。

一些研究专门针对人为因素展开。在统计学或实验中，这些人为因素通常与良好的工作场所有关。在没有事先通知的情况下，它们不能成为评价个人表现的适当依据。很多管理者（和研究人员）都惊讶地发现，他们熟知的一系列自认为很好的项目实际上是不道德的。对于护理、律师助理、教师、培训师和其他职业的工作表现而言，道德评价要求将标准限制在狭义的标准行为范围内。当然，管理人员可以在核算绩效开始之前明确其他的条件或标准，道德义务是要求评价者尽早地告知受试者用于评价的标准。（大家可以思考一下，教师对学生的评价也应该如此吗？）

　　人员评价其中的一个特别方面与绩效重视程度有关。[①] 目前，许多地方的政策认为，教师教学上的优点可通过其学生的行为来展现。但仔细一想，这种说法又存在问题。有些关于学生表现的例子可以直接追溯到老师教过的东西，比如口述历史和全球定位设备。但是，我们很少将学生在标准化成绩测试中的表现主要归因于具体的教学，几乎所有直接负责监督的教师和进行教学研究的人都知道，考试成绩无法真实展现教师们的教学质量。

　　老师给自己所负责的班级上课。从不同的班级到不同的学校，孩子们在学习准备和测试准备方面都存在着巨大差异。《国际数学和科学研究》（Schmidt & McKnight，1995）再一次说明了，对学生测试成绩产生最大影响因素的是儿童所在的社会经济阶层。无论在儿童的生活中、课堂上发生的事情如何重要，都无法成为影响他们考试成绩的因素。

　　教师确实对孩子的受教育程度有影响，所以对教学进行评价十分重要，而针对教学的评价方法也已经慢慢成熟。校长、学生、细心的家长和身边其他的老师都可以帮助评价个别教师的工作质量。校长、监事和其他人员也可以帮助评价者获得一些特殊技能和经验来分析教学和学生表现。

---

　　① 关于人员评价的一个典型案例是推荐信。如你所知，推荐信通常是背书信，而不是评价信。要求提供这些信件的委员会知道不能完全信任这些信件的内容，但如果需要的话，他们会收集其中的部分信息来支撑他们的决定。那些写推荐信的人通常是会写背书、美化缺点的人。正如大卫·纽伯格（David Nyberg）（1993）在《消失的真相》（The Vanished Truth）中指出的那样，这未必全是坏事。

在 2000 年左右,伊迪丝·西斯内罗斯-柯埃努(Edith Cisneros-Cohernour)和我开始敦促业界关注教师是否适合其所在的教师团队这一问题,我们注意到这一问题与评价校园教学问题之间具有相似性。丹尼尔·斯塔弗尔比姆,乔治·马杜斯和托马斯·凯拉加纳(Thomas Kellaghan)(2000)敦促业界集中关注教师的具体职责表现而不是人格特质。美国国家专业教学标准委员会(National Board of Professional Teaching Standards)(www. nbpts. org)已经完成了对教师评价标准的彻底重建。这些标准对改进个人印象十分重要,但现在仍然很少被使用。

　　无论是短暂的还是长期的,无论是好的还是坏的,一个教育者的能力和对学生生活的影响仍然超出了当代评价的范围(Stake & Burke,2000)。针对这种情况,人们往往会采取补救措施。采取补救措施是为了改善评价步骤,也是为了暗示自己还有更好的数据有待收集,这些数据可能具备更强的有效性。这不仅仅是一个技术问题,更是一个管理问题。采取补救措施的方法适用于大多数人员评价。正如乔斯·路易斯·阿古斯吉(José Louis Aróstegui)在《人际传播》(personal communication,2003)一书中所说:"在人员评价中,我们应该在规定标准以及对个人价值的整体理解之间找到平衡,仅靠标准匹配是无法达成这一平衡的。"

　　这个简短的部分只是为了让您了解最常见和最重要的评价职责之一的复杂性。其他评价职责的出发点可以在美国心理学协会(1980),布拉斯坎普(Braskamp)和奥赖(Ory)(1994),埃德(Eder)和费里斯(Ferris)(1989),瑞安(2000),斯塔弗尔比姆(2003)以及怀斯(Wise)和达林·哈蒙德(Darling-Hammond)(1985)发表的文献中找到。

产品评价

　　人们在西尔斯和罗巴克邮购公司 20 世纪 30 年代的目录册中发现了一个早期的产品评价价值方法。他们对铁铲和阀盖分为三类进行定义:好,优良和最好。可能这个评判尺度还可以延伸到差和最差,但这些层次的产品没有出现在目录中。对于大多数产品评价来说,不同的型号或品牌需要按照标准进行比较。比如,第一章中冰激凌的评价标准是风味、质地和稠度。在 1991 年,评判个人电脑的六个标准是:易于学习、易用、速度、动力、安全性和支持性能(参见 *Evaluation Thesaurus*, Scriren, 1991)。

产品评价与项目评价、政策评价相比,至少存在四个不同之处。首先,产品评价通常有多种产品可供选择;其次,产品评价通常是与竞争对手的产品进行比较而不是与标准进行比较;第三,产品评价通常会采用广告迷惑买家,阻止他们去相信更合理的主张;第四,对产品的选择通常较少涉及个人或政治忠诚度。艺术批评属于产品评价领域,但其往往采用不同的手段和隐喻(Smith,1981a)。迈克尔·斯克里文长期倡导为消费者关注产品,并对其进行总结性评价,他创建了以下“关键评价清单”(Key Evaluation Checklist,KEC)(1991,p. 204)。

关键评价清单(KEC)

1. 评价对象描述

2. 研究背景

3. 消费者(受益人)

4. 可用资源

5. 价值标准

6. 过程活动

7. 结果

8. 成本

9. 比较

10. 普遍性

11. 意义

12. 建议

13. 报告

277

　　在评价专业领域，有关项目和人员评价标准的研究很少，有关产品评价的研究亦是如此。许多项目评价人员认为产品评价是消费者和监管机构的责任。比如，承销商实验室等类似机构聘请了大量工程师和一些意见调查员，但很少有专业评价人员来研究产品的实际使用情况。不可否认，许多机构都配备了有能力且为人正直的员工，但也有很多机构中充斥着本应受到约束的产品推销者，他们进行产品评价的目的大多是为了宣传。

　　通常情况下，以上机构会采用指标性评价而不是回应式评价。正如我之前所说，他们定义了铲子、汽车或 DVD 播放器的特性，测试了可选择的模型，并对它们进行了相互比较，而不是将产品与标准进行比较。唯一的例外似乎是机构开始制定正规的安全标准，环境影响是近几十年才出现的标准。

　　《美国新闻与世界报道》(*U. S. News & World Report*)杂志采用产品评价方法去评价学院和大学。他们并没有收集学校的绩效数据，而是根据学生的入学能力测试成绩、学生/教师比例、图书馆的大小和学校预计花费在每个学生身上的费用等特征进行加权。他们特别关注学校行政人员、教职人员、毕业生和其他观察员对学校声誉的看法。这一评价工作的完成还需要运用元评价来助其一臂之力。《美国新闻与世界报道》所做的工作就是销售杂志。一些员工将年度评级问题称为"泳装问题"。法学教授杰弗里·斯塔克表示，如果对附近西藏餐馆的标准数量进行加权计算，那他所在的法学院将被评为全国最顶尖的法学院。在我看来，其他证据不足的评价包括《好管家》(杂志)认证、最佳西部汽车旅馆、年度奥斯卡大典和总统选举团，但这些并不是产品评价的存在最大弊端的案例。想一想烟草研究、沙利度胺(镇静剂的一种)、雪佛兰科维尔(雪佛兰经典车型)的评价情况又如何？对我们而言，重要的是要记住，评价方法既可以被骗子使用，也可以被举报人使用。如果你没有其他理由对某一对象进行评价，那么"帮助纠正它的政治和文化的错误"这个理由就足够了。

政治和文化背景

李·克龙巴赫(1977)曾警告不要将项目评价视为社会科学的一个分支:

> "评价"首先是一种政治活动,一种在社会体系内执行的活动。评价企业是一个机构,它有一套自己的机制并由某些角色或是被社会化成某些角色的人组成。这个人所承担的角色导致他想要了解任何影响他评价的事物,并且会害怕其中某些内容的出现。因此,担任不同角色的人对整个评价机构为社会所做贡献的看法是不一致的。(p. 1)

豪斯在他即将出版的《定性研究手册》(*Handbook of Qualitative Research*)的一章中指出:1965 年,当参议员罗伯特·肯尼迪第一次设法对小学和中学教育法案的附加文件进行评价时,正式评价就开始明显走向政治化。许多支持该修正案的人相信,评价将表明林登·约翰逊总统针对贫困的斗争是在浪费纳税人的钱。在那之后的几年里,最常见的调查结果所带有的政治意义都是不明确的,它既不支持改变现状,也不为现状辩护。典型结论是:此联邦项目未履行所承诺的内容,也没有按照原本设计的方式执行。他们的这种做法大多出于政治原因。通常情况下,如果按照原本设计进行,它们将会威胁到现有的权力结构。

> 最近,纽约教育委员会(the New York Commissioner of Eduction)委派了五名心理测量学专家和我一起,对纽约市内外 35 所高中联盟进行了评价。评价内容是他们使用自己长期进行的绩效评价程序来代替国家评议考核,该考试是一种标准化的学生成绩测试,用以判定学生是否有资格从高中毕业。委员会专家的观点是,所有学校都应该使用国家评议考核,但他为备选评价制定了标准。学校认为,标准化考试会干扰他们教授国家标准课程的方法,甚至有些学校会因此被迫关闭。在为期一年的研究中,评价者无法从学校获得最合适的技术数据,得

279

出的结论是，这些学校使用的教学方法和评价测试对学生非常适用，并在报告中要求至少还需持续进行几年的元评价。委员们无视这些发现，并判定评价者应立即进行"高风险测试"。

　　地方的项目评价可能与国家和联邦项目一样具有政治意义，但不会像共和党和民主党的政治斗争一样，企图去改变或维持政治现状。许多评价设计都倾向于帮助创新者，使他们有更加良好的工作表现，但评价结果却对大权在握的人更加有利。如果评价者建议设计一些问题进行更深入的评价，那他们很可能不会获得资金支持。事实上管理人员仅对那些有助于该项目未来运作的评价结果感兴趣，但这些结果通常都会令评价人员失望。

　　这就产生了一个问题：刚入行的评价者应该试图避免政治评价吗？在大多数情况下，逃避政治就是在掩盖社会和教育的现实情况。评价者希望开展的评价工作与政治毫无关系是一个不好的想法，因为这意味着将要进行的评价可能会缺少部分价值。无论合同是否认可了政治问题，它都是评价调查的一部分。如果缺乏对政治背景的参考，那么通常评价对象所具有的优点和缺点都将是不完整的。虽然政治可能会扭曲评价研究的结果，但不考虑政治背景的研究肯定也是扭曲的。评价人员应坚持

《在远方》®加里·拉尔森

"嘘……佐格！现在来了一只啦！"

图 10.1　参与观察研究的微妙设计问题

认为,他们有责任研究利益相关者、政治活动家、项目发起人和管理人员提出的问题,他们的报告应提供有关数据的其他解释。

当然,我凭借退休带给我的安全感,采取了以上如此大胆的立场,但每一位刚入行的评价者必须认真考虑负面调查结果的政治用途,捕捉真相的风险可能会与漫画中佐格和他的朋友面临的危险一样(图 10.1)。

政治背景会对项目活动和项目质量观念产生影响,文化背景也是如此。还有很多其他的因素,比如:经济、教育、医疗、美学背景;地方的、区域的、国内的和国际的背景等等。"背景"是一个经常被错用的词,人们有时认为它等同于"内容"。实际上,项目内容是内部的,而项目背景是外部的。

280

背景(context):1. 周围、环境、背景;2. 一种包围、影响、赋予物体或话语特殊意义的事物。

像政治背景一样,文化背景也影响着评价的行为和发现。当关注文化时,我们看到种族和民族、语言和习俗、宗教和休闲活动与项目的意义会相互作用,影响人们对活动及其价值的看法。当我们身处教堂、医院或足球场时,我们看到的"地狱"景象也是不相同的。

281

通过运用基于标准评价的七个因素,我们可以在评价过程中对文化背景进行认真考虑。请记住,这些因素包括:接受者需求、项目目标、评价指标、评价标准、综合权重、工作人员和参与者/接受者的表现以及项目成本。

为了满足公众需求,研究人员开发了多种项目。因为需求会伴随时间、地点的变化而改变,即使像人类对食物、健康和就业等最普遍的需求,也会因条件变化而具有不同含义。设计一个特定项目旨在满足某个特定群体的需求,但在该群体中,每位接受者都是具有差异的个体,并且标准化项目为他们提供的服务也是不平等的。需求在一定程度上由文化决定。针对需求评价,评价者一定要根据需求的相关背景总结其中的经验和价值。比如,针对某一需求评价,评价者不能只给出"每个人都需要了解或获得法律援助"这样的结论。为了让人们重视这一需求，评价者必须说明没有法律援助将带来的高昂代价。

波拉（2003，p.391）写道，在评价理论的构建和实践中都需要考虑文化因素：

> 背景问题对于评价理论和实践都很重要。理论构建者和模型制造者必须认识到他们的工作在许多方面都受到了背景限制。首先，理论常常会被意识形态背景润色。自由评价、参与式评价和现在的审议民主评价更多是思想上的阵地，而不是理论上的进步。更重要的是，或者说得再具体一点，评价的理论构建和模型设计也局限于特定的政治、经济和文化背景（如英格兰或印度尼西亚），并且会具体到差异化的专业文化上（如教育，福利或商业）。

> 作为实践的评价必须与多层次的环境产生共鸣，即评价者的专业文化与某地区从开始、委托、设计到实施评价的制度文化之间应该产生共鸣。无论是收集定性数据还是定量数据，评价者都需要考虑人格特质和文化辩证法，包括阶级和性别（Harding，1987；Harris，1998；Schudson，1994）。

282　　　身处社会中上阶层的群体和生活贫困的群体所持有的期望大不相同，一个由男性主导的组织和为女性敞开大门的组织各自怀有的期望也大相径庭。评价者可能会错误地过度重视或忽略这些差异，这通常也是一种错误行为。项目目标在不同背景中具有不同的含义。雀巢公司希望向非洲的妈妈们提供便宜的婴儿配方奶粉，但他们忽视了非洲的经济环境。即使许多非洲妈妈能暂时用奶粉代替母乳，这一购买行为也无法长期持续。对于基督教科学家庭和整体医学①使用者来说，更好地沟通现有医疗服务的目标是不同的。设定目标需要考虑接受者团体内部当前的状况和表

---

① 把人当作一个不可分割的有机整体的医学。

现，以及项目工作人员工作实施的准备情况。评价者不仅需要考虑文化条件，文化背景也是实现设定目标的必要条件。

　　成本是评价的重要组成部分，尤其是当客户或利益相关者想知道哪个项目能够以更少的资金达成目标结果时。然而，许多客户不希望评价人员考虑成本，或许他们认为这是他们需要决定的事情，而不是评价人员。显然在严苛的经济背景下，成本问题将会受到密切关注。

　　评价一个项目的指标也会受到背景的影响。在某个背景下的重要指标在另一个背景下可能并不重要，不同社区是这样，不同时代也是。正如我们在第一章中指出的那样，明确的指标对评价而言不是必需品，但是通过对评价对象的彻底检查，几乎所有的指标都可以从中推断出来——就好像它们已经被使用过一样。这并不意味着指标明确就能更好地进行评价。当指标不太明确时，或者当指标曾经明确但现在变得模糊时，人们很有可能误解评价的基础和含意。如果评价药物滥用项目能够帮助受害者减少对药物的依赖，那它可能就有价值，但政府监管委员会最重视的指标可能是媒体对药物使用方法的关注。有时，评价者重视背景对指标的影响反而会产生负面作用。这是另一个假设情况：

> 　　一位外部评价人员到塞浦路斯评价农业部发放贷款的使用情况。贷款用于提升当地农产品出口在全球市场的吸引力。这位评价人员是一名美籍人士，他对土耳其和希腊之间数百年的涉岛战争越来越敏感。因此，他打算把报告的重点放在文化冲突上，以解释一些农民为何抵制改变耕作方式。农业部联络人说，这种关注将加剧问题恶化，对于问题的解决毫无益处。评价者为此感到矛盾，不知道是否要关注评价对象的历史背景。

　　对许多观察者而言，对文化的关注即是对统治的关注，包括殖民文化、州议会文化、家庭文化等。这些都是统治者、特殊利益集团和父系社会拥有统治权的情景。被授权的人制定标准，而失去权力的人会发现那些标准是他们赖以永存的方式。评价

283

作为一种专业，致力于公正地辨别项目的优点和缺点，但在这些背景下，评价无法保持中立，而忽视这个问题意味着接受现状，评价者要么接受主导力量的预期标准，要么在某种程度上以某种方式接受下属利益相关者的标准。更为民主的评价者在意的是下属至少可以拥有"自己的标准"。以系统为导向的评价者强调资助机构和管理者的标准。标准的权重以相同的方式进行。

这六个因素的发展（接受者需求、项目目标、评价指标、评价标准、综合权重、工作人员和参与者/接受者的表现以及项目成本）为评价某一对象的绩效提供了概念结构，绩效本身需要被观察或测量。我们在第五章讨论了数据收集，其中大部分都在谈接受者的表现。比如，患者是否好了？学员是否更熟练了？利益相关者对评价对象的表现是否满意？作为本书的读者，您最大的失望之处可能是认识到了评价人员在获得有效、全面衡量绩效方面将面临的困难；刺激错误比比皆是；评分往往受到绩效标准以外其他因素的重大影响；单一的评分工具会忽略评价对象所具有的多重复杂性；开发一套有效的工具通常超出了评价者的能力和资源，而那些待售或以前使用过的评价工具与当前的目标并不匹配；回应式评价中的绩效评价也容易出错。不管我们怎么努力，不管怎么试图清楚地表明评价对象的优点和缺点，结果都还是有可能存在问题。

文化对绩效衡量有什么影响呢？在一定程度上，服务提供者或接受者所做出的行为会受该项目的影响，但也受到多年个人经验的影响，影响来自多个方面，比如家庭、朋友、电视、社交和学校等。有时我认为，孩子童年期间所做的家庭文字游戏和解谜对标准化成绩产生的影响最大。学生需要了解运用什么工具能得出什么类型的答案，这一点非常重要。因此，学校试图让学生在测试中进行练习，这样他们就会培养出种感觉，但这不足以为每个学生都提供一个公平的竞争环境，某些学生受家庭文化影响很大，其他家庭则不然。

文化对指标性和解释性思维都形成了挑战。在基于标准的评价研究中，文化分
类可以作为实验变量和相关变量。文化意识在丰富回应式评价的同时，也使其变得

复杂。在某些情况下，文化影响十分显著，以至于不需要对其特殊对待；但有时候，它是如此微妙，导致元评价所做出的努力付之东流，评价人员需要反复地问自己：评价对象的背景是什么？哪些是最需要详细叙述的部分？没有任何法典规定了人们要对种族、民族主义或产妇保健等内容给予何种程度的关注。这种需要是通过观察、提问、阅读和思考来实现的。最后，直觉会告诉我们答案(Smith,1992)。直觉是正确评价的重要组成部分，它更多地被用来决定关注的重点，而不是用来鉴别评价对象的品质。

在思考评价对象的方方面面时，我们都将从指标性和解释性思维中得到帮助。评价的所有方面都需要基于标准的评价和回应式评价。它们通常不会叠加在一起使用，但这两种方法会帮助我们从不同的角度出发去思考问题，会共同促使我们更加敏锐地行事、更加深入地思考、更加谨慎地报告，并更加致力于对评价对象质量的完整展现。

最后的话

最后我将总结性地谈谈评价对我来说意味着什么。每一位评价者对李·克龙巴赫的"95 条论题"(Cronbach et al. ,1980)和迈克尔·斯克里文的"来之不易的教训"都十分熟悉。评价是一个认识事物特性,并将表现特性的证据展现给其他人的过程。你肯定熟悉这一场景:总是有事物正在被评价,比如一个实体、一个评价对象,或者是某一本特定的书或项目。在医疗卫生领域,评价对象可能是一个项目,该项目服务于那些母语非英语的人,帮助他们尽早检查出患有癌症的可能性。在教育领域,评价对象可能是一门课程、线上课堂、创新举措或特许公立学校①。在社会工作领域,评价对象可能是员工礼仪、培训课程或是儿童和家政服务机构。通过研究这些评价对象的表现,可以找到他们的品质和质量的高低,并通过数字、语言和图像的方式加以呈现。

目标、问题、假设和议题是我们研究绩效的"调查结构"。这样的结构是从项目遇到的麻烦中提取出来的。评价问题也出现在研究文献中、在项目的历史中、在利益相关者的应对行为中、在评价者的关注点中。这些说明了不同的人对质量的看法存在不同的原因。不同的观点给我们提供了扩展论点、想象力和辩证法的机会。如果没有这些差异,为了梳理项目特性的复杂程度,我们可能需要自行创造一些差异。

为了聚焦于他们的关注点,许多客户用其他问题来代替对质量的追求:项目是否符合承诺和义务?该项目是否满足受益人的需要?这个项目有成效吗?什么在起作

---

① "特许公立学校"是指接受政府经费资助但又对外办学的私立学校。

用？所有这些问题可能都很重要，它们帮助我们理解质量。其中一些问题来自专业实践和文献元分析（参见"序言"中利普西和施万特所谈到的内容）。评价的核心问题仍然是：评价对象的质量是什么？对其质量的看法是什么？

为评价事物好坏而设定一个标准，一部分人可能会赞同，另外一部分人可能会反对。有时我们难以看清事物所具有的优点和缺点，即使能看清也难以详细说明。我们可能会把事物的优点分成好几个部分，比如结果的优点，过程的优点，员工、环境和其他条件的优点，但将这些部分相加也不等同于事物总体的优点。

286

通常情况下，评价首先需要了解评价对象，然后对其特殊性——相关的人、空间、活动、需求、决定、问题、恐惧和志愿作出回应。评价者需要在不同条件下观察评价对象的相关规定和绩效表现。评价者的指标、文字记录、测量结果、测量工具和描述需要反复考量，以确保评价证据的有效性。这样才能将评价对象的表现与相关标准进行比较。标准可能会明明白白地写在纸上，也可能暗藏深处难以解释，但我们必须尽最大的努力对其进行解释。我们的分析提出了许多问题，非常需要同事、评论家和评论者提供帮助来进行元评价。

不同的人对质量有不同的看法。评价者的工作不是寻找共识，而是权衡证据，做出判断，并报告看到评价对象优缺点的不同方式。对评价对象观察和解释的不一致并非代表着评价的失败，这种不一致可能是由评价对象及其所处环境的复杂性造成的，因为假定真实世界比我们所观察到的世界更为简单是存在问题的。

只有在透镜放置正确的情况下，才能发现质量问题吗？透过我带有"指标性"的双眸，事物的特性是真实存在的，且独立于它的观察者。透过我具有"建构式"的双眸，事物的特性是人们观察到它时才会出现。在本书（原著）的封底上有一幅图片，彩虹通过玻璃杯折射形成了清晰的光谱，这是因为透镜被放置在了一个恰到好处的位置。透镜放置的角度越好，光谱的颜色也呈现得越清晰。可能我们刚开始发现事物的某一特性时会感觉混沌，但它会逐渐变得越来越清晰。如果没有放置恰到好处的透镜，彩虹光谱还会出现吗？

　　目测世界、感受世界都是视觉能力的一部分，但是视觉能力的高低并非与生俱来，这是人的一种建构性能力。一些人看不见他人可以看见的东西。因此，可以说事物的品质（至少在某一时刻）在这部分看不见的人面前隐藏了起来，而看得见的人会惊叹于事物的优点或缺点，精美或危害。他们也会被蝴蝶破蛹而出的画面所打动。

　　在书中，我用破茧而出的蝴蝶来比喻基于标准的评价，用玻璃所折射的光谱来比喻回应式评价。当然，你也可以选择你认为更恰当的比喻对两者进行说明。

　　珍惜（cherish）：1. 小心翼翼地保护、照顾；2. 怀念，作为回忆；3. 怀有，作为希望。

　　一个人可能会同时看见并感觉到一些事物，然后产生感知和情感，并被事物的品质所打动。人们一旦看见最好的东西就会想着去珍惜它。品质与珍惜密切相关，而珍惜是一种理智情感。虽然群体可以感受到这种理智情感，但它仍然与个人经历有关。

287

　　当我们的祖父母观赏孩子表演时，他们可能根本顾不上表演会如何，最终他们可能只会惊讶于孩子们表演的成功。现场的老师和其他人可能会觉得表演只达到了一般水平，因为这场表演并没有超出他们的预期。对于那些被表演打动的观众而言，孩子们的表演十分特别，而对于另外一部分无感的观众而言，表演可能十分普通。平均值并不是我们需要的答案，标准化的评价结果则常常对我们不利。我们发现生活因质量而变得丰富多彩，也许这一点常常不为人所知。当我们被迫使用不恰当的标准时，生活质量就会降低，不仅是对少数人，而且对所有人都是如此。

参考文献

Abma, T. A. (1999). Powerful stories: About the role of stories in sustaining and transforming professional practice within a mental hospital. In R. Josselson (Ed.), *The narrative study of lives* (Vol. 6, pp. 169–196).

Alkin, M. (in press). *Evaluation roots.* Thousand Oaks, CA: Sage.

Alvik, T., Indrebo, A., & Monsen, L. (Eds.). (1992). *The theory and practice of school-based evaluation: A research perspective (77).* Lillehammer, Norway: Oppland College.

American Psychological Association. (1980). *Principles for the validation and use of personnel selection procedures.* Washington, DC: Author.

American Psychological Association. (1999). *Standards for educational and psychological testing.* Washington, DC: Author.

Atkin, J. M. (1963). Some evaluation problems in a course content improvement project. *Journal of Research in Science Teaching, 1,* 129–132.

Baker, E. L., Linn, R. L., Herman, J. L., & Koretz, D. (2002). *Standards for educational accountability systems* (CRESST Policy Brief 5). Los Angeles: UCLA, National Center for Research on Evaluation, Standards, and Student Testing.

Bell, D. (1977). "On meritocracy and equality." In J. Karabel & A. H. Halsey (Eds.), *Power and Ideology in Education* (pp. 607–635). New York: Oxford University Press.

Beschloss, M. (2001). *Reaching for glory: Lyndon Johnson's secret White House tapes, 1964–1965.* New York: Simon & Schuster.

Berlak, H., Newmann, F. M., Adams, E., Archbald, D. A., Burgess, T., Raven, J., & Romberg, T.A. (1992). *Toward a new science of educational testing and assessment.* Albany: SUNY Press.

Bernstein, B. (2003). *The structuring of pedagogic discourse: Class, codes, and control.* New York: Routledge.

Bhola, H. S. (1988). The CLER model of innovation diffusion, planned change, and development: A conceptual update and applications. *Knowledge in Society: An International Journal of Knowledge Transfer, 1,* 56–66.

Bhola, H. S. (2003). The social and cultural contexts of educational evaluation. In T. Kellaghan & D. L. Stufflebeam (Eds.), *International handbook of educational evaluation.* Dordrecht, Netherlands: Kluwer.

Bickman, L. & Rog, D. J. (Eds.). (1998). *Handbook of applied social research methods.* Thousand Oaks, CA: Sage.

Bloom, B. S., Hastings, J. T., & Madaus, G. F. (1971). *Handbook on formative and summative evaluation of student learning.* New York: McGraw-Hill.

Boruch, R. F. (1997). *Randomized experiments for planning and evaluation: A practical guide.* Thousand Oaks, CA: Sage.

Brandt, R. (1981). *Applied strategies for curriculum evaluation.* Washington, DC: Association for Supervision and Curriculum Development.

Braskamp, L. A., Brown, R. D., & Newman, D. L. (1978). Studying evaluation utilization through simulations. *Evaluation Review, 6*(1), 114–126.

Braskamp, L. A., & Ory, J. C. (1994). Assessing faculty work. San Francisco: Jossey-Bass.

Brewster. E. (1977). New glasses (poem). *Sometimes I think of moving.* Ottawa: Oberon Press, p. 66.

Broadfoot, P. (1986). *Profiles and records of achievement.* New York: Holt, Rinehart, & Winston.

Brown, J. S. (1995, October 11). The social life of documents (Release 1.0). *Esther Dyson's Monthly Report.*

Brown, J. S., & Duguid, P. (2000). *The social life of information.* Cambridge, MA: Harvard Business School Press.

Burke, M. (2000). A teacher and her students: What they think, what they do, particularly reflecting professional development. In R. Stake & M. Burke (Eds.), *Evaluating teaching.* Urbana: University of Illinois, CIRCE.

Campbell, D. T. (1982). Experiments as arguments. In E. R. House, S. Mathison, J. A. Pearsol, & H. Preskill (Eds.), *Evaluation studies review annual* (Vol. 7, pp. 117–128). Beverly Hills, CA: Sage.

Campbell, D. T., & Stanley, J. C. (1963). *Experimental and quasi-experimental designs for research.* Chicago: Rand McNally.

Carlyle, T. (1828). Goethe. In John Barltett (Ed.), *Bartlett's Famous Quotations,* 14th *Edition.* New York: Little, Brown.

Carroll, L. (1865). *Alice's adventures in wonderland.*

Centre for Applied Research in Education. (1975). *The program at two: An UNCAL companion to* Two Years On. Norwich, England: University of East Anglia.

Chandler, M., Stake, R., Montavon, M., Hoke, G., Davis, R., Lee, J., & Rierson, S. (2000). *Evaluation of the MTEC alternative teacher education program.* Urbana: University of Illinois, CIRCE.

Chen, H. (1990). *Theory-driven evaluation.* Newbury Park, CA: Sage.

Cook, T. D. (1993). A quasi-sampling theory of the generalization of causal relationships. In L. B. Sechrest & A. G. Scott (Eds.), *Understanding causes and generalizing about them. New Directions for Program Evaluation, 57,* 39–82.

Cook, T. D. (2002). Randomized experiments in education: Why are they so rare? *Educational Evaluation and Policy Analysis, 24*(3), 175–200.

Cousins, J. B., & Earl, L. (1995). The case for participatory evaluation: Theory, research, practice. In J. B. Cousins & L. Earl (Eds.), *Participatory evaluation in education: Studies in evaluation use and organizational learning,* pp. 3–18. London: Falmer.

Cronbach, L. J. (1963). Course improvement through evaluation. *Teachers College Record, 64,* 672–683.

Cronbach, L. J. (1977, April). Remarks to the new society. *Evaluation Research Society, 1*(1).

Cronbach, L. J. (1982). *Designing evaluations of educational and social programs.* San Francisco: Jossey-Bass.

Cronbach, L. J., & Associates. (1980). *Toward reform of program evaluation*. San Francisco: Jossey-Bass.

Cronbach, L. J., & Gleser, G. C. (1965). *Psychological tests and personnel decisions* (2nd ed.). Urbana: University of Illinois Press.

Datta, L. (1999). CIRCE's demonstration of a close-to-ideal evaluation in a less-than-ideal world. *American Journal of Evaluation, 20*(2), 345–354.

Davis, R., Stake, R., Chandler, M., Heck, D. & Hoke, G. (2000). *Evaluation of the VBA Appeals Training Module, Phase II Report*. Urbana: University of Illinois, CIRCE.

Day, M., Eisner, E., Stake, R., Wilson, B., & Wilson, M. (1984). *Art history, art criticism, and art production: An examination of art education in selected school districts: Vol. 2. Case studies of seven selected sites*. Santa Monica, CA: Rand Corporation.

Denzin, N. (1970). *The research act*. Chicago: Aldine.

DeStefano, L. (2001). *Evaluation of the implementation of Illinois Learning Standards: Year three report* (Report to the Illinois State Board of Education). Urbana: University of Illinois.

Easley, J. A., Jr. (1966). *Evaluation problems of the UICSM curriculum project*. Paper presented at the National Seminar for Research in Vocational Education, University of Illinois, Urbana.

Eder, R. W., & Ferris, G. R. (Eds.). (1989). *The employment interview: Theory, research and practice*. Newbury Park, CA: Sage.

Eisner, E. W. (1969). Instructional and expressive educational objectives: Their formulation and use in curriculum. *AERA Monograph Series on Curriculum Evaluation* (No. 3, pp. 1–31). Chicago: Rand McNally.

Eisner, E. W. (1979). *The educational imagination: On the design and evaluation of school programs*. New York: Macmillan.

Eliot, T. S. (1915). The love song of J. Alfred Prufrock (poem). Chicago: University of Chicago Press.

Fetterman, D. M. (1994). Empowerment evaluation. *Evaluation Practice, 15*, 1–15.

Fitz-Gibbon, C. T., & Tymms, P. (2002). Technical and ethical issues in indicators systems: Doing things right and doing wrong things. *Educational Policy Analysis Archives, 10*(6), 1–19. http://epaa.asu.edu/epaa.

Flick, U. (2002). *An introduction to qualitative research*. Thousand Oaks, CA: Sage.

Fournier, D. M. (1995). Establishing evaluative conclusions: A distinction between general and working logic. In D. M. Fournier, (Ed.) *Reasoning in evaluation: Inferential links and leaps. New Directions for Evaluation, 68, 15–32.*

Fournier, D. M., & Smith, N. L. (1993). Clarifying the merits of argument in evaluation practice. *Evaluation and Program Planning, 16*(4), 315–323.

Fowles, J. (1979). *The tree*. New York: Ecco Press.

Gagné, R. (1985). *The conditions of learning and theory of instruction*. International.

Gilborn, D., & Youdell, D. (2000). *Rationing education: Policy, practice, reform and equity*. Buckingham, England: Open University Press.

Glass, G. V. (1976). Primary, secondary, and meta-analysis of research. *Educational Researcher, 5*, 3–8.

Glass, G. V., Hopkins, K, D., & Millman, J. (1967). *Report of the AERA 1967 Presession on the Design of Comparative Experiments*. Champaign: University of Illinois, CIRCE.

Gowin, D. B. (1970). The structure of knowledge. *Educational Theory, 20*(4), 319–328.

Grasso, P. G. (1999). Meta-evaluation of an evaluation of Reader Focused Writing for the Veterans Benefits Administration. *American Journal of Evaluation, 20*(2), 355–371.

Greene, J. C. (1995, November). *Evaluators as advocates*. Paper delivered at the annual meeting of the American Evaluation Association, Vancouver.

Greene, J. C. (1996). Qualitative evaluation and scientific citizenship: Reflections and refractions. *Evaluation, 2,* 277–289.

Greene, J. C. (1997). Evaluation as advocacy. *Evaluation Practice, 18.*

Greene, J. C., & Abma, T. A. (2001). Responsive evaluation. *New Directions for Evaluation, 92.*

Greene, J. C., & Caracelli, V. J. (Eds.). (1997). Advances in mixed-method evaluation: The challenges and benefits of integrating diverse paradigms. *New Directions for Evaluation, 74.*

Greene, J. C., Lincoln, Y. S., Mathison, S., Mertens, D. M., & Ryan, K. (1998). Advantages and challenges of using inclusive evaluation approaches in evaluation practice. *American Journal of Evaluation, 19*(1), 101–122.

Gruber, H. E. (1969). *Darwin on man: A psychological study of scientific creativity,* 2nd edition. Chicago: University of Chicago Press.

Grutsch, M. A., & Themessl-Huber, M. (2002). *From responsive to collaborative evaluation.* Unpublished doctoral dissertation, University of Innsbruck.

Guba, E., & Lincoln, Y. (1989). *Fourth generation evaluation.* Newbury Park, CA: Sage.

Gullickson, A., Lorenz, F., & Keiser, N. (2002). Survey 2002 report: The status of ATE projects and centers. http://www.wmich.edu/evalctr/ate/survey2002report.html

Habermas, J. (1984). *Theory of communicative action: Vol. 1. Reason and the rationalization of society* (Thomas McCarthy, Trans.). Boston: Beacon.

Habermas, J. (1987). *Theory of communicative action: Vol. 2. Lifeworld and system: A critique of functionalist reason* (Thomas McCarthy, Trans.). Boston: Beacon.

Halberstam, D. (1972). *The best and the brightest.* New York: Random House.

Hamilton, D., Jenkins, D., King, C, MacDonald, B., & Parlett, M. (Eds.). (1977). *Beyond the numbers game.* London: Macmillan.

Haney, W. (1983). Validity and competency tests. In G. F. Madaus (Ed.), *The courts, validity and minimum competency testing* (pp. 63–93). Boston: Kluwer-Nijhoff.

Harding, S. (1987). Introduction: Is there a feminist method? In S. Harding (Ed.), *Feminism and methodology: Social science issues* (pp. 1–14). Bloomington: Indiana University Press.

Harris, M. (1998). *Theories of cultures in post modern times.* Walnut Creek, CA: AltaMira.

Hastings, J. T. (1966). Curriculum evaluation: The whys of the outcomes. *Journal of Educational Measurement, 3,* 27–32.

Havel, V. (1971). Estrangement. In M. E. Solt, (Ed.), *Concrete poetry: A world view.* Bloomington: Indiana University Press (p. 149).

Heck, R. H., & Hallinger, P. (1999). Next generation methods for the study of leadership and school improvement. In J. Murphy & K. S. Louis (Eds.), *Handbook of research on educational administration.* San Francisco: Jossey-Bass.

Hill, J. (1978). Archipolis. In R. E. Stake & J. Easley (Eds.), *Case studies in science education.* Urbana: University of Illinois, CIRCE.

Hodder, I. (2000). The interpretation of documents and material culture. In N. Denzin & Y. Lincoln (Eds.), *Handbook of qualitative research* (pp. 393–402). Thousand Oaks, CA: Sage.

Hooper, R. (1975). *Two years on: The National Development Programme in Computer Assisted Learning* (Report of the Director). London: Council for Educational Technology.

House, E. R. (1980). *Evaluating with validity.* Beverly Hills, CA: Sage.

House, E. R. (1991). Realism in research. *Educational Researcher, 20*(6), 2–9.

House, E. R. (1993). *Professional evaluation: Social impact and political consequences.* Thousand Oaks, CA: Sage.

House, E. R. (2002). *Where the truth lies.* http://house.ed.asu.edu.

House, E. R. (in press). Qualitative evaluation and changing social policy. In N. K. Denzin, & Y. S. Lincoln (Eds.), *Handbook of qualitative research,* (3rd ed.). Thousand Oaks, CA: Sage.

House, E. R., & Howe, K. R. (1999). *Values in evaluation and social research.* Thousand Oaks, CA: Sage.

House, E. R., Steele, J. M., & Kerins, T. (1971). *The gifted classroom.* Urbana: University of Illinois, CIRCE.

Hummel-Rossi, B., & Ashdown, J. (2002). The state of cost-benefit and cost-effectiveness analysis in education. *Review of Educational Research, 72*(1), 1–30.

Ingvarson, L. (1998). Teaching standards: Foundations for professional development reform. In A. Hargreaves, A. Lieberman, M. Fullan, & D. Hopkins (Eds.), *International Handbook of Educational Change.* Dordrecht, Netherlands: Kluwer.

Jaeger, R. M. (1993). *Statistics: A spectator sport* (2nd ed.). Newbury Park, CA: Sage.

Jaeger, R. M. (1997). *Complementary methods* (2nd ed.). Washington, DC: American Educational Research Association.

Johnson, D., & Johnson, R. (1998). *Learning together and alone: Cooperative, competitive, and individualistic learning* (5th ed.). Boston: Allyn & Bacon.

Joint Committee on Standards for Educational Evaluation. (1981). *The program evaluation standards.* Newbury Park, CA: Sage.

Joint Committee on Standards for Educational Evaluation. (1988). *The personnel evaluation standards.* Newbury Park, CA: Sage.

Joint Committee on Standards for Educational Evaluation. (1994). *The program evaluation standards* (2nd ed.). London: Sage.

Jonassen, D. H., Tessmer, M., & Hannum, W. H. (1999). *Task analysis methods for instructional design.* Mahwah, NJ: Lawrence Erlbaum Associates.

Kemmis, S. (1976). *Evaluation and the evolution of knowledge.* Unpublished doctoral dissertation, University of Illinois, Urbana.

Kemmis, S. (2002, October 24). Private email communication to Katherine Ryan's evaluation class.

Kemmis, S., & McTaggart, R. (1992). *The action research planner* (3rd ed.). East Gelong, Victoria, Australia: Deakin University Press.

Kennedy, M. (1985). Mary Hayes, in Stake et al. (1985).

Kidder, T. (1989). *Among schoolchildren.* New York: Avon Books.

Kilpatrick, J., & Stanic, G. M. A. (1995). Paths to the present. In I. M. Carl (Ed.), *Seventy-five years of progress: Prospects for school mathematics.* Reston, VA: National Council of Teachers of Mathematics.

Kinchloe, J. L., & McLaren, P. (2000). Rethinking critical theory and qualitative research. In N. K. Denzin & Y. S. Lincoln (Eds.), *Handbook of qualitative research* (2nd ed.). Thousand Oaks, CA: Sage.

King, J., (1998). Making sense of participatory evaluation practice. In E. Whitmore (Ed.), *Understanding and practicing participatory evaluation. New Directions in Evaluation, 80,* 56–68.

Knox, A. (2002). *Evaluation for continuing education: A comprehensive guide to success.* San Francisco: Jossey-Bass.

Kuhn, T. (1970). *The structure of scientific revolutions.* Chicago: University of Chicago Press.

Kushner, S. (1992). *A musical education: Innovation in the conservatoire.* East Gelong, Victoria, Australia: Deakin University Press.

Kushner, S. (2000). *Personalizing evaluation.* London: Sage.

Laxness, H. (1968). *Under the glacier.* Reykjavik, Iceland: Vaka-Helgafel.

Lemann, N. (1999). *The big test.* New York: Farrar, Straus & Giroux.

Levin, H. M., & McEwan, P. J. (2001). *Cost-effectiveness analysis: Methods and application.* Thousand Oaks, CA: Sage.

Lipsey, M. W. (1993). Theory as method: Small theories of treatments. In L. B. Sechrest & A. G. Scott (Eds.), *Understanding causes and generalizing about them. New Directions in Evaluation, 57,* 5–38.

Lipsey, M. W. (1995). What do we learn from 400 research studies on the effectiveness of treatment with juvenile delinquents? In J. McGuire (Ed.), *What works? Reducing reoffending* (pp. 63–78). New York: Wiley.

Lipsey, M. W. (2000). Meta-analysis and the learning curve in evaluation practice: A debate with Thomas Schwandt. *American Journal of Evaluation, 21*(2), 207–212.

Little, J. W. (1993). Teachers' professional development in a climate of educational reform. *Educational Evaluation and Policy Analysis, 15*(2), 129–151.

Mabry, L. (1995). *Advocacy in evaluation: Inescapable or intolerable?* Paper at the annual meeting of the American Evaluation Association, Vancouver.

Mabry, L. (1997). Implicit and explicit advocacy in postmodern evaluation. In L. Mabry (Ed.), *Advances in program evaluation: Vol. 3. Evaluation and the postmodern dilemma.* Greenwich, CT: JAI Press.

Mabry, L. (1998). Case study methods. In H. J. Walberg & A. J. Reynolds (Eds.), *Evaluation research for educational productivity. Advances in Educational Productivity, 7,* 155–170.

Mabry, L. (1999). *Portfolios plus: A critical guide to alternative assessment.* Newbury Park, CA: Corwin Press.

MacDonald, B., (1971). *The evaluation of the Humanities Curriculum Project: A wholistic approach.* Paper presented at the AERA Annual Meeting, New York.

MacDonald, B. (1976). Evaluation and the control of education. In D. A. Tawney (Ed.), *Curriculum evaluation today: Trends and implications.* London: Macmillan.

MacDonald, B. (1977). A political classification of evaluation studies. In D. Hamilton, D. Jenkins, C. King, B. MacDonald, & M. Parlett (Eds.), *Beyond the numbers game* (pp. 224–227). London: Macmillan.

MacDonald, B. (1999, November 9). Statement on occasion of his investiture as Doctor Honoris Causa, University of Vallodolid, Spain.

MacDonald, B., & Kushner, S. (Eds.). (1982). *Bread and dreams.* Norwich, England: University of East Anglia, Center for Applied Research in Education.

McKee, A., & Stake, R. E. (2001). Making evaluation democratic in a climate of control. In L. Bresler, A. Ardichvili, & S. R. Steinberg (Eds.), *Research in international education: Experience, theory, & practice.* Peter Lang.

McKee, A., & Watts, M. (2000). *Protecting space? The case of practice and professional development plans.* Norwich, England: University of East Anglia, Centre for Applied Research in Education.

McLaughlin, M. W. (1975). *Evaluation and reform.* Cambridge: Ballinger Publ. Co.

McLean, L. (2000). Metamorphosis of YNN: An evaluation of the pilot program of the Youth Network News. Toronto: Ontario Institute for the Study of Education.

McLeod, D. B., Stake, R. E., Schappelle, B. P., Mellissinos, M., & Gierl, M. J. (1997). Setting the standards: NCTM's role in the reform of mathematics education. In S. A. Raizen & E. D. Britton (Eds.), *Case studies of U.S. innovations in mathematics.* Dordrecht, Netherlands: Kluwer.

Medley, D. M. & Mitzel, H. E. (1963). Measuring classroom behavior by systematic observation. In N. L. Gage (Ed.) *Handbook of Research on Teaching.* Chicago: Rand McNally, 247–328.

Mehrens, W. A., & Lehmann, I. J. (1984). *Measurement and evaluation in education and psychology* (3rd ed.). New York: Holt, Rinehart & Winston.

Messick, S. (1970). The criterion problem in evaluation of instruction: Assessing possible, not just probable, intended outcomes. In M. C. Wittrock & D. E. Wiley (Eds.), *The evaluation of instruction: Issues and problems.* New York: Holt, Rinehart & Winston.

Metcalf, S. (2002, January 28). Reading between the lines. *The Nation.*

Migotsky, C., & Stake, R. (2001). *An evaluation of an evaluation: CIRCE's meta-evaluation of the site visits and issue papers of the ATE program evaluation.* Urbana: University of Illinois, CIRCE.

Miles, M. B., & Huberman, A. M. (1984). *Qualitative data analysis.* Beverly Hills, CA: Sage.

Moffett, J. (1984). The spellbinding (poem). In J. Moffett, *Whinny Moor Crossing* (p. 67). Princeton, NJ: Princeton University Press.

Moynihan, D. P. (1970). Remarks at the White House on the occasion of his resignation from the President's staff, 1970.

Murray, C. (1984). *Losing ground: American social policy 1950–1980.* New York: Basic Books.

Murray, C., Bourque, B., & Mileff, S. (1981). *The national evaluation of the Cities-in-Schools program. Report No. 4: Final Report.* Washington, DC: American Institutes for Research.

National Board of Professional Teaching Standards. www.nbpts.org.

National Council of Teachers of Mathematics. (1989). *Curriculum and evaluation standards for school mathematics.* Washington, DC: Author.

National Research Council. (2002). *Scientific research in education* (R. J. Shavelson & L. Towne, Eds.). Washington, DC: National Academy Press. www7.nationalacademies.org/cfe/Scientific_Principles_in_Education_Research

National Science Foundation. (2002). *The 2002 user-friendly handbook for project evaluation.* Washington, DC: Author.

Nevo, D. (2002). *School-based evaluation: An international perspective.* Kidlington, England: Elsevier Science.

Newman, D., & Brown, R. (1996). *Applied ethics for program evaluation.* London: Sage.

Newmann, F. M., & Wehlage, G. G. (1995). *Successful school restructuring.* Madison: University of Wisconsin, Center on Organization and Restructuring of Schools.

Niemi, H., & Kemmis, S. (1999). Communicative evaluation: Evaluation at the crossroads. *Lifelong learning in Europe, 1,* 55–64.

Nyberg, D. (1993). *The varnished truth.* Chicago: University of Chicago Press.

Oakes, J. (1989). School context and organization. In R. J. Shavelson, L. M. McDonnell, & J. Oakes,(Eds.), *Indicators for monitoring mathematics and science education: A sourcebook.* Santa Monica, CA: Rand Corporation.

O'Shea, J. (1974). *An inquiry into the development of the University of Chicago evaluation movement.* Unpublished doctoral dissertation. Urbana: University of Illinois.

O'Sullivan, R. G. (in press). *Practicing evaluation: A collaborative approach.* Thousand Oaks, CA: Sage.

Page, E. B. (1979). Should educational evaluation be more objective or more subjective? More objective! (A debate with R. E. Stake). *Educational Evaluation and Policy Analysis, 1*(1), 45.

Parlett, M., & Hamilton, D. (1977). Evaluation as illumination: A new approach to the study of innovatory programmes. In D. Hamilton, D. Jenkins, C. King, B. MacDonald, & M. Parlett (Eds.), *Beyond the numbers game* (pp. 6–22). London: Macmillan.

Patton, M. Q. (1997). *Utilization-focused evaluation* (3rd ed.). Thousand Oaks, CA: Sage.

Payne, D. A. (2003). *Applied educational assessment* (2nd ed.). Belmont, CA: Wadsworth/Thomson.

Persig, R. (1974). *Zen and the art of motorcycle maintenance.* New York: William Morrow.

Peshkin, A. (1978). *Growing up American.* Chicago: University of Chicago Press.

Pring, R., & Thomas, G. (in press). *Evidence-based practice.* Buckingham, England: Open University Press.

Proppé, O. J. (1980). *Dialectical evaluation in education* (A thesis proposal). Urbana: University of Illinois, CIRCE.

Proppé, O. J. (1983). *A dialectical perspective on evaluation as evolution: A critical view of assessment in Icelandic schools.* Unpublished doctoral dissertation, University of Illinois.

Ragin, C.C. & Becker, H. S., (Eds.). (1992). *What is a case? Exploring the foundations of social inquiry.* Cambridge: Cambridge University Press.

Reichardt, C. S., & Rallis, S. F. (1994). The qualitative-quantitative debate: New perspectives. *New Directions in Program Evaluation, 61.*

Ridings, J. M. (1980). *Standard setting in accounting and auditing: Considerations for educational evaluation.* Unpublished dissertation, Western Michigan University.

Rogers, P. J. (2000). Program theory: Not whether programs work, but how they work. In D. L. Stufflebeam, G. F. Madaus, & T. Kellaghan (Eds.), *Evaluation models: Viewpoints on educational and human services evaluation* (2nd ed.). Boston: Kluwer.

Rosenshine, B. (1985). Direct instruction. *International encyclopedia of education.* Oxford, England: Pergamon Press.

Rossi, P. H. (Ed.). (1982). Standards for evaluation practice. *New Directions for Program Evaluation, 15.* San Francisco: Jossey-Bass.

Ryan, K. E. (Ed.). (2000). Evaluating teaching in higher education: A vision for the future. *New Directions for Teaching and Learning, 83.*

Sacks, P. (1999). *Standardized minds.* Cambridge, MA: Perseus Books.

Sanders, J. R. (1002). Presidential address: On mainstreaming evaluation. *American Journal of Evaluation, 27*(3), 253–259.

Sarason, S.B. (1990). *The predictable failure of educational reform.* San Francisco: Jossey-Bass.

Schmidt, W. H., & McKnight, C. C. (1995). Surveying educational opportunity in mathematics and science: An international perspective. *Educational Evaluation and Policy Analysis, 17,* 337–353.

Schön, D. A. (1983). *The reflective practitioner: How professionals think in action.* New York: Basic Books.

Schön, D.A. (1987). *Educating the reflective practitioner.* San Francisco: Jossey-Bass.

Schön, D. A. (1989). *Beyond the stable state: Public and private learning.* London: Maurice Temple Smith.

Schudson, M. (1994). Culture and the integration of national societies. *International Social Science Journal, 46,* 63–81.

Schwab, J. J. (1965). Structure of the disciplines: Meaning and significances. In G. Ford & L. Pugno (Eds.), *The structures of knowledge and the curriculum.* Chicago: Rand McNally.

Schwandt, T. A. (1989). Recapturing moral discourse in evaluation. *Educational Researcher, 18*(8), 11–16.

Schwandt, T. A. (1997). *Qualitative inquiry: A dictionary of terms.* Thousand Oaks, CA: Sage.

Schwandt, T. A. (2002). *Reconsidering evaluation practice.* New York: Peter Lang.

Schwandt, T. A. (2003). *"Back to the rough ground!" Beyond theory to practice in evaluation.* Unpublished manuscript, University of Illinois.

Scriven, M. (1967). The methodology of evaluation. In R. E. Stake (Ed.), *Perspectives of curriculum evaluation.* Chicago: Rand McNally.

Scriven, M. (1969). *An introduction to meta-evaluation* (Educational Products Report #2). New York: Educational Products Information Exchange.

Scriven, M. (1973). Goal-free evaluation. In E. R. House (Ed.), *School evaluation: The politics and process* (pp. 319–328). Berkeley, CA: McCutchan.

Scriven, M. (1976). Maximizing the power of causal investigation: The *modus operandi* method. In G. V. Glass (Ed.), *Evaluation studies review annual* (Vol. 1, pp. 120–139). Beverly Hills, CA: Sage.

Scriven, M. (1991). *Evaluation thesaurus* (4th ed.). Newbury Park, CA: Sage.

Scriven, M. (1993). Hard-won lessons in program evaluation. *New Directions for Program Evaluation, 58.* San Francisco: Jossey-Bass.

Scriven, M. (1994a). Evaluation as a discipline. *Studies in Educational Evaluation, 20,* 147–166.

Scriven, M. (1994b). The final synthesis. *Evaluation Practice, 15*(3), 367–382.

Scriven, M. (1995). *Advocacy in evaluation.* Panel on "Advocacy for our clients: The necessary evil of evaluation?" at the annual meeting of the American Evaluation Association, Vancouver.

Scriven, M. (1997). Truth and objectivity in evaluation. In E. Chelimsky & W. R. Shadish (Eds.), *Evaluation for the 21st century.* Thousand Oaks, CA: Sage.

Scriven, M. (1998). The meaning of bias. In R. Davis (Ed.), *Proceedings of the Stake Symposium on Educational Evaluation.* Urbana: University of Illinois, CIRCE.

Segerholm, C. (2002, September). *Educating democratic citizens in the Swedish school.* Paper presented at the ECER conference, Lisbon.

Selden, S. (1999). *Inheriting shame: The story of eugenics and racism in America.* New York: Teachers College Press.

Shadish W. R., Cook, T. D., & Leviton, L. C. (1991). *Foundations of program evaluation.* Newbury Park, CA: Sage.

Shadish, W. R., Newman, D. L., Scheirer, M. A., & Wye, C. (Eds.). (1995). Guiding principles for evaluators. *New Directions for Program Evaluation, 66.*

Shavelson, R. J., McDonnell, L. M., & Oakes, J. (Eds.). (1989). Indicators for monitoring mathematics and science education (R-3742-NSF/RC). Santa Monica, CA: Rand Corporation.

Sieber, J. E. (1992). *Planning ethically responsible research: A guide for students and internal review boards.* Newbury Park, CA: Sage.

Simons, H. (1987). *Getting to know school in a democracy: The politics and process of evaluation.* Lewes, England: Falmer.

Smith, L. M. (2000). Charles Darwin, a biographical portrait. In J. Palmer (Ed.), *One hundred key thinkers on education.* London: Routledge.

Smith, L. M., & Dwyer, D. C. (1979, October). *Federal policy in action: A case study of an urban education project.* Washington, DC: National Institute of Education.

Smith, L. M., & Geoffery, W. (1968). *The complexities of an urban classroom.* Austin, TX: Holt, Rinehart, & Winston.

Smith, L. M., & Pohland, P. (1974). Educational technology and the rural highlands. In R. E. Stake (Ed.), *Four examples: Economic, anthropological, narrative, and portrayal* (AERA Monograph on Curriculum Evaluation). Chicago: Rand McNally.

Smith, N. L. (1981a). New techniques for evaluation. *New Perspectives in Evaluation* (Vol. 2). Beverly Hills, CA: Sage.

Smith, N. L. (Ed.). (1981b). *Metaphors for evaluation: Sources of new methods.* Beverly Hills, CA: Sage.

Smith, N. L. (1992). Aspects of investigative inquiry in evaluation. In N. Smith (Ed.), *Varieties of investigative evaluation. New Directions for Program Evaluation, 56,* 3–13. San Francisco: Jossey-Bass.

Smith, N. L. (1998). Naturalistic generalizations as the source of investigative insight. In R. Davis (Ed.), *Proceedings of the Stake Symposium on Educational Evaluation.* Urbana: University of Illinois, CIRCE.

Sobel, D. (1999). *Galileo's daughter.* New York: Walker & Co.

Spark, M. (1962). *The prime of Miss Jean Brodie.* Philadelphia: J. B. Lippincott.

Spring, J. (1976). *The sorting machine.* New York: David McKay Company

Stake, R. E. (1967). The countenance of educational evaluation. *Teachers College Record, 68*(7), 523–540.

Stake R. E. (1980). Program evaluation, particularly responsive evaluation. In W. B. Dockrell & D. Hamilton (Eds.), *Rethinking educational research.* London: Hodder and Stoughton. (Originally published 1974)

Stake, R. E. (1986). *Quieting reform: Social science and social action in an urban youth program.* Champaign: University of Illinois Press.

Stake, R. E. (1991). Luther Burbank Elementary School, Las Lomas, Calfirnoa.

Stake, R. E. (1995). *The art of case study research.* Thousand Oaks, CA: Sage.

Stake, R. E. (1998). Hoax? In R. Davis (Ed.), *Proceedings of the Stake Symposium on Educational Evaluation* (pp. 363–374). Urbana: University of Illinois, CIRCE.

Stake, R. E. (2003, April). *How far dare an evaluator go toward saving the world?* Paper presented at the annual meeting of the American Educational Research Association, Chicago.

Stake, R. E., Bresler, L., & Mabry, L. (1991). *Custom and cherishing: The arts in elementary schools.* Urbana: University of Illinois, School of Music.

Stake, R., & Burke, M. (Eds.). (2000). *Evaluating teaching.* Urbana: University of Illinois, CIRCE.

Stake, R. E., & Cisneros-Cohernour, E. J. (2000). Situational evaluation of teaching on campus. *New Directions for Teaching and Learning, 83.*

Stake, R. E., & Davis, R. (1999). Summary of evaluation of Reader Focused Writing for the Veterans Benefits Administration. *American Journal of Evaluation, 20*(2), 323–344.

Stake, R. E., DeStefano, L., Harnisch, D., Sloane, K., & Davis, R. (1997). *Evaluation of the National Youth Sports Program.* Urbana: University of Illinois, CIRCE. http://www.ed.uiuc.edu/CIRCE/NYSP/Index.html

Stake, R. E., & Easley J. A. (Eds.). (1979). *Case studies in science education* (16 vols.). Urbana: University of Illinois, CIRCE.

Stake, R., Flores, C., Basi, M., Migotsky, C., Whiteaker, M., Soumare, A., Dunbar, T., Mabry, L., Rickman, A., & Hall, V. (1995). *Restructuring: Teacher professional development in Chicago school reform.* Urbana: University of Illinois, CIRCE.

Stake, R. E., & Gjerde, C. (1974). An evaluation of TCITY, the Twin City Institute for Talented Youth. In R. H. P. Kraft et al. (Eds.), *AERA Monograph Series on Curriculum Evaluation* (Vol. 7).

Stake, R., & Mabry, L. (1997, April). *Ethics in program evaluation.* Paper presented at a conference on Evaluation as a Tool in the Development of Social Work Discourse, Stockholm.

Stake, R. E., Michael, N., Tres, M. P., Lichtenstein, S. & Kennedy, M. (1985). An evaluation of The Joint Educational Specialist Program. Urbana: University of Illinois, CIRCE.

Stake, R., Migotsky, C., Davis, R., Cisneros, E., DePaul, G., Dunbar, C., Farmer, R., Feltovich, J., Johnson, E., Williams, B., Zurita, M., & Chaves, I. (1997). The evolving syntheses of program value. *Evaluation Practice, 18*(2), 89–103.

Stake, R. E., Raths, J., Denny, T., Stenzel, N., & Hoke, G. (1986). *Evaluation study of the Indiana Department of Education Gifted and Talented Program: Final report.* Urbana: University of Illinois, CIRCE.

Stake, R. E., & Theobald, P. (1991). Teachers' views of testing's impact on classrooms. In R. G. O'Sullivan, (Ed.), *Effects of mandated assessment on teaching. Advances in Program Evaluation, 1,* Part B, 189–202.

Stake, R. E., & Trumbull, D. (1982). Naturalistic generalization. *Review Journal of Philosophy and Social Science, 7*(1–2), 1–12.

Steele, C. M. (2003). Expert report. Grutter, et al., Bollinger, et al., No. 97–75928 (E.D. Mich.)

Stokes, D. E. (1997). Pasteur's quadrant. Basic science and technological innovation. Washington, DC: Brookings Institution.

Stufflebeam, D. L. (2003). Personnel evaluation. In T. Kellaghan & D. L. Stufflebeam (Eds.), *International handbook of educational evaluation* (pp. 603–608). Dordrecht, Netherlands: Kluwer.

Stufflebeam, D. L., Madaus, G. F., & Kellaghan, T. (Eds.). (2000). *Evaluation models: Viewpoints on educational and human services evaluation* (2nd ed.). Boston: Kluwer.

Stufflebeam, D. L., & Shinkfield, A. J. (1985). *Systematic evaluation: A self-instructional guide to theory and practice.* Boston: Kluwer-Nijhoff.

Teese, R. (2000). *Academic success and social power.* Melbourne: Melbourne University Press.

Terkel, S. (1972). *Working.* New York: The New Press

Themessl-Huber, M. G., & Grutsch, M. A. (2003). The shifting locus of control in participatory evaluations. *Evaluation, 9*(1), 88–107.

Tolstoy, L. (1876, 19077). *Anna Karenin.* Bungay, England: The Chaucer Press.

Torres, R. T., Preskill, H. S., & Piontek, M. F. (1996). *Evaluation strategies for communicating and reporting: Enhancing learning in organizations.* Thousand Oaks, CA: Sage.

Trochim, W. M. K. (2000). Introduction to evaluation. http://trochim.huma.cornell.edi/kb/intreval.htm

Tsang, M. C. (1997). Cost analysis for improved educational policymaking and evaluation. *Educational Evaluation and Policy Analysis, 19*, 318–324.

von Wright, G. H. (1971). *Explanation and understanding.* Ithaca, NY: Cornell University Press.

Weiss, C. H. (1977). *Using social research in public policy making.* Lexington, MA: Lexington Books.

Weiss, C. H. (1995). Nothing as practical as good theory: Exploring theory-based evaluation for comprehensive community initiatives for children and families. In J. Connel, A. Kubisch, L. B. Schorr, & C. H. Weiss (Eds.), *New approaches to evaluating community initiatives.* Aspen, CO: Aspen Institute.

The Wellness Encyclopedia. (1991). Berkeley: University of California Wellness Letter.

Whewell, W. (1819). The equilibrium of forces on a point. (an elementary treatise on Mechanics) Quotation included in *Bartlett's Familiar Quotations* (14th ed.). John Bartlett, (Ed.). New York: Little, Brown.

Whitehurst, G.J. (2003). The Institute of Educational Sciences: New wine and new bottles. Paper presented at the annual meeting of the American Educational Research Association, Chicago.

Wise, A. E., & Darling-Hammond, L. (1985). Teacher evaluation and professionalism. *Educational Leadership, 42*(4), 28–33.

Worthen, B. R. (1999). A stewardship report to AEA members. *American Journal of Evaluation, 20*(2), xi–xix.

Yin, R. K. (1994). *Case study research: Design and methods* (2nd ed.). Thousand Oaks, CA: Sage.

Young, M. (1959/1999). *The rise of the meritocracy: The new elite of our social revolution.* New York: Random House.

参考书目

Chelimsky, E., & Shadish, W. R. (Eds.). (1997). *Evaluation for the 21st century.* Thousand Oaks, CA: Sage.

Cook, T. D., Appleton, H., Conner, R. F., Shaffer, A., Tamkin, G., & Weber, S. J. (1975). *"Sesame Street" revisited.* New York: Russell Sage Foundation.

Cook, T. D., & Reichardt, C. S. (Eds.). (1979). *Qualitative and quantitative methods in evaluation research.* Beverly Hills, CA: Sage.

Council for Evidence-Based Policy. (2002). *Bringing evidence-driven progress to education: A recommended strategy for the U.S. Department of Education.* New York: William T. Grant Foundation.

Cronbach, L. J., & Snow, R. E. (1981). *Aptitudes and instructional methods* (2nd ed.). New York: Irvington.

Daloz, L. (1999). *Mentor: Guiding the journey of adult learners.* New York: Wiley.

Darling-Hammond, L., & Hudson, L. (1989). Teachers and teaching. In R. J. Shavelson, L. M. McDonnell, & J. Oakes (Eds.), *Indicators for monitoring mathematics and science education* (R-3742-NSF/RC). Santa Monica, CA: Rand Corporation.

Davis, R., Stake, R. E., Ryan, K. E., Heck, D., Hinn, D. M., & Guynn, S. (1999). *Evaluation of the VBA Appeals Training Module: Certify a case to the Board of Veterans Appeals.* Urbana: University of Illinois, CIRCE.

Dewey, J. (1939). *Freedom and culture.* Chicago: University of Chicago Press, p. 147.

Elliott, J. (1977). Democratic evaluation as social criticism, or putting the judgment back into evaluation. In N. Norris (Ed.), *Safari theory in practice.* Norwich, England: University of East Anglia, Center for Applied Research in Education.

Elliott, J. (1991). *Action research for educational change.* Buckingham, England: Open University Press.

Feuer, M. J., Towne, L., & Shavelson, R. J. (2002). Scientific culture and educational research. *Educational Researcher, 31*(8), pp. 4–29.

Finn, J. D, & Achilles, C. M. (1999). Tennessee's class size study: Findings, implications, misconceptions. *Educational Evaluation and Policy Analysis, 21*(2), 97–109.

Flanders, N. A. (1960). *Analyzing teacher behavior.* Reading, MA: Addison-Wesley.

Fuhrman, S., & Elmore, R. (in press). *Redesigning accountability systems.* New York: Teachers College Press.

Gadamer, H.-G. (1992). Notes on planning for the future. In D. Misgeld & G. Nicholson (Eds.), L. Schmidt & M. Reuss (Trans.), *Hans-Georg Gadamer on education, poetry, and history: Applied hermeneutics* (pp. 165–180). Albany: SUNY Press. (Originally published 1965 in *Daedalus: Journal of the American Academy of Science, 95,* 572–589)

Glaser, G., & Strauss, A. (1967). *The discovery of grounded theory.* Chicago: Aldine.

Greene, J. C. (2000). Meta-evaluation: Evaluation of the VBA Appeals Training Module. In R. Davis, R. Stake, M. Chandler, D. Heck,. & G. Hoke, *Evaluation of the VBA Appeals Training Module, Phase II Report.* Urbana: CIRCE, University of Illinois. http://www.sagepub.com/stake/evaluation/webappendix.

Guba, E., & Lincoln, Y. (1981). *Effective evaluation.* San Francisco: Jossey-Bass.

Habermas, J. (1974). *Theory and practice* (J. Viertel, Trans.). London: Heinemann. (Abridged version of *Theorie und Praxis,* 4th ed., Frankfurt am Main: Suhrkamp Verlag, 1971)

Haertel, E. H., & Wiley, D. E. (1990). *Post and lattice representations of ability structures: Implications for test theory.* Paper presented at the annual meeting of the American Educational Research Association, Boston.

Harnisch, D., Gierl, M., & Migotsky, (1995). An evaluation of Synergistic Systems in classroom settings. Pittsburg, KS: Synergistic Systems.

Hastings, J. T. (1976). *A portrayal of the changing evaluation scene.* Keynote speech at the annual meeting of the Evaluation Network, St. Louis.

Havel, V. (1992). The end of the modern era. *The New York Times,* March 1, 1992.

House, E. R. (1990). An ethics of qualitative field studies. In E. Guba (Ed.), *The paradigm dialogue* (2nd ed.). London: Sage.

Kellaghan, T., & Stufflebeam, D. L. (2003). *The international handbook of educational evaluation.* Dordrecht, Netherlands: Kluwer.

Kemmis, S. (1998). RFW meta-evaluation. http://www.ed.uiuc.edu/circe/RFW/Index.html.

Lincoln, Y., & Guba, E. (1985). *Naturalistic inquiry.* Beverly Hills, CA: Sage.

Linn, R. L. (2000). Assessments and accountability. *Educational Researcher 29*(2), 4–16.

Linn, R. L., Baker, E. L., & Betebenner, D. W. (2002). Accountability systems: Implications of requirements of the *No Child Left Behind Act* of 2001. *Educational Researcher, 31*(6), 3–16.

Mabry, L. (1990). Nicole, seeking attention. In D. B. Strother (Ed.), *Learning to fail: Case studies of students at risk.* Bloomington, IN: Phi Delta Kappa.

MacDonald, B., Jenkins, D., Kemmis, S., & Tawney, D. (1975). *The programme at two.* Norwich, England: University of East Anglia, Centre for Applied Research in Education.

Madaus, G. F., & Raczek, A. E. (1996). The extent and growth of educational testing in the United States 1956–1994. In H. Goldstein & T. Lewis (Eds.), *Assessment: Problems, developments and statistical issues* (pp. 145–165). New York: Wiley.

McLaughlin, M. W., & Thomas, M. A. (1984). *Art history, art criticism, and art production: An examination of art education in selected school districts: Vol. 1. Comparing the process of change across districts.* Santa Monica, CA: Rand Corporation.

Nave, B., Miech, E. J., & Mosteller, F. (2000). The role of field trials in evaluating school practices: A rare design. In D. L. Stufflebeam, G. F Madaus, & T. Kelleghan (Eds.), *Evaluation models: Viewpoints on educational and human services evaluation* (2nd ed., pp. 145–162). Boston: Kluwer.

Popham, W. J. (1989, September). Recertification tests for teachers: A defensible safeguard for society, *Phi Delta Kappan, 69*(1), 45–49.

Postman, N. (1995). *The end of education: Redefining the value of school.* United Kingdom: Vintage.

Romberg, T. A., & Carpenter, T. P. (1986). Research on teaching and learning mathematics: Two disciplines of scientific inquiry. In M. C. Wittrock (Ed.), *Handbook of research on teaching.* New York: Macmillan.

Rosenshine, B. (1997). Advances in research on instruction. In J. W. Lloyd, E. J. Kameanui, & D. Chard (Eds.), *Issues in educating students with disabilities* (pp. 197–221). Mahwah, NJ: Erlbaum.

Rubin, H. J. & Rubin, I. S. (1995). *Qualitative interviewing: The art of hearing data.* Thousand Oaks, CA: Sage.

Ryan, K. E., & DeStefano, L. (2000). Evaluation as a democratic process: Promoting inclusion, dialogue and deliberation. *New Directions for Evaluation, 85.*

Schwandt, T. A. (1998). The interpretive review of educational matters: Is there any other kind? *Review of Educational Research, 68*(4), 405–408.

Schwandt, T. A. (2000). Meta-analysis and everyday life: The good, the bad, and the ugly. A debate with Mark Lipsey. *American Journal of Evaluation, 21*(2), 207–212.

Schwandt, T. A. (2001). Responsive evaluation. In J. C. Greene, & T. A. Abma (Eds.), *Responsive evaluation. New Directions for Evaluation, 92.* San Francisco: Jossey-Bass.

Scriven, M. (1994c). Product evaluation: The state of the art. *Evaluation Practice, 15*(1), 45–62.

Scriven, M., & Kramer, J. (1994). Risks, rights, and responsibilities in evaluation. *Australian Journal of Evaluation, 6*(2), 3–16.

Scriven, M., & Roth, J. E. (1978). Needs assessment: Concept and practice. *New Directions for Program Evaluation, 1,* 1–11.

Simons, H. (Ed.). (1980). *Toward a science of the singular.* Norwich, England: University of East Anglia, Centre for Applied Research in Education.

Simons, H. (2002) School self-evaluation in a democracy. In D. Nevo (Ed.), *School-based evaluation: An international perspective. Advances in Program Evaluation, 8.*

Slavin, R. (1988). *Student team learning: An overview.* Washington, DC: National Education Association

Smith, N. L. (2002). International students' reflections on the cultural embeddedness of evaluation. *American Journal of Evaluation, 23*(4), 481–492.

Stake, R. E. (1979). Should educational evaluation be more objective or more subjective? More subjective! (A debate with E. B. Page). *Educational Evaluation and Policy Analysis, 1*(1), 45.

Stake, R. E., Brown, C., Hoke, G., Maxwell, G., & Friedman, J. (1979). *Evaluating a regional environmental learning system.* Urbana: University of Illinois, CIRCE.

Stake, R. E., Davis, R., & Guynn, S. (1997). *Evaluation of Reader Focused Writing.* http://www.ed.uiuc.edu/circe/RFW/Index.html

Stake, R. E., & Migotsky, C. (2001). An evaluation of an evaluation: CIRCE's meta-evaluation of the site visits and issue papers of the ATE program evaluation. Urbana: University of Illinois, CIRCE.

Stake, R. E., Trumbull, D., Brown, C., Dawson-Saunders, B., Gold, N., Hoke, G., Hutchins, B., House, E., Jones, J., Kelly, E., Leean, C., Reinhard, D., Rugg, D., & Secolsky, C. (1982). *Vitalization of humanities teaching: An evaluation report of PDHDS.* Urbana: University of Illinois, CIRCE.

Stufflebeam, D. L. (1968). *Evaluation as enlightenment for decision making.* Columbus: Ohio State University, Evaluation Center.

Stufflebeam, D. L. (1981). Meta-evaluation: Concepts, standards, and uses. In R. A. Berk (Ed.), *Educational evaluation methodology: The state of the art.* Baltimore: Johns Hopkins University Press.

Stufflebeam, D.L., Gullickson, A., & Wingate, L. (2002). *The spirit of Consuelo: An evaluation of Ke Aka Ho'ona.* Kalamazoo: The Evaluation Center, Western Michigan University. http://www.sagepub.com/stake/evaluation/webappendix

Weiss, C. H. (1998). *Evaluation* (2nd ed.). Englewood Cliffs, NJ: Prentice Hall.

Wholey, J. S. (2001). Managing for results: Roles for evaluators in a new management era. *American Journal of Evaluation, 22*(3), 409–418.

索 引

（索引中的页码为原著页码，检索时请查本书边码）

图书在版编目(CIP)数据

智库与教育评价大师课：基于标准的评价与回应式评价 /（美）罗伯特·E.斯塔克著；李刚，王传奇，甘琳等译. -- 南京：南京大学出版社，2021.8
（南大智库文丛 / 李刚主编）
书名原文：Standards-Based & Responsive Evaluation
ISBN 978 - 7 - 305 - 23804 - 8

Ⅰ. ①智… Ⅱ. ①罗… ②李… ③王… ④甘… Ⅲ. ①评估方法 Ⅳ. ①C931.2

中国版本图书馆 CIP 数据核字(2021)第 037183 号

Copyright © 2004 by Sage Publications, Inc.
All rights reserved. No part of this publication may be
reproduced, stored in a retrieval system, transmitted or
utilized in any form or by any means, electronic, mechanical,
photocopying, recording or otherwise, without permission
in writing from the Publishers

Sage Publications, Ltd. 为此书美国、英国及印度新德里地区的原出版商。
简体中文版由 Sage Publications, Ltd. 授权南京大学出版社出版。
江苏省版权局著作权合同登记　图字：10－2018－142 号

出版发行　南京大学出版社
社　　址　南京市汉口路 22 号　　　　邮　编　210093
出 版 人　金鑫荣
丛 书 名　南大智库文丛
丛书主编　李　刚
书　　名　**智库与教育评价大师课：基于标准的评价与回应式评价**
著　　者　[美]罗伯特·E.斯塔克
译　　者　李　刚　王传奇　甘　琳　等
校　　译　拜争刚
责任编辑　孙　辉
照　　排　南京南琳图文制作有限公司
印　　刷　徐州绪权印刷有限公司
开　　本　718×1000　1/16　印张 24.75　字数 363 千
版　　次　2021 年 8 月第 1 版　2021 年 8 月第 1 次印刷
ISBN 978 - 7 - 305 - 23804 - 8
定　　价　88.00 元

网　　址：http://www.njupco.com
官方微博：http://weibo.com/njupco
官方微信：njupress
销售咨询：(025) 83594756

* 版权所有，侵权必究
* 凡购买南大版图书，如有印装质量问题，请与所购
　图书销售部门联系调换